U0522806

分工、信任与企业成长

周文 著

商务印书馆
2009年·北京

图书在版编目(CIP)数据

分工、信任与企业成长/周文著.—北京:商务印书馆,2009
ISBN 978-7-100-06064-6

Ⅰ.分… Ⅱ.周… Ⅲ.企业管理 Ⅳ.F270

中国版本图书馆 CIP 数据核字(2008)第 150352 号

所有权利保留。
未经许可,不得以任何方式使用。

FĒNGŌNG XÌNRÈN YǓ QǏYÈCHÉNGZHĂNG
分工、信任与企业成长
周文 著

商务印书馆出版
(北京王府井大街36号 邮政编码 100710)
商务印书馆发行
北京瑞古冠中印刷厂印刷
ISBN 978-7-100-06064-6

2009年1月第1版　　开本 880×1230　1/32
2009年1月北京第1次印刷　印张 10¾
定价:22.00元

目 录

序言 ·· 1
前言 ·· 4
第1章 导论 ·· 1
  1.1 理论背景与问题的提出 ···································· 1
    1.1.1 理论背景 ·· 1
    1.1.2 问题的提出 ·· 5
  1.2 本文的基本思路和研究方法 ······························ 10
    1.2.1 基本思路 ·· 10
    1.2.2 研究方法 ·· 12
  1.3 本文的主要观点和存在的不足 ···························· 18
    1.3.1 主要观点 ·· 18
    1.3.2 存在的不足 ·· 20
  1.4 本文研究的结构安排 ······································ 21

第2章 文献述评和相关问题 ···································· 25
  2.1 企业成长理论研究的渊源与演进 ························ 25
    2.1.1 古典经济学框架下的企业成长 ···················· 25
    2.1.2 新古典理论框架中的企业成长 ···················· 30
    2.1.3 新制度经济学中的企业成长 ······················ 36
  2.2 信任研究的缘起和发展 ·································· 39

2 分工、信任与企业成长

  2.3 信任研究的不同视角 …………………………………… 43
    2.3.1 信任研究的社会学路径 ……………………………… 43
    2.3.2 经济学中的信任研究 ………………………………… 46
    2.3.3 本文对信任研究的取向 ……………………………… 49
    2.3.4 企业成长中的社会资本问题 ………………………… 57
  2.4 小结 ……………………………………………………… 60

第3章 企业的本质和成长：一个新的审视角度 …………… 62
  3.1 企业的产生与成长 ……………………………………… 62
    3.1.1 企业的契约性质 ……………………………………… 62
    3.1.2 企业的不完全合约 …………………………………… 65
    3.1.3 企业的专业化与分工 ………………………………… 67
    3.1.4 企业性质新解：一个新的审视角度 ………………… 71
  3.2 企业成长：界定与综合 ………………………………… 73
    3.2.1 同质性假定与企业外生性成长 ……………………… 74
    3.2.2 异质性假定与企业内生性成长 ……………………… 75
  3.3 企业家与企业成长 ……………………………………… 78
    3.3.1 企业家概念的论争 …………………………………… 78
    3.3.2 企业家与企业成长 …………………………………… 81
    3.3.3 分工与企业家 ………………………………………… 86
    3.3.4 企业家与社会资本 …………………………………… 88
  3.4 企业规模和企业成长 …………………………………… 90
  3.5 小结 ……………………………………………………… 95

第4章 分工演进、市场深化与企业成长 …………………… 96
  4.1 分工演进与企业成长 …………………………………… 96
  4.2 斯密定理与杨格定理 …………………………………… 105

- 4.2.1 斯密定理 ……………………………………… 105
- 4.2.2 斯密困境与杨格定理 …………………………… 108
- 4.2.3 巴泽尔定律:市场范围扩张的另一种解释 ……… 113
- 4.3 分工演进与交易效率 ………………………………… 116
  - 4.3.1 分工与交易效率 ………………………………… 116
  - 4.3.2 交易技术、交易组织与交易制度 ……………… 121
  - 4.3.3 分工深化与企业成长:一个简单模型 ………… 129
- 4.4 分工、集群与企业成长 ……………………………… 131
  - 4.4.1 集群的偶然性与分工 …………………………… 131
  - 4.4.2 集群中的企业成长 ……………………………… 134
  - 4.4.3 企业集群:分工与交易成本的整合 …………… 137
  - 4.4.4 集群中企业成长的信任机制变迁 ……………… 140
- 4.5 小结 …………………………………………………… 145

第5章 信任扩展、交易扩张与企业成长 …………………… 147

- 5.1 市场、货币与信任 …………………………………… 147
  - 5.1.1 市场概念的拓展 ………………………………… 147
  - 5.1.2 市场演进的历程 ………………………………… 149
  - 5.1.3 信任对货币、商人和商业的影响 ……………… 165
- 5.2 信任扩展与交易扩张 ………………………………… 173
  - 5.2.1 从人际信任到制度信任 ………………………… 173
  - 5.2.2 从人格化交易到非人格化交易 ………………… 181
  - 5.2.3 交易扩展与信任扩张 …………………………… 183
- 5.3 信任、信誉与企业成长 ……………………………… 196
  - 5.3.1 人际信任与交易成本 …………………………… 196
  - 5.3.2 人际信任与企业成长 …………………………… 199
  - 5.3.3 组织创新与企业成长:人际信任和制度信任 … 201

        5.3.4 企业信誉与企业成长 ································ 207
    5.4 小结 ··· 221

第6章 企业内分工、信任与企业成长 ······················ 222
    6.1 企业内分工与合作剩余分享 ························· 222
        6.1.1 市场分工与企业内分工 ······················ 222
        6.1.2 企业分工及合作剩余 ························ 225
        6.1.3 要素稀缺与合作剩余的分享 ·················· 229
    6.2 企业成长中的内部治理 ····························· 237
        6.2.1 分工与代理制的形成及发展 ·················· 237
        6.2.2 委托代理理论与激励监督机制 ················ 243
        6.2.3 雇主与雇员的关系：权威和管理参与制 ········ 249
        6.2.4 分享激励与信任强化的机制 ·················· 257
    6.3 分工、信任与企业层级制 ··························· 261
        6.3.1 分工、企业层级制与企业成长 ················ 261
        6.3.2 分工、协作与企业层级制演变 ················ 263
        6.3.3 信任与企业层级制 ·························· 267
    6.4 小结 ··· 273

第7章 企业成长：一个历史视角的考察 ···················· 274
    7.1 分工、信任与家族企业成长 ························· 274
        7.1.1 家族企业的孵化与成长中的问题 ·············· 274
        7.1.2 信任扩展与家族企业成长 ···················· 279
    7.2 分工、信任与合伙制企业 ··························· 280
        7.2.1 合伙制企业的进步：分工与信任的拓展 ········ 280
        7.2.2 合伙制企业的局限和需要解决的问题 ·········· 283
    7.3 分工、信任与公司制企业 ··························· 287

7.3.1 公司制企业的超越和资本合作 …………………… 288
  7.3.2 公司制企业中的分工和代理人问题 ……………… 290
 7.4 小结 ……………………………………………………… 292

结束语 ……………………………………………………………… 294
主要参考文献 ……………………………………………………… 302
后记 ………………………………………………………………… 317

序　言

企业是经济的微观主体,企业成长是经济繁荣的基础。因此,研究企业成长是理解经济成长的关键。但是正如彭罗斯所言:"据我所知,至今还没有一位经济学家尝试过研究企业成长的系统理论。这让我觉得非常奇怪,所以我确信任何作这个尝试的人都应当谨慎地进行每一步研究。"[①]

而之所以需要"谨慎"地进行每一步研究,是因为企业成长是一个综合性的问题,涉及企业制度变革、结构调整以及竞争力、战略和管理行为研究等诸多方面。也正因为如此,有关企业成长的问题既是一个热门话题,也是一个争论不休的话题。

企业成长的思想可以追溯到古典经济学。斯密认为,分工是企业成长的主要诱因——生产的分工和专业化促进了劳动生产效率的提高,从而导致企业生产规模的扩大。反过来,扩大的生产规模又深化了企业的分工协作。这种循环累进,带来了企业的规模经济,也就实现了企业成长。继斯密之后,约翰·穆勒和马歇尔重点探讨了企业规模和企业成长的关系,至此,始于分工视角的企业成长演变成了简单的规模经济理论。真正系统地从理论上研究企业成长的是彭罗斯,她第一次将企业成长作为分析对象,认为企业是一个资源的集合体,强调管理和协调对企业成长的作用,主张用成长经济来替代传统

---

① 彭罗斯:《企业成长理论》,上海三联书店,2007年,第1页。

的规模经济。

但是主流经济学仅仅将企业看做是一个生产函数,形成了企业的"黑箱"理论,这严重制约了企业以及企业成长理论的推进。作为对这种"黑板经济学"的强烈反对的理论成果,科斯以交易成本的概念,重新开启了企业研究的大门。由此,形成了新制度经济学对企业研究的蔚为大观的成果。然而,新制度经济学更多强调的是市场与企业的替代性,而忽视了企业产生和成长的历史和逻辑观。事实上,在市场出现之前,早已出现了为交换而生产的组织形式。因此,分工无论是从历史和逻辑上都是企业产生的起点。这一起点毫无疑问意味着对企业、企业成长研究的古典回归。

分工意味着人们必须通过交换来满足自己的欲望,而交换没有信任是无法完成的。交换无法完成,分工就不可能继续深化和扩展,企业也就难以实现成长,由此,信任与企业成长也紧密地联系起来。基于这样的思路,本文作者构建了一个分工、信任与企业成长的分析框架。在这一分析框架中,企业被定义为以人为主体、人与人关系为中心的一系列关系的组合体,企业的治理结构主要是围绕企业成长来不断地动态调整不同主体利益的协调机制;企业成长的实质是企业社会关系的复杂化、契约化和制度化的过程;从信任的视角来看,企业成长必须经历从特殊信任到普遍信任、人际信任到制度信任的演化。因此,企业成长,一方面是源于分工的演进;另一方面得益于信任半径的扩展。本书更多地把信任视为影响企业成长的一种社会资本,嵌入企业成长的路径中。因此,能否拥有和扩展信任,是企业成长的关键。

作为一种回归古典的尝试,以及将"经济人"嵌入社会关系中,从而将信任纳入企业成长分析框架,本书的主要贡献在于将企业定义为以信任为黏合剂的分工协作性的要素集合体,分工协作中依靠亲缘、血缘信任向依靠制度信任的转变,是企业实现成长的关键;而从人际信任向制度信任的演进,同时也是分工深化的过程,分工深化不仅有助于企业成长,而且促成了产业集群的发展;根据成长的不同阶段,提出了动态的企业家概念:在企业创立时期,企业家应具有"冒险"和"洞察力",在企业成长阶段,因为分工和专业化的趋势,企业家应具有创新和协调力;相应地,还提出了从制度化角度去理解市场的观点,把市场看成是一个动态的演进过程,这样,交易的扩大与信任的扩展是相互推动和相互促进的。最后,作者从历史视角、运用本书的理论框架考察了企业成长问题,为作者提出的分工、信任与企业成长理论框架作出了经验意义上的诠释。

当然,本书作为一项尝试性的研究,难免存在有待商榷和进一步探讨的地方,需要作者继续探索,不懈努力。同时,作为对探索性研究的鼓励,我恳切地希望该书的出版,能够点燃企业理论古典回归的"星星之火",引起更多学者对该问题的关注,并最终形成我国学界企业理论研究的"燎原"之势!

丁任重

2008年9月1日

前　言

企业是经济的微观主体,企业成长是经济繁荣的基础。因此,研究企业成长是理解经济成长的关键。但是,长期以来,在主流经济学的框架中,却一直把企业视为"黑箱",不能将企业纳入到正统分析的视野,只是简单地认定企业仅仅是一个投入产出的函数,从而导致理论越来越偏离现实。后来,科斯以交易成本的概念,重新开启了企业研究的大门。由此,形成了新制度经济学对企业研究的蔚为大观的成果。然而,新制度经济学更多地强调市场与企业的替代性,而忽视了企业产生和成长的历史和逻辑观。事实上,在市场出现之前,早已出现了为交换而生产的组织形式。我们的基本判断是,分工无论是从历史和逻辑上都是企业产生的起点。

本文的研究在于强调现代经济学对古典经济学的回归,以分工为起点探讨企业的成长,将分工纳入到企业成长的分析框架。企业是在分工中产生,并随着分工的演进和深化不断成长;而分工又受市场规模的限制,没有市场的扩大,就不可能有分工的深化。另一方面,信任又是交易的基础。交易的扩张依赖于信任的扩展,没有信任的扩展就不可能有交易和市场的扩大。越是缺乏信任,人们之间的分工就越不发达,并且交易成本越高。当信任关系微弱到使交易成本高于分工与交换所能得到的好处时,分工就会陷入停滞困境。传统交易和市场向现代交易和市场的拓展就主要得力于信任从人格化向非人格化的扩展。因此,企业成长,一方面是源于分工的深化;另一方面是得益于信任半径的扩大。总的来看,信任是影响分工的一种深化机制,并为个人和企业参与分工提供长期化的、稳定的预期,从而保证交易的连续性和进一步扩展。从企业制度角度看,家族企业和合伙企业不能向现代企业转轨,主要是不能摆脱信任的约束困境,信任不能从血缘信任扩展到社会信任,这种信任"瓶颈"也就制约了企业的成长。

正是在上述意义上,本文的研究更多地把信任视为影响企业成长的一种社会资本,它嵌入于企业成长的路径中。如果一个社会整体的信任水平比较低,企业就无力承担分工的深化和拓展,企业成长的空间就有限。因此,促进企业成长的关键是如何推进信任的扩展。

周 文

第1章 导论

1.1 理论背景与问题的提出

1.1.1 理论背景

正如马克思在《资本论》中开篇就提到:"资本主义生产方式占统治地位的社会的财富,表现为'庞大的商品堆积',单个的商品表现为这种财富的元素形式。因此,我们的研究就从分析商品开始。"①

同样,在当今世界,企业是现代经济生活中不可缺少的一部分,是一国经济中的微观主体和细胞。"企业是组织生产的基本单元,经济活动更多地通过企业渠道来进行。"②企业的成长关系着经济的成长,企业的兴衰决定着经济的兴衰。凡勃伦说,"现代文明的物质基础是工业体系,而使它活跃起来的主导力量是企业"③。因此,研究企业成长就成为理解经济成长的关键。

但是,作为主流经济学的新古典理论却一直视企业为"黑箱"(black box),没能将企业纳入到正统的分析框架中。新古典经济学

---

① 马克思:《资本论》,第1卷(上),人民出版社,1975年,第47页。
② 彭罗斯:《企业成长理论》,第10页。
③ 凡勃伦:《企业论》,商务印书馆,1962年,第2页。

坚持以收益最大化为方向,认定企业只不过是一个生产函数。至于企业各种组织的行为应该如何配置的问题,可以看做是既定不变的。因此,在新古典经济学那里,这个世界也就被说成是一个虽然庞大但却是非常简单的世界。①

在新古典理论中,企业不仅是一个"黑箱",而且是一个专业化的"黑箱"。企业概念的作用是把生产与消费分开,从而克鲁索式的自给自足也就不存在了。在自给自足不存在时,联结生产和消费的协调制度仅仅由两部分组成:非个人决定的市场价格和个人决定的嗜好。②

因此,新古典经济学理论所需要的是企业这个概念而不需要企业是一个组织,从而企业的定义、本质、边界和成长就不在探讨和研究的范畴。

新古典理论在今天无疑仍是经济学的主流阵营和理论基准,现代经济学的发展和演进大多仍以此为基础而不断得到修正和丰富。新古典经济学的核心是价格理论,基本模型是"瓦尔拉斯-阿罗-德布鲁"体系。在该体系中,总体是个体的简单加总,社会中的个体具有完全理性,并且个体与个体之间信息是对称的,这样不论是生产者还是消费者都掌握着一切相关的价格信息。由此,每个个体基于理性的本能可以作出最优决策,整个社会的经济在一个完全竞争的框架中,借助"无形之手"自动实现帕累托最优。

但是,这种假定及分析结论最多只能是对经济学的理论提供了一个抽象的分析方法和标准的理论架构,而现实生活中的现象却远比新古典的假定复杂得多,因而其结论与现实相距甚远。一是不完

---

① 威廉姆森:《资本主义经济制度》,商务印书馆,2002年,第68页。
② 威廉姆森:《企业经济学》,商务印书馆,2000年,第10页。

全信息。现实中的信息不可能是完备的,而且往往是不对称的。二是有限理性问题。人的理性必然会受到现有知识和技术的局限,同时未来又具有不确定性。"我们生活的世界是一个变化的世界,一个充满不确定性的世界。我们在生活中只知道未来的某些事情,而人生的问题,或者至少是行为问题,就是我们所知如此之少而出现的。这就是说,我们既不会对事物一无所知,也不具有完整和完全的知识,我们只有不完全知识。"① 三是方法论问题。总体未必就是个体的简单加总。

所以,福山说:"新古典经济学有80%是正确的:它揭示了货币与市场的本质,它认为人类行为的基本模式是理性的、自私的。这个学说的80%是正确的,剩下的20%新古典经济学只能给出拙劣的解释。"② 彭罗斯也曾作过同样抱怨:"在经济学的文献中,现实世界中的企业长期处于纯理论这一高耸而干旱的高原和经验现实主义研究这一交错而杂乱的森林之间那片尴尬的无人区中。两地居民的边境冲突时有发生,带着中世纪高贵骑士参加正式马上枪术比赛所具有的坚持,每一边都极力捍卫他们的信念。"③

由于这些问题的存在,新古典理论招致了众多的"诘难"。同时也激发了对新古典理论范式的不断修正和完善,并形成了现代经济学的流派纷呈。

现代企业理论是由科斯(Coase)所开创。科斯在《企业的性质》(1937)中提出了"交易费用"④的概念,认为企业本质在于以管理协调去替代价格机制。由此,拉开了后来蔚为大观的企业理论研究。

---

① 弗兰特·H.奈特:《风险、不确定性与利润》,商务印书馆,2006年,第181页。
② 弗朗西斯·福山:《信任》,海南人民出版社,2001年,第16页。
③ 彭罗斯:《企业成长理论》,第10页。
④ 考虑到交易费用与交易成本并无差别,因此,本文中两个概念存在混用。

科斯认为,与市场通过契约形式完成交易不同,企业依靠权威在其内部完成交易。企业形成的原因,是为了减少市场交易费用,而把交易转移到企业内部。科斯的结论是,企业会扩大到如此程度,使得在企业内部再进行一次交易的费用等于同样的交易在市场上完成的费用。科斯的理论由此被称为"交易费用学派"。科斯的企业理论最大的突破,在于区分了市场与企业的不同机制,说明了企业的性质及企业存在的合理性。后来的经济学家们沿着科斯开辟的思路,借助交易的概念,进一步提出企业是一组契约的联结(nexus of contracts)。企业与市场的差别就是一种契约形式取代另一种契约形式,也就是以要素市场替代产品市场。因而,在这种契约关系下,交易的主体被视为同质化的个人。结果,"我们无法确切地知道企业究竟是什么。"[①]

1972年阿尔奇安(Alchian)和德姆塞茨(Demsetz)发表了一篇很有影响的论文。他们提出,企业作为各个合作性所有者的资源通过合约形成的相关集合,要素间的联合生产可以产生合作剩余,因而企业是一个团队生产的组织。在联合生产的条件下,每一个参加者都企图"免费搭车",因此需要有人监督。但是监督人也会偷懒,为了使监督者有动力和有积极性履行职能,就必须把企业的剩余索取权赋予监督者。这个获取剩余收入的人就是企业家,所形成的生产方式便是资本主义的生产方式。阿尔奇安和德姆塞茨由此推断,资本主义生产方式比合作(partnership)或集体(cooperatives)经营方式的效率要高。

近30年来,对企业的研究越来越成为经济学理论研究的热土。

[①] 张五常:"企业的契约性质",载陈郁编:《企业制度与市场组织》,上海三联书店,2006年(新1版),第249页。

但令人遗憾的是,一个逻辑严密、统一的理论体系还远未形成。正因为如此,奥利弗·哈特曾感叹:"经济学圈子外的人可能认为经济学家们已经有了一个非常完美的企业理论。企业毕竟是现代资本主义经济增长的发动机。因此,对企业的运行方式,经济学家们肯定有相当复杂的看法。事实上,经济学家们并没有取得多大的进展。大部分正式企业理论仍还相当原始,只能描述假想中的企业……新古典经济学描述的企业只是现代企业的一幅漫画。"[1]

1.1.2 问题的提出

新制度经济学的企业理论存在着多方面的问题。其中突出表现在三个方面:

一是它强调企业的经济性,忽视其社会性。新制度经济学虽然看到了现实交易中由于机会主义而产生的欺诈和不信任问题,但它主张可以通过规范制度设计来防范机会主义行为,解决欺诈问题。科斯自己也承认,在一个流动的社会中,显然很可能失去诚信,并且专门提到马歇尔的名言:金钱比名声更容易携带。他还进一步指出,欺诈会增加行骗企业的利润,却减少顾客,就是说减少未来的生意。但是,科斯在解决欺诈上的策略只是提出借助一体化来减少欺诈。[2]由于没有融入社会性,科斯自己也承认,现有的企业理论只具有"黑板经济学"的内容。对于经济学理论的弊端,巴师夏很早就觉察到并抱怨:"我们的大学给学生们灌输了一脑子古罗马的成见,也就是

---

[1] 奥利弗·哈特:"一个经济学家对企业理论的看法"("An Economist's Perspective On The Theory Of The Firm"),载《哥伦比亚法律评论》,1757(1989)。
[2] 科斯:"企业的性质",载威廉姆森、温特:《企业的性质》,商务印书馆,2007年,第72页。

说一整套与社会现实格格不入的东西",①"人注定是社会的人……家庭、市镇、民族、人类都是群体人与这些群体有必然关系",②"自然使人在孤立状态中的需要大于能力,而在社会状态中则能力大于需要,从而为更高层次的享受开拓了无限前景。"③

二是以企业的功能来解释企业产生的原因。虽然我们难以否认企业具有节约交易费用的功能。但是,以其功能来说明其产生的原因,在方法论上,却犯了不合逻辑的目的论的错误。科斯后来也对自己的企业理论表达过遗憾:"在企业的性质中,这项工作只做了一半——说明了为什么会存在企业,但并没有说明企业所担当的功能是如何在它们中进行分割的。"④一个世纪以前,法国社会学家迪尔凯姆在阐述功能分析的方法时就曾告诫人们"当对某一社会现象进行解释时,我们一定要努力将引起这一现象产生的主要原因和其所执行的功能区分开来"。⑤ 然而,不幸的是,目的论(即以某一事物的功能或结果来说明引起这一事物发生的原因)的错误在社会科学中却屡屡出现。人们认为事物的原因和功能是不可分别的,于是觉得以事物的功能来考察和说明事物产生的原因,便是顺理成章、符合逻辑的方法。确实,目的论分析较其他方法更加容易理解。在一些情况下,甚至更容易使人接受。但是,它毕竟在方法论上包含着倒因为果的逻辑错误,交易费用企业理论同样难以解脱这样的指责。

三是它的反历史主义的理论倾向。企业确实具有某种替代市场的功能(同时又须看到企业和市场都各有其不可替代的功能)。但

---

① 巴师夏:《和谐经济论》,中国社会科学出版社,1995年,第128页。
② 同上书,第477页。
③ 同上书,第103页。
④ 科斯:《企业的性质》,第92页。
⑤ 特纳(Torner):《社会学理论的结构》,浙江人民出版社,1986年,第52页。

问题是,从历史上看,企业并非是在替代市场的过程中产生的。正如"人类道德先于教堂,贸易先于国家,交易先于货币,社会契约先于霍布斯,福利先于人权"。① 按照历史的逻辑,生产先于交换。"如果没有分工,不论这种分工是自然发生的或者本身已经是历史的成果,也就没有交换。"②重申马克思的这一唯物主义观念是很重要的。马克思当然不否认"生产就其片面形式来说也决定于其他要素",但他更强调理论逻辑与历史逻辑的一致,即"交换的深度、广度和方式都是由生产的发展和结构决定的"③。我们注意到,生产组织早于市场的观点得到了与科斯研究取向有很大不同的诺斯的支持,"所有现代新古典文献讨论企业时都将之当做市场的替代物,对经济史学家来说,这种观点是有用的。然而,由于对历史重大事实——科层组织形式和交换的契约安排早于市场定价的忽视,这种观点的有效性是有限的。"④事实上,在出现市场之前,早已出现了为交换而生产的组织形式,或者说,某种生产组织(我们现在已经知道,这种生产组织是家庭)已完成了从自给性生产向市场性生产的过渡。马克思说,"耕、牧、纺、织、缝等等,在其自然形式上就是社会职能,因为这是这样一个家庭的职能,这个家庭就像商品生产一样,有它本身的自然形成的分工"⑤。然而,有关交易费用论的企业文献都无一例外忽视了家庭由自给性生产向市场性生产的转化,从而产生出家庭企业或者家族企业的重大事实。

我们并不否认交易费用理论对于理解企业性质的重要意义。但

---

① 麦特·里德雷:《美德的起源》,中央编译出版社,2004年,第43页。
② 《马克思恩格斯选集》,第2卷(第2版),人民出版社,1972年,第17页。
③ 同上书,第107页。
④ 诺斯:《经济史中的结构和变迁》,上海三联书店,1994年,第44页。
⑤ 马克思:《资本论》,第1卷,第95页。

是,我们同样需要从这种脱离现实的反历史的功能主义理解中走出来。我们既要遵从经济学上的原旨意义"合作是如何发生的",同时又要考虑到社会学上的"冲突是如何发生的",把经济学和社会学结合起来,达到在和谐中实现更大合作。这就需要我们从经济社会学的基本理念出发,建立一种既符合历史逻辑又充分尊重单个主体在经济发展中的作用的企业理论。我们的基本判断是,企业是在分工中产生的,随着分工的演进而不断成长,而家庭生产则是企业生产的胞胎或者说雏形。当家庭生产由自给性生产向市场化生产转变时,企业或者准确地说家族企业便产生了。家族企业开始把自己的生产纳入到了一个由市场范围推动的劳动分工的合作网络之中,而要素的聚合则逐渐从血缘扩展到普适性的泛化阶段,由此分工与市场形成的互动推进了企业的成长。这是一个渐进的企业起源和转化的过程。

经济学发展到今天,已经具备了非常辉煌的成就,需要不时回到自己的源头——古典经济学那里汲取营养和活力。[①] 同样,建构一个逻辑严密、统一的企业理论也应该需要重回源头,从而不断审视和充实已有的理论。

首先,从历史的逻辑来看,经济发展衍生出交换,交换推动分工和专业化。事实上,企业作为一个分工和专业化的经济组织,进一步的问题就是企业如何在分工和专业化中成长。

其次是社会理性问题。新古典经济学在把分析简化的同时,也使分析的元素逐渐脱离了真实性。新古典经济学在三个方面脱离了现实:一是市场是完全的;二是抛开了人与人关系的研究,只研究人与自然的关系;三是把分工看成是一个既定的外生变量,不再探讨分

---

① 盛洪:《分工与交易》,上海三联书店,1994年,第5页。

工的演进和深化。

我们注意到主流经济学研究企业理论大多以资本家为主导和逻辑起点,所不同的只是研究方法而已。其实,亚当·斯密早在《道德情操论》中就阐述了经济动机的高度复杂性,并指出它深深地融入于文化、社会习俗和道德观中。用格兰诺维特(Mark Granovetter)的话来说,人是"嵌入"于各种社会群体之中——家庭、街坊、网络、机构、教堂和国家,他们必须根据这些群体的利益来平衡自己的利益。换而言之,社会、道德、行为与一定程度的自私功利最大化行为共存。最大的经济效率的产生并不一定是靠理性的、自私的个体单独实现,而是靠个体组成的多种群体来完成。① 马克思也曾强调,人即使不像亚里士多德所说的那样,天生是政治动物,无论如何也天生是社会动物。② 因此,"我们在研究人类行为时,绝不能假设人是孤立的个人,而必须认识到,人是社会性生物,他们的交往活动是他们所不可或缺的"。③

普特曼针对企业研究中无视其社会性的现状,曾提出专门批评:直到最近,主流经济学对它的描述还是相当不完整。虽然,很多经济学家在分析企业时,把个人作为分析单位,但企业自身被看成是经济中的"原子",几乎没有人深入到企业内部了解它们的构成方式。④

---

① 福山:《信任》,第25页。
② 马克思:《资本论》(第2版),第1卷,2004年,第379页。
③ 柯武刚、史漫飞:《制度经济学》,商务印书馆,2000年,第72页。
④ 普特曼、克罗茨纳:《企业的经济性质》,上海财经大学出版社,2000年,第2页。

1.2 本文的基本思路和研究方法

1.2.1 基本思路

企业成长是一个综合性的问题,涉及企业制度变革、结构调整以及竞争力、战略和管理行为研究等诸多方面。也正因为如此,有关企业成长的问题,既是一个热门话题,也是一个争论不休的话题。彭罗斯说:"据我所知,至今还没有一位经济学家尝试过研究企业成长的系统理论。这让我觉得非常奇怪,所以我确信任何作这个尝试的人都应当谨慎地进行每一步研究。"①

最近几年,经济学理论尤其关注市场秩序、法制以及对于信任问题的探讨(钱颖一,2001;张维迎,2002),反映出人们更深刻地意识到,建立市场经济深层次的制度和文化问题是影响企业成长的关键因素。

企业成长的思想可以追溯到古典经济学。他们认为,分工是企业成长的主要诱因——生产的分工和专业化促进了劳动生产效率的提高,从而导致企业生产规模的扩大。反过来,扩大的生产规模又深化了企业的分工协作。这种循环累进,带来了企业的规模经济,也就实现了企业成长。斯密在《国富论》中,开篇首句就是:"劳动生产力上最大的增进,以及运用劳动时所表现的更大的熟练技巧和判断力,似乎都是分工的结果。"②自斯密之后,约翰·穆勒和马歇尔对企业成长作了进一步的研究。但是,他们的重点主要在于探讨企业规模

---

① 彭罗斯:《企业成长理论》,第1页。
② 亚当·斯密:《国富论》,陕西人民出版社,2006年,第3页。

和企业成长的关系。所以,企业成长只是简单的规模经济理论。真正系统地从理论上研究企业成长的是彭罗斯,她第一次将企业成长作为分析对象,认为企业是一个资源的集合体,强调管理和协调对企业成长的作用,主张用成长经济来替代传统的规模经济。

令人遗憾的是,后来的企业成长理论研究偏离了古典经济学的方向,企业仅仅是作为一个生产函数而出现在资源配置的探讨中。对此,何塔克深为感叹:"大多数经济学家将分工视为一个外在的公共场所,但没有任一经济学分支不会因对专业化的深入研究而获益。"①

本文的研究主要在于回归古典经济学的路径,在分工演进中探讨企业成长,同时进一步回答:"分工演进为什么是渐进的过程,而不是一下从自给自足跳到极高的分工水平。"②有时甚至是出现反分工倾向,从而制约和阻碍着企业的成长。

同时,在主流经济学的分析框架中,一方面把人抽象为简单的"经济人",这样主体行为被视为按照利润最大化的目标行动,而不受"道德的影响,而是机械地利己地孜孜为利";③另一方面又在经济组织中忘记了现实中的人的存在,致使理论与现实出现了诸多的偏差。"因为经济是一个由许多行为人、社会制度结构和自然环境的许多成分以及它们之间的复杂关系所组成的大系统。"④只有"当我们从观察个人行为转向社会集合体(social collectivition)的时候,我们实际上是从含混且主观思辨的王国转向客观事实的王国"。⑤ 我

---

① 杨小凯:"分工与专业化",载茅以轼、汤敏:《现代经济学前沿专题》(第3集),商务印书馆,1999年,第18页。
② 杨小凯:《专业化与经济组织》(前言),经济科学出版社,1999年,第2页。
③ 马歇尔:《经济学原理》(下卷),商务印书馆,1964年,第12页。
④ 杨小凯:《专业化与经济组织》,第2页。
⑤ 哈耶克:《个人主义与经济秩序》,北京三联书店,2003年,第68页。

们的观察是,企业是以人为主体、人与人关系为中心的一系列关系的组合体,企业的治理结构主要是围绕企业成长来不断地动态调整不同主体利益的协调机制。因此,把企业置于分工演进的背景并对企业的各种社会关系进行探讨,是全面理解企业性质和成长的一个重要视角。我们认为,企业成长、制度变迁的实质是企业社会关系的复杂化、契约化和制度化的过程。从信任的变迁来看,企业成长必须经历从特殊信任到普遍信任、人际信任到制度信任的演化。现代社会有两大特点:一是分工的深化;二是经济主体的互动频率高、交易量大。信任是分工的基础,没有信任就没有交换,也就不可能有分工。企业成长,一方面是源于分工的演进;另一方面得益于信任半径的扩展。在本文的研究中,我们更多地把信任视为影响企业成长的一种社会资本,嵌入企业成长的路径中。因此,能否拥有和扩展信任,是企业成长的关键。

新制度经济学看到了企业在相同或相似的要素投入中由于制度不同而出现的产出差异,但是新制度经济学却不能回答——从微观经济学角度看,为什么相似的制度下不同的企业绩效会出现比较大的差异。按照制度经济学的逻辑,是否意味着只要制度完备就一定有企业的高效成长。事实上,任何制度都是企业成长的外生因素,制度只能通过行为主体来传导,企业的任何社会关系的不和谐都能引起企业成长的阻滞。因此,研究企业成长在分工演进中的差异可以从企业的社会关系网络中的信任因素来得到解释。

1.2.2 研究方法

(1) 经济学中的方法论问题

任何观察和分析都是建立在一定的方法论基础之上,借助一定的假设和分析工具。

笛卡尔说过,最有价值的知识是关于方法的知识。任何一门学科都有自己独特的研究方法,而且这种研究方法不是先天俱来,更不是凝固不化,而是伴随着历史发展、社会经济进程而逐渐深化。反过来,研究方法的每次革命、创新又推动着学科的成熟和向更高层次的发展。经济学的发展同样从来没离开过其方法论的嬗变,而且较之其他学科,经济学从一开始就更多地深受哲学思潮的渗透和影响,呈现出独特的演变轨迹和特征。综观经济学发展历程,每次研究方法的创新都带来了现代经济学的新发展。

确定研究方法是经济学的首要出发点,它是分析经济问题的视角、工具和框架。不同的研究方法可以划分出不同的经济学流派,各种学科研究方法的相互渗透、交叉、借鉴,导致了经济学的多元化。同时,经济学的研究方法也已深入到各种社会学科,形成了所谓的"经济学帝国主义"。

经济学研究方法论是获取新的可靠知识的系统方法,是寻求解释的一个过程。它对于处理好知的经济学与行的经济学极其重要。把握经济学的研究方法,必须理解经济学的语言方式。托马斯·库恩在《科学革命的结构》中用"范式"(paradigm)来阐述这种语言方式。科学革命就是用新范式代替旧范式,库恩称为"格式塔转换"。所谓范式就是围绕假设前提、方法论、分析技术、事例等形成的一致看法,最终形成某一学科的概念体系(张东辉,2004)。对于抽象的理论如何验证的问题,我们必须注意到,验证的唯一途径是通过我们对世界的观察,冥思苦想仅仅能够判断逻辑。

按照阿弗雷德·S. 艾克纳(Aefred. S. Eichner)的说法,经济学中的经验验证从性质上可以分为三种:(1)相符性(correspondence)检验,即确定某一理论的结论与人对现实世界所作的经验观测中能够得到的情况是否符合。(2)全面性(comprehensiveness)检验,即鉴定理论是否能够包容与所研究的某种现象有关的所有已知事实。(3)精练性(parsimony)检验,即确定理论结论中的任何具体要素(包括其内在假定)对于说明可做检验观测的东西是否是必要的。

抽象的理论无法直接验证,从而需要通过找到这个理论所蕴涵的可证伪的假说来间接的验证。假设往往是无法直接验证的,它不可观测。但是科学的假设必须能够推出可以验证的含义,就是说,我们设定的 A 必须能够找到 C 和 E,并逻辑地断定它们的蕴涵关系。

弗里德曼(1953)对这种方法给出了很好的注解,讨论作为一种理论基础假设道德现实性是没有意义的,因为理论是抽象的,它不可能显示完全的现实,也不是为显示完全的现实而设计的,一种理论是否足够现实,只能看它能否为当前的问题提供足够好的预测,或者优于其他理论的预测。方法论现实主义者批评意见是:预测不等于解释,良好的预测可能产生于没有任何解释意义的假设。现实主义的目标是寻找能够实现相同的预测的更真实的假设,从而有助于理解真实的世界。例如,满月会发生涨潮,但只有引力理论才能解释其中的机制。

因此,抽象理论验证的唯一的途径是使之与现实世界相联系。其方法是不断向抽象的理论中加入局限条件,而且这些局限条件必须是真实,并且是可以观测的,以推导出可以验证的含义。由抽象的理论出发得到验证的内容,往往构成了理论扩展或者说应用的内容,因为理论扩展或者应用的基本的方法就是向抽象的理论里面加入现实而且可以观察的约束,这样做的结果就是随着加入的条件越来越多,理论就越来越接近现实。这种思想为我们提供了掌握一门学科的方法,这种方法的关键在于首先掌握一门学科的基础性的知识(例如新制度经济学的科斯定理,现代企业财务理论的 MM 理论等等),进而将最新现实置于各种局限条件下进行逻辑演绎。

古典经济学与新古典经济学分析范式是一个易于检验的框架,在一定条件下,均衡分析仍是一个强有力的分析工具。本文仍以新古典分析方法为基础,新制度经济学为主要工具,同时综合借鉴新经济社会学的分析视角,进一步探讨企业成长。

经济学的知识包括这样几个部分:先验的或经验的部分;形式化的再叙和提炼;数量上的精确和客观性。先验和经验不可分。知识本身是一个累积过程,经验来源于现实的观察,先验源于前人的实践总结,两者都脱胎于实践。形式化的再叙和提炼则既可以用真实世界去证伪已有的知识,同时又可以进一步逻辑推理、演绎出新的发现和结论。这正是所谓的"认识来源于实践,又指导实践"的真谛所在。

研究方法的反复"校验"和"与时俱进",现代经济学正一步步从对资源配置的研究转向人的行为研究。人的行为体现在人与人的关系上,任何一门社会科学都是以人与人的某一层次关系为研究对象。经济学自然应以人与人的关系为逻辑起始点。所以,韦伯坚持认为人类行为由两个因素组成:利益和社会关系。

"不是思想,而是物质和合理的利益直接控制着人的行为。然而,由思想创造出的'现实形象'常常像扳道工那样,决定了行为沿着哪条轨道被利益推动向前。"[①]

但是主流经济学往往以严格的假定去孤立地、抽象地剖析经济现象,导致了"真实世界"的扭曲,形成了"头脑中的世界"与"眼中的世界"的不对称。因此,现代经济学研究中,研究者要手执"奥卡姆剃刀",努力删除任何一个不可观测的变量与任何一个不必要的抽

---

① 理查德·斯威伯格:《经济学与社会学》(中文版序),商务印书馆,2003年,第4页。

象假定。

"对任何理论经济进行斟酌和修正的必要性,远远大于对力学进行斟酌和修正的必要性,这一点不可忽视的重要性相应的更为明显。而一般原理也并没能让我们更加接近于现实;因为在现实经济状况中,还存在大量易变和波动的因素。"[①]

(2) 个体与整体的综合:新结构主义

个体方法又叫个体主义方法。所谓个体主义方法,主要是把个体视为独立的单位,按照个体的内在属性和规范特征来解释个体的行动。用说明个人行动和倾向的方法来解释整体行为,社会结构不外是个体间互动的微观过程的放大。主流经济学在本质上是个人主义的,整个经济学的演进都是在经济人假定基础上发展起来。按照个体主义方法的逻辑,在理性经济人的范式中,不同历史阶段、不同社会阶级中的具有十分具体的社会和历史属性的人,被抽象成了无差别的鲁滨逊式的个人,他们基于各自的成本—收益计算的自由交易创造了整个世界。"在经济学中,个人被认为是超理性的自私自利的:偏离历史,没有社会关系,游弋于社会与文化之外,没有朋友,甚至没有温和的企业家。只有道德沦丧、冷嘲热讽的个人。"[②]

整体主义研究方法主张整体不能还原为部分之和,对社会现象的分析不能从孤立的个人行动去预测和逻辑演绎。单独的个人首先是一个自然人、一个经济人。但是人总是生活在社会之中,扮演着某种社会角色,因而也是一个社会人。马克思认为人的本质是社会关系的集合,人在社会关系中获得其个人特征和属性。"人的本质并不是单个个体的抽象物,在其现实性上,他是一切社会关系的总

---

① 奈特:《风险、不确定性与利润》,第11页。
② 〔瑞典〕伯恩斯:《结构主义的视野》,社会科学文献出版社,2004年,第3页。

和。"①马克思关注人的属性与人所处社会关系模式的联系,却由于理论的高度抽象而导致其对关系处理相对单一化(先设立一些属性、规范,然后认定同等地位的人都具有这些属性,因此也就具有相同的行为)。在马克思看来,社会不是个人的简单加总,由特殊的结构联系起来的社会整体规定了个人的属性,决定着个体生存发展的空间。因此,思维的出发点不是抽象的个人,而是现实的处于社会联系中的个人。保罗·马洛伊强调:"把人放在社会团体中,关注人与人间的交往……从来不会有什么纯粹的'我',任何一种符号都不是一个孤岛,人我互动,不休不止。"②人是处在社会的整体联系中的,是多种规定性的有机统一。"生产本身又是以个人之间的交往为前提的",生产力"只有在这些个人的交往和相互联系中才能表现为真正的力量"。③

卢瑟夫(1994)把个体主义和整体主义的研究方法各自归纳为三个基本命题。

①社会整体大于其个体简单加总之和;

②社会整体显著地影响和制约个体的行为或功能;

③个体的行为应该从自成一体并适用于作为整体的社会系统的宏观或社会的法律、目的或力量演绎出来,从个体在整体中的地位或作用中演绎出来。

本文使用的研究方法是个体主义方法与整体主义方法综合起来的研究方法——新结构主义方法。在对人的假定上,我们既以经济人为基础,同时又吸收了马克思的"社会人"思想。这样,"社会人"的个人动机就融合了利他和利己两种动机。双重动机之间存在着相

---

① 《马克思恩格斯全集》,第1卷,第603页。
② 保罗·马洛伊:《法律与市场经济》,法律出版社,2006年,第61、63页。
③ 《马克思恩格斯全集》,第3卷,第24、75页。

互作用,并且由此决定着个人的行动,因而能够把源于利己动机的个人选择与通过利他动机的社会结构的约束有机地联系起来。设置双重动机假设解决了行动—结构互动的内在机理问题,从而实现了方法论的新综合(诸如新结构主义、嵌入性、社会人假定、行动—结构原理等相关论述见格兰诺维特,1985;科尔曼,1990;卢瑟福,1993;汪和建,2000;张其仔,2002 等)。

我们认为,对企业成长的分析,就是在这一方法论的中间地带寻求支持。从历史与逻辑的角度看,作为整体的企业活动是个体决策及相互作用的结果。同时,单个企业又具有相对的独立性,对企业个体决策行为具有影响和制约作用。因此,运用新结构主义的分析方法,能使企业理论的研究更加贴近现实生活,并能真实反映出企业成长中的形形色色,全面解释企业成长中的差异性,从而提高理论的应用能力和解释力。有了经济人和社会人的综合,企业就不再是一个抽象的同质化"黑箱",而是一个由具有各种不同利益关系的人组成的网络,企业利润最大化目标的实现不仅仅表现为一个物与物的相互作用过程,而且同时表现为一个人与人相互作用过程。企业也不再是一个简单的投入产出函数,而是一个由不同的物和不同利益主体构成的人形成的组织结构,劳动力也就不仅仅是作为一个被动的没有生命的要素,而是一个具有能动性和鲜活性并有自己独立意识的行为主体。

1.3 本文的主要观点和存在的不足

1.3.1 主要观点

(1)提出对企业概念的新定义。认为企业是以信任为黏合剂的分工协作性的要素集合体。早期的分工协作更多依靠亲缘、血缘信任作为联结物来推动企业成长,但随着分工的发展,分工协作必须突破亲缘、血缘信任的约束。分工越深化,交易过程越是需要协同性和信任机制。因此,分工与其说受市场规模的限制,不如说分工受信任的限制。企业在本质上是以人为主体,人与人为中心的一系列关系的组合。企业治理主要在于围绕企业成长而不断动态调整和完善利益协调机制。企业越发展,人的协调越重要。信任治理更可能优于传统治理结构,它会使企业治理的交易成本更低。在企业成长中,以信任为黏合剂,有助于促进企业作为团队生产的协作性。

(2) 企业产生于分工,分工深化推动企业成长。进一步回答和阐释了正是由于分工的原因,在前现代时期,企业成长缓慢;而进入现代时期以后,企业成长呈现出突飞猛进的趋势。信任是影响分工的深化机制。分工深化会增加分工协作中的交易成本,而信任的关键作用在于化解和降低分工中交易成本上升的趋势,降低对未来企业的不确定性和强化行为的稳定性预期,促使企业在全社会更大范围合理配置资源,有助于企业成长。产业集群起源于偶然,基于信任机制而形成和发展,因分工而壮大,强力而持续的信任机制始终伴随产业集群的发展而发挥作用。

(3) 提出了从动态角度理解企业家的概念。认为在企业成长的不同阶段,企业家的概念不是静态而是动态的。在企业创立时期,企业家应具有"冒险"和"洞察力";在企业成长阶段,因为分工和专业化的趋势,企业家应具有创新和协调力。在对于企业成长的理解上,认为企业是一个有机体。企业成长不是简单的规模扩大,规模只是企业成长之形,企业成长更重要的是成长之势。分工和专业化才是企业成长的内核,没有分工和专业化的规模,只能导致企业衰败;只有在分工和专业化基础上的规模经济才是企业成长的最优选择。

（4）提出了从制度化角度去理解市场的观点，使对市场的认识更加本质化，从而把市场看成是一个动态的演进过程。这样，交易的扩大与信任的扩展是相互推动和相互促进的。货币、商人和商业都是信任扩展的演生物。

（5）提出了企业起源的新的探讨，来增进对企业性质的理解，并且通过对企业转化的研究，加深对信任在企业产生和转化的关键作用的认识。从家庭生产的转变中寻找企业的产生，从信任的扩展和分工深化中寻找企业成长，进而对企业成长建立一种符合历史逻辑的理论解释。

1.3.2 存在的不足

企业成长是一个综合性的问题，涉及制度变革、结构调整、竞争力及战略和管理行为研究的诸多方面，有关企业成长的话题讨论长久不休。目前，经济理论已经对企业成长开始关注。但总体而言，企业成长的研究还处在一个起步阶段，并没有形成一个统一的、成熟的理论体系，而且企业成长本身呈纷繁复杂的多变性，因而需要研究和辨识的问题仍然较多。正是在这个意义上说，企业成长理论仍处在一个研究的"丛林"时代。

对于本文的不足：①在分工、信任与企业成长的关系上还需要进一步深化，在逻辑上进一步细化，对相关的概念还需要系统梳理。②缺乏相关的数据和实证进一步验证理论分析。③建立的模型深度不够，尚需要进一步挖掘。④没有对政策含义进行系统阐述，缺乏对中国企业成长的实证分析。

1.4 本文研究的结构安排

第一章:导论。主要是展示本文研究的问题的理论背景和现实意义以及所运用的研究方法。

第二章:主要是评述已有经济学理论在企业本质和企业成长上的观点。回答和阐述为什么新制度经济学不能圆满解释企业为何从市场内生出来。在此基础上,提出现代经济学有必要对古典经济学的回归,以分工协作来解释企业出现的原因,并进一步引入信任因素去揭示企业成长。

第三章:提出关于企业的重新定义。企业是以信任为黏合剂的分工协作性的要素集合体。早期的分工协作更多依靠亲缘、血缘信任作为联结物来推动企业成长,但随着分工的发展,分工协作必须突破亲缘、血缘信任的约束。分工越深化,交易过程越是需要协同性和信任机制。因此,与其说分工受市场规模的限制;不如说分工受信任的限制。同时,在本章,对企业成长的理解上,认为企业是一个有机体,企业成长不是简单的规模扩大,规模只是企业成长之形,企业成长更重要的是成长之势。在企业家概念上,认为企业家是一个动态的概念。在企业的创立、成长的不同阶段,企业家应有不同的含义。早期,企业家应具有"冒险"、"洞察力";在企业成长阶段,因为分工和专业化的趋势,企业家应具有创新精神和协调力。

第四章:主要从历史发展的角度,阐述了分工演进与企业成长的关系。分工是企业成长的起点,分工深化推动企业成长。另一方面,分工受市场规模的限制,主要在于分工深化、市场规模扩大会带来交易成本的上升。这样,如何化解分工中的交易成本,促进交易效率的提高,就成为推动分工的重要因素。从而,交易制度、交易方式的创新和发展,就成为题中应有之义。同时,产业集群作为一种分工的发展和深化,它首先是一种分工、交易的制度安排,它本身是市场拓展与降低交易成本的整合。分工何以发生、交易何以不断扩展是集群形成的关键。更为重要的是,产业集群的形成和发展也是由于信任机制的扩展和强化。

第五章:主要讨论信任对企业的影响以及企业信誉的具体决定机制。信任是合作的前提,没有信任,就不可能有分工协作;信任的半径越大,分工协作的幅度就越广。在本章,我们试图将信誉分析与企业理论结合起来,通过考察信誉的形成和信誉的内在机理,揭示企业的行为特征。认为市场概念是一个动态化的、可以拓展的概念,提出从制度化的角度去理解、把握市场。货币的出现和发展,集市向交易所的演进,商人的出现和商业的专业化等等,一方面是市场的扩大;另一方面也是信任的扩展。传统信任格局,半径较小,范围狭窄,而且容易造成内外有别、差别待遇,不利于经济组织的创新和平等竞争,需要从人格化信任向非人格化信任的转化。企业是信任的载体,可以使信任从一次性博弈转化为多次或者永久性博弈,信任有利于企业在交易中形成稳定的、连续的行为预期,促进交易的扩张和分工的深化。行会组织和商业联盟,作为信任的自我执行机制,有利于经济主体的行为规范和约束。

第六章:主要探讨企业内分工和企业层级制演变以及企业内部分工、信任和治理三者关系。企业与市场是分别建立在两种不同但紧密相关的分工基础之上的,企业成长、分工与市场是相互促进、相互推动的,企业与市场是互补的,而不是如科斯所说的仅仅是一种替代关系。企业是作为要素所有者分享"合作剩余"而形成的团队生产,企业所有者必然有一个对企业剩余的索取权问题。在企业的不同成长阶段,剩余索取权会有不同。一般说来,在企业成长初期,剩余索取权主要集中在企业主;而随着企业成长,分工和专业化发展,企业所有权与经营权的分离,企业"剩余"就存在一个"分享"问题。分享的实质在于增强团队成员的忠诚和彼此信任。

第七章:本章主要力图通过对企业的起源的探讨来增进对企业性质的理解。并且通过对企业转化的研究,加深对信任在企业产生和转化的关键作用的认识。从家庭生产的转变中寻找企业的产生,从信任的扩展和分工深化中寻找企业成长,进而对企业成长建立一种符合历史逻辑的理论解释。家族企业作为初始的企业形式,由于其本身的内在优势决定了它能够继续生存并将大量存在。但是,由于其固有的内在缺点,决定了家族企业在成长中的限制。因此,家族企业必然面临着向现代企业转化的问题。而合伙制企业虽然突破了家族企业的某些限制,可能会成为家族企业转化的一种选择。然而,合伙制企业仍未能从制度上根本解决信任机制的稳定性预期问题,从而使分工和专业化水平得到持续提升。这些合伙制企业无力克服的缺陷最终使其进一步发展受到天然的限制,这同样决定了合伙制企业是一种非稳定的、非完善的企业制度,同样面临着向现代企业制度转轨的问题。公司制企业最大的优点在于,它是把信任建立在专家系统和制度化基础上,使信任保持稳定性预期,从而大大降低信任的交易成本,让信任无需鉴别和互动就能扩展到陌生人之间。这样,分工合作秩序的链条可以无限延展,企业治理可以迈向专业化而走向成熟。

最后是结束语。主要运用研究结论对在传统体制下的中国企业成长状况进行分析,指出中国企业成长中分工和专业化低水平的内在原因是低的社会信任水平。因此,经济体制改革的推进要立足于建设和提升全社会的信任水平。

本文研究的基本逻辑结构图如下:

24 分工、信任与企业成长

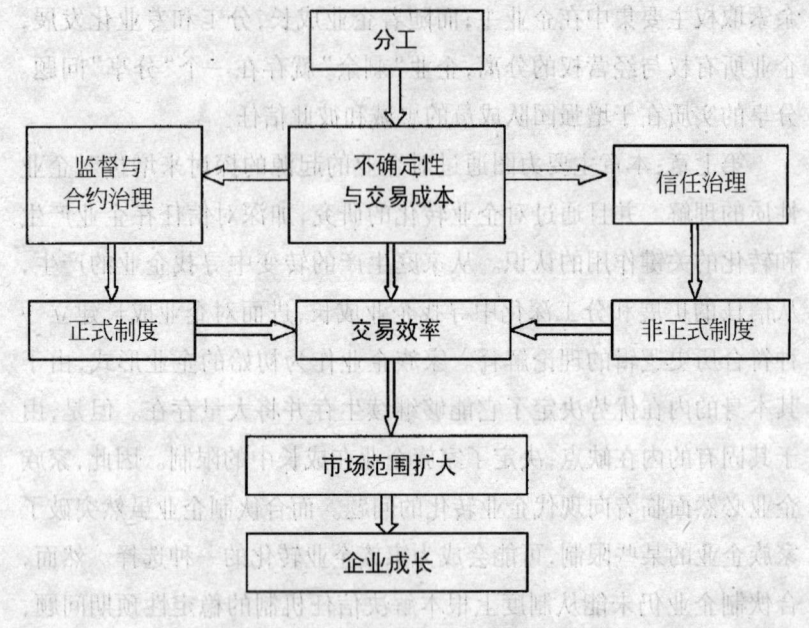

```
            ┌──────┐
            │ 分工 │
            └──┬───┘
               ↓
┌────────┐  ┌──────────┐  ┌────────┐
│ 监督与 │←─│ 不确定性 │─→│信任治理│
│合约治理│  │与交易成本│  │        │
└───┬────┘  └────┬─────┘  └───┬────┘
    ↓            ↓             ↓
┌────────┐  ┌──────────┐  ┌──────────┐
│正式制度│─→│ 交易效率 │←─│非正式制度│
└────────┘  └────┬─────┘  └──────────┘
                 ↓
            ┌──────────┐
            │市场范围扩大│
            └────┬─────┘
                 ↓
            ┌──────────┐
            │ 企业成长 │
            └──────────┘
```

分工、信任与企业成长

第 2 章 文献述评和相关问题

从经济学的理论来看,完整的企业理论应包含三个相互交融的领域:一是企业的本质和起源理论,该理论主要探讨企业的产生和存在的问题。二是企业的治理理论,主要在于研究利益相关者的协调、激励和约束相容机制的问题。企业是一个分工协作的团队生产,有效的企业治理结构,能形成企业的团队合力,促进企业生产效率的提高。三是企业发展变化的理论。主要关注企业的演化与成长问题。在本书的研究中,我们探讨的重点是企业成长,试图对相关的理论有选择地评述和研究。应该说,企业成长的理论源远流长,一部企业的历史就是企业成长的历史。在本章,我们遵循从经济学的发展脉络,沿着新制度经济学开辟的路径,以分工为起点去审视企业成长,用经济社会学的视角评述企业成长,从而把企业置于社会化的网络中,强调信任作为一种社会资本,是嵌于企业成长之中。

2.1 企业成长理论研究的渊源与演进

2.1.1 古典经济学框架下的企业成长

古典经济学的最大特点在于坚持用分工的演进来解释企业成长。

(1) 斯密观点

在斯密那里,分工问题一直是一个绕不过的光彩照人的丰碑。正如熊比特所说:"无论在斯密以前还是以后,都没有人想到要如此重视分工。"① 斯密在《国富论》的开篇就以著名的制针工厂为例说明了劳动分工对提高生产率的作用。"劳动生产力上最大的改进,以及在劳动生产力指向或应用的任何地方所体现的技能、熟练性和判断力的大部分,似乎都是分工的结果"。② 他还进一步把分工的作用归结为三个方面:促进每一个特定工人熟练程度的提高;节约从一种工作向另一种工作通常要损失的时间;有助于大量机器的发明,方便和简化了劳动,使一个人能干许多人的活。③ 因此,企业作为一个分工的经济组织,通过分工就可以获得规模经济的效应。分工的内在机理就在于总是追求如何以更低的成本产生更高的产量,这样沿着分工演进的路径必然伴随着单个企业的成长和新企业的不断产生。"由于分工,所有不同行业的产量成倍增长,一个治理得很好的社会所出现的普遍的富裕扩展到了最底层的劳苦大众身上……于是,社会的所有阶层都变得富裕起来。"④ 所以,斯蒂格勒说"劳动分工并不是 18 世纪制针厂的奇特实践,而是经济组织的基本原则"。⑤ 但是,斯密在分析分工的起因上把分工看成是人性中某种倾向的必然结果,甚至是人性中无法解释的原始本能之一。

在斯密看来,有了人的自利天性,分工必然带来交易。"给我那个我想要的东西,同时你也能得到你所要的东西,这就是全部交易的

---

① 熊彼特:《经济分析史》,商务印书馆,1991 年,第 285、396 页。
② 亚当·斯密:《国富论》,华夏出版社,2005 年,第 7 页。
③ 同上书,第 7 页。
④ 同上书,第 11 页。
⑤ 斯蒂格勒:《产业组织》,上海三联书店,2006 年,第 183 页。

定义……正是用这种方式,我们彼此得到了自己所需要的绝大多数东西。我们期望的晚餐并非来自屠夫、酿酒师和面包师的恩惠,而是来自对自身利益的关切"。① 在现实生活中,尽管有分工,但交易并不是无处不在。分工只是交易的必要条件,而不是充分条件。比如企业内部有分工但并不存在交易。这里的主要问题在于,斯密以笼统的分工概念混淆了社会分工和企业内部的分工。事实上社会分工与企业分工是有区别的:社会分工需要交易使每个参与者获取所需要的物品;而企业分工则仅需要协作来完成最终产品。斯密的疏漏不但使其分工理论难以融入自己的"经济人"体系,而且还阻塞了对企业的本质和企业成长的进一步探讨。德姆塞茨认为,斯密对分工是如何形成的这种解释的眼界过于狭窄。分工可以在企业内部进行,也可以在企业之间进行,只要把这些企业重组为更多的专业部门就能办到。②

(2) 马克思在理论上的拓展

斯密在理论上的逻辑疏漏为马克思奠定分工理论的微观基础提供了契机。马克思在经济学理论上的深刻性就在于,他不但看到资本这个物的本身,更重要的是他还探究了这个物的身后所隐藏的人与人的关系。马克思把企业成长分为三个阶段:

第一阶段是简单协作的手工工场的出现。首先,马克思提出了协作的概念。协作本身就是生产方式的变革、提高劳动生产率的一种手段。协作通过"社会接触引起竞争心和特有的精神振奋"、"同时协作完成同一或同种工作"、"扩大了劳动的空间范围","劳动者在有计划地同别人共同工作中,摆脱了他的个人局限,并发挥出他的

---

① 斯密:《国富论》,第15页。
② 哈罗德·德姆塞茨:《所有权、控制与企业》,经济科学出版社,1999年,第205页。

种属能力"。这样,协作不仅"提高了个人的生产力,而且还创造了一种生产力"。① 其次,马克思明确了协作的边界和规模。尽管协作"好像是资本天然具有的生产力"②。但是协作不能无限扩展。"协作工人的人数或协作的规模,首先取决于单个资本家能支付多大资本量来购买劳动力。"此外,"较大量的生产资料积聚在单个资本家手中,是雇用工人进行协作的物质条件,而且协作的范围或生产的规模取决于这种积聚的程度。"③ 第三,提出了管理的必要性。"随着许多雇用工人的协作,资本的指挥发展成为劳动过程本身的进行所必要的条件,成为实际的生产条件。现在在生产场所不能缺少资本家的命令,就像在战场上不能缺少将军的命令一样。""一个单独的提琴手是自己指挥自己,一个乐队就需要一个指挥。"④ 随着协作劳动的规模不断扩大,一方面对生产资料使用的合理性有监督的必要;另一方面资本与劳动的对立也日益加深,从而资本家与劳动者的关系协调也越显重要。

当然,简单协作的手工工场是建立在手工劳动的基础之上,技术变革的深度和广度有限,管理的要求也不高,劳动者的手工熟练程度在生产中起决定性作用。"在资本的开始阶段,它对劳动的指挥具有纯粹形式的性质和几乎是偶然的性质。"⑤ 所以,简单协作的手工工场只能是企业成长的最初形态。

第二阶段是以分工为基础的手工工场的出现。简单协作的手工工场的进一步发展,必然产生以分工为基础的手工工场。"最初是

---

① 马克思:《资本论》,第362—366页。
② 同上书,第370页。
③ 同上书,第366—367页。
④ 同上书,第367页。
⑤ 同上书,第331—332页。

自发的无意识的创造物。一旦它得到一定的巩固和十分广泛的基础,它就成为资本主义生产的有意识的、有组织的形式。"①这种手工工场主要有两种组织形式:①以不同种的独立手工工业的结合而成的混合手工工场;②以同种手工工业的协作形式出现的有机的手工工场。这两种不同的生产方式都是把原来各自独立的手工业者集中起来,通过内部分工和专业化,使工人专门从事一个部件或一道工序的操作,大大提高了劳动者的熟练程度和技术水平;同时分工使复杂的工艺日益分解为许多个别的操作。马克思认为,只有有机的手工工场才是手工工场的完成形式和成熟形态。因为在有机的手工工场内部,"各种不同的互相联系的操作由时间上的顺序进行变成了空间上的同时进行,这种结合使得有可能大大增加一定时间内提供的商品量。"②这时单个劳动者的劳动就变成总体劳动的一部分,而分工又将各种局部劳动紧密联系起来,促进了劳动的社会结合。这样,一方面分工促进了资本的扩张;另一方面分工又强化了劳动对资本的依赖。但是,由于以分工为基础的手工工场仍然立足于手工劳动,资本扩张的速度和范围必然受到劳动的牵制,这样资本与劳动的冲突不但没有缓解,反而有加剧的趋势。因此,按资本的本性要求,突破原有生产关系的束缚就成为逻辑上的必然。

第三阶段是以机器大工业为基础的工厂制度的出现。正是手工工场的内部分工发展使生产工具日益专门化,大机器工业才得以出现。马克思说,"工场手工业中的劳动力和机器生产中的劳动资料是工业革命的起点",③大机器生产同样经历了从简单协作到分工协作的演变。机器大生产的作用在于能把巨大的自然力与科学力并入

---

① 马克思:《资本论》,第402页。
② 同上书,第347页。
③ 同上书,第373页。

生产过程中,从而极大地提高了劳动的生产率,使资本主义企业不断地以更低的单位成本产出更高的产量,进而源源不断地获取更大的剩余价值。机器生产的推广和大量采用,产生了一种新的生产组织形式——工厂制的出现。工厂是"一个由无数机械的和有意识的器官组成的庞大的自动机,这些器官都受一个自行发动的动力的支配,从而为了生产同一物品而协调地不间断地活动"。① 在工厂制中,管理就变得越来越重要,监督劳动和等级制度得到了充分发展和完善。同时机器大生产也加速了资本的积聚和集中,通过借助于竞争和信用两个杠杆,出现了所谓的巨型企业。"在一个特殊的生产部门中,只有在投入的全部资本仅仅成为唯一的个别资本时,集中才算是达到极限。在一定社会里,只有当全国的资本仅仅成为唯一的资本家手中的唯一资本,或者唯一的资本家公司手中的唯一资本的时候,集中才算达到极限。"②

总结马克思的逻辑分析可以看出:一方面,他继承和发扬了斯密的思想,肯定了分工对企业成长的作用和推动;但是另一方面,他更深刻地指出了分工所带来的问题——劳动对资本的依附由形式隶属转向到实际隶属,劳资的冲突和对抗日趋紧张。当资本主义生产发展到一定程度时,不但单个企业成长必然遭遇到信任"瓶颈"的致命约束,而且整个资本主义制度的"丧钟"就要敲响。

2.1.2 新古典理论框架中的企业成长

马歇尔尽管作为新古典经济学的代表,但他的关于企业成长的理论却大大有别于后来的新古典学派。在企业成长的理论阐述上,

---

① 马克思:《资本论》,第 423 页。
② 同上书,第 664—665 页。

马歇尔走了一条协调之路,他一直试图综合古典企业成长与稳定的竞争均衡。马歇尔认为,并非所有的分工都能促进劳动生产率的提高。"在低级的工作上,极端专门化能提高效率,而在高级工作上则不尽然。"[①]机械的改良与日益精细的分工同时并进。分工深化的原因在于"市场扩大以及同类大量物品——在有些情况下是对制造极其精密的东西——的需求有所增加;机械改良的主要结果使得无论如何都要进一步分工的工作价格更便宜,分工更精密……机械促使工业规模扩大,并使工业更复杂,因而也增加了各种分工——尤其是企业经营方面的分工的机会"。[②] 在分工的基础上,马歇尔提出了外部经济和内部经济的概念。他把因任何一种商品的生产规模的扩大而产生的经济分为两类:第一种是有赖于工业的一般发达的经济;第二种是有赖于从事工业的个别的资源、组织和经营效率的经济。[③]前者称为外部经济,后者称为内部经济。外部经济"往往能因许多小型企业集中在特定的地方——即通常所说的工业布局——而获得"[④],小型企业主要是通过祖传技能的共享、辅助行业的发展、专门机械的使用和本地专门技能市场来获得外部经济。

马歇尔认为,大规模生产的主要利益是技术的经济、机械的经济和原料的经济。[⑤] 技术的经济主要体现在专门技术的采用和企业经营管理的进一步划分上,机械的经济主要体现在专门机械的使用和改良上,同时大工厂还存在"极有组织的采购和销售的经济,这是现在同一工业或行业中许多企业倾向于合并成为一个大的联合体的主

[①] 马歇尔:《经济学原理》,华夏出版社,2005年,第215页。
[②] 同上书,第217页。
[③] 同上书,第280页。
[④] 同上书,第217页。
[⑤] 同上书,第295页。

要原因之一,但随着经济发展,原料经济正在迅速失去其重要性,而当企业达到中等规模时,大企业从机械经济中获得的各种利益就几乎消失"。马歇尔还通过引入企业家生命有限性和垄断企业避免竞争的困难性两个因素来说明企业成长。由于企业规模的扩大会导致灵活性的下降,从而竞争力下降,企业成长的负面效应最终会超过正面效应,使企业失去成长势头。更重要的是,随着企业成长,企业家的精力和寿命又会对企业成长形成制约,再加上新企业和年轻企业家不断加入行业参与竞争,"所谓有限的垄断,就是受以下原因限制的垄断:很高的价格会引起新的竞争者参与竞争。"因此,企业成长面临双重挑战。"一个企业成长、壮大,以后也许停滞、衰朽。在其转折点,存在着生命力与衰朽力之间的平衡或者均衡。"①"一个企业如果失去了它能发达的非凡的能力,那么不久就会很快衰落,大企业的鼎盛生命极少长久保持下去。"②

斯蒂格勒(1975)则在分工的基础上结合产业周期分析了企业成长。斯蒂格勒认为,最好把企业的活动看做是在从事一系列不同的操作。由此,他提出了企业成长的生存原理。在一个产业的形成初期,市场规模较小,企业成长主要通过企业内部分工来实现,企业大多是全能企业。随着产业和市场的扩大,原有企业通过专业化程度的提高实现规模的扩大,而产业的社会分工扩大则导致企业数量的增加。他进一步得出结论,成长型企业应当是垂直分解的,衰落型企业应当是垂直一体化的。

但是,后来的新古典经济学基于一般均衡分析,抛弃了传统的分工思想,把企业成长直接等同于厂商的规模调整,而不是把企业看成

---

① 马歇尔:《经济学原理》,第7页。
② 同上书,第241页。

是一个演进的有机体。在新古典经济学的视野里,企业无非是一个生产函数而已。

$Y = F(K, L)$

在新古典的厂商利润最大化的假设下,$maxR = P(Y) - C(Y)$

这里,Y、P 和 C 分别代表企业产品的产量、价格和生产成本,L 和 K 表示企业生产所需要的两种要素:劳动和资本。R 表示企业的利润,它是产量、价格和成本的函数。

在完全竞争的市场中,由于产品和要素价格都是既定外生的,企业可以通过对生产要素的不断调整来实现利润最大化,同时企业在追求利润最大化的过程中自动地达到资源配置的帕累托最优。在短期中,企业只能在既定的生产规模下对产量作出调整,企业均衡的利润可以是一个动态的变量。但是在长期中,由于企业可以对企业数目和生产规模两个方面作出调整,企业均衡时只能获得正常利润(企业家报酬),经济利润为零。

但是,正如阿尔奇安指出,利润最大化只有在我们具有完全的信息和完美的远见时才能给我们提供一个模糊的行动向导。只有在这样的假设下,我们才能确定每一个可采取的行动的后果,从而我们只要简单地选择可产生最大化利润的行动就可以了。但是,当存在不确定时,当我们拥有不完全的信息和不完美的知识时,利润最大化就不再能成为我们的行动向导。从而我们也就不再能确定每一个行动的后果。因为我们不清楚企业应当最大化的是什么。[①]

同时,在这个框架中,生产技术和生产函数都是外生给定的,企业要做的仅仅是按照边际成本等于边际收益的原则选择产品和要素的组合。在产品和要素价格给定的条件下,每一个企业都有相同或

---

① 〔荷〕杰克·弗罗门:《经济演化》,经济科学出版社,2000年,第25—26页。

相似的投入产出。因此,从这个意义上说,新古典理论中的企业还具有同质性。

企业的同质性假定应该说简化了经济学的分析方法,但是也因此抽象掉了企业的真实行为"内核"。在新古典经济学看来,企业仅仅是完全理性个体的机械加总。这样抽象的企业本身就不具备意识和行为能力,企业就只是一个纯粹的概念,因而也就没有必要回答企业的本质是什么,为什么存在企业。它只需要关注市场价格机制的基本原理,而把企业成长隐藏在价格理论中。正如马斯—科尔(Mas-Colell)坦言:

"对企业的完全描述包括许多方面:谁拥有它?谁管理它?它如何被管理?它如何被组织?它能做什么?在所有这些问题中我们只关注最后一个。我们这样做,并不是因为其他问题没有意义(事实上,它很有意义),而是因为我们希望尽可能快地获得一个最小的概念性工具(a minimal conceptual apparatus),从而使我们能够对市场行为进行分析。……因此,企业被仅仅看做一个能够将投入品转化为产出品的黑箱。"[①]

所以,新古典经济学对企业成长变迁探讨的领域并不多,唯一可做就是企业规模调整。企业成长就是企业调整产量达到最优规模的过程,这个过程是企业根据利润最大化原则进行的被动选择,企业没有任何主动性的余地(纳尔逊和温特,1982)。"新古典经济学的企业成长论就是企业规模调整论,企业成长的动力和原因在于对规模经济以及范围经济的追求。企业在新古典经济学中只是一个生产函数,作为一般均衡理论的一个组件,企业内部的复杂安排均被抽象掉,'代表性企业概念'排除了实际企业之间存在的各种差别。因此

---

① 杨其静:《企业家的企业理论》,中国人民大学出版社,2004年,第4页。

该理论中不存在独立的企业成长理论。"① 也就是说,在该理论中,企业成长只是外生的。因此,企业成长也就没有探讨的必要了。所以,德姆塞茨说:"在有关新古典理论的文献中,似乎并没有认识到强调企业存在的必要性……企业概念的作用是把生产与消费分开,从而克鲁索式的自给自足就不存在了。在自给自足不存在时,联结生产和消费的协调制度仅仅由两部分组成:非个人决定的市场价格和个人决定的偏好。"因此,"在新古典理论中,企业只不过是一个专业化的生产单位而已"。②

马歇尔自己也说:

"经济学是研究人在日常生活中的活动、思考等行为,但主要是研究在人的日常生活中最有力、最持久地影响人类行为的那些动机……经济学家主要研究人的生活的一个方面;但是这种生活是一个真实的生活,而不是一个虚构的人的生活……经济分析和推理虽然应用很广,但每一个时代以及每个国家都有其自己的问题;每当社会情况发生变化时,就需要经济学有新的发展。"③

科斯说:"很久以来,经济理论忍受着无力明确阐释它的假定的痛苦。经济学家在建立一个理论的时候,通常也忽视了去检验其理论所赖以建立的基础。然而,这种检验不仅对于制止因对有关理论赖以成立的假定缺乏认识而出现的误解和不必要的争论是必不可少的,而且对于经济学在一系列不同假定的选择中做出正确的判断也是极其重要的。"④

由于新古典经济学对企业不能从根本上揭示其本质,使得它对

---

① 韩太祥:"企业成长综述",载《经济学动态》,2002 年,第 5 期,第 82 页。
② 德姆塞茨:《企业经济学》,第 2、10、11 页。
③ 马歇尔:《经济学原理》,第 29 页。
④ 科斯:《论生产的制度结构》,上海三联书店,1994 年,第 1 页。

企业的许多解释显得肤浅和表面化。更由于新古典企业理论刻意采用静态的分析方法而不能动态化,也就回避了企业的分工和交易两种基本属性,只把企业视为简单的生产单位,因而缺乏对人与人关系的深刻洞悉,这样也就在企业行为目标上混淆了预期的利润和实现的利润,直接把预期利润等同于实现的利润。有鉴于此,科斯说,新古典经济学对资源配置的描述和现实是不相适应的。所以,新古典企业理论只是一种生产理论,或者如德姆塞茨所说,企业只不过是一个专业化的生产单位而已。[①]

2.1.3 新制度经济学中的企业成长

新制度经济学可以看做是对新古典经济学基本假设的修正和批判,并由此重新开启了对企业交易属性的认识。科斯正是运用交易成本的概念作为经济学理论的"杠杆",率先撬开了企业这个"黑箱"。科斯在评价庇古的经济学时,说错误的结论是由于错误的方法,而他个人则实现了经济研究方法的转轨。这种改变就是运用交易费用理论去解决实际经济问题。在新古典经济学那里,整个世界是抽象的,而抽象的世界是无所谓交易费用的。交易零费用就意味着交易不具有稀缺性。而根据新古典经济学的范式,不具有稀缺性的资源就不存在配置问题。

最早明确提出交易概念的是康芒斯(Commons,1934)。他认为,交易不是实际"交货"那种意义上的物品的"交换",交易是人与人之间对物质的东西的未来所有权的让与和取得;这又决定于社会集体的业务规则。一个人在交换过程中,确实是同时做了两种不同的活动:实际交货和实际收货的劳动活动,以及让与和取得所有权的法律

---

① 德姆塞茨:《企业经济学》,第11页。

活动。一种是实际移交对商品或者金属货币的物质的控制,另一种是依法转移法律上的控制;一种是交易,一种是交换。总之,交易是所有权的转移,它本身含有"冲突、依存和秩序"三大原则。康芒斯还进一步把交易分为三种类型:买卖的交易、管理的交易和限额的交易。它们共同构成"运行中的机构"的组织。康芒斯以交易作为经济学的分析范畴,把交易理解为人与人之间的权利关系,从而有助于经济学从抽象回归到现实。但是,康芒斯所谈的交易更多指向的是转瞬即逝的交易。因此,这种交易对成本可以忽略、不加考虑。显然,现实世界与此是大相径庭的,这使得交易范畴的分析力度"稀薄"化而缺乏穿透力。也正因为如此,后来凡勃伦(Veblen)仍沿袭康芒斯(Commons)的思路,依然忽视企业家在组织和协调人与人之间关系中的重要作用,认为企业家对财富的创造没有任何的贡献。正是这些因素的存在,注定老制度经济学只能徘徊在主流经济学的边缘。

科斯以交易费用理论回答了"在一个专业化经济中企业为什么出现的问题"[1],因为使用价格机制是有成本的,通过价格机制组织的最明显的成本是发现有关价格的成本。所以企业的本质特征是对价格机制的替代。这样,在企业外部,价格变化指导生产,这是通过市场上的一系列交易协调的。在企业内部,这些交易被取消,进行这些交易的复杂的市场结构被企业主—协调者取代。[2] 市场的运行要花费成本,通过成立一个组织、允许某一权威(企业主)指导资源配置,可以节省某些成本。对于企业成长,科斯认为,当一些交易(它们可以通过价格机制协调)通过企业主组织时,企业变大;而当他放

---

[1] 科斯:"企业的性质",载普特曼、克罗茨纳:《企业的经济性质》,上海财经大学出版社,2000年,第80页。
[2] 同上书,第78—79页。

弃组织这些交易时,企业变小。① 科斯还认为,生产要素价格的下降、交易的异质性和空间分布的增加、管理技术的改进等都会增大企业规模。② 企业的边界在于企业内增加的一项交易的组织成本等于在公开市场上进行这项交易的成本或等于由另一个企业主组织的这项交易成本。但是企业也不是越大越好,由于受管理收益递减的约束。"随着被组织的交易的增加,企业主可能无法把生产要素安置在其价值最大的用途上,就是说,他无法最好地利用生产要素。这一个点必须达到,那就是资源造成的损失必须等于公开市场上的交易成本。"③

威廉姆森等则从资产专用性、机会主义、有限理性的角度进一步发展了科斯的理论。当有限性与现实中的不确定性结合在一起时,交易者无法拟定完全合同,或者完全合同代价过于高昂。而合同的不完全性,又给行为者提供了机会主义的空间,企业的层级结构就在于以激励和约束去扼制机会主义。威廉姆森又进一步以不确定性、资产专用性和交易频率来研究企业交易成本的大小。

新制度经济学的主要问题在于:一是只强调企业的经济性质,而忽视了企业的社会性。新制度经济学看到了现实中由于机会主义而产生欺诈和不信任问题,但只主张通过规范制度设计来防范机会主义。二是强调市场和企业的替代,而忽视两者的互补。

后来的企业资源和知识理论对新制度经济学进行修正和补充。彭罗斯以内生资源推动效应和管理限制成长效应两个方面阐述企业成长。认为企业不仅是一个管理组织,而且是一个生产资源集合。因此,企业成长是生产性服务和知识创造之间的互动过程。巴顿

---

① 科斯:《企业的性质》,第84—85页。
② 同上书,第88—89页。
③ 同上书,第86页。

(Barton)认为,构成企业持续竞争力优势的核心能力是企业中长期积累形成的知识,特别是隐性知识,因为它难以模仿。格兰特(Grant)和利贝斯欣德(Libeskind)分别提出,与市场相比,企业更加具有制度能力进行有效知识创造和扩张,企业的本质就是知识的创造和运用。但是综观这些理论,都没有回答普特曼(1996)所说的企业的两个基本问题:企业的性质和企业的制度安排。事实上,知识创造是嵌入社会关系网络之中的。因此,只有更多考察企业的社会属性,才能更好地理解企业的本质和成长。

2.2 信任研究的缘起和发展

随着企业研究的深入,更多学者从嵌入性的角度把企业置于社会关系网络中,以更宽的视野去审视企业成长,注意到信任等社会资本因素对企业成长的作用。在国内,张维迎就直接把信任看成是影响企业成长的一种竞争力。他说:

"信任在很大程度上决定着企业的发展速度和企业的规模。因为信任的积累是一个过程,需要很长的时间,所以企业的发展速度不可能太快……真正制约企业扩张速度的是融人而不是融资,人的融合很大程度上也就是相互之间建立信任的过程。信任是一种默契,是对他人行为的一种预期,有了这种预期和默契合作才可能。"[①]

亚当·斯密在《国富论》提出,一国经济增长源于分工的发展。但是没有信任,社会分工和专业化的发展是不可能的。因为信任是交易的前提。如果没有信任,社会就会仍处于霍布斯所说的丛林法则中,即人对人的战争。那人类就有可能至今仍是一个典型的自给

---

① 张维迎:《竞争力与企业成长》,北京大学出版社,2006年,第86页。

自足的农耕时代,也就不可能走向专业化,更不可能走向工业化和现代化。"由于人们这样相互疑惧,于是自保之道最合理的就是先发制人,也就是用武力或欺诈来控制一切他所能控制的人,直到他看到没有其他力量足以危害他为止。……人们便处在所谓的战争状态之下。这种战争是每一个人对每一个人的战争,因为也存在于以战斗进行争夺的意图普遍被少数人相信的一段时期之中。因此,在人人相互为敌的战争时期所产生的一切,也会在人们只能依靠自己的体力与创造能力来保障生活的时期中产生。在这种状况下,产业是无法存在的,因为其成果不稳定。"① 卢梭认识到"丛林状态"会给人类社会带来"灾难性"后果,提出了社会契约的治理。应该说,借助对违约者的威胁和惩戒,良好的正式制度可以促进人们之间实现有效的合作。

但是法律不能自动生效。在一个习俗和习惯已成定势的社会,当单个人的行为变成群体行为时,法律就可能遭遇到"法不责众"的困境。希特金(Sitkin)和罗思(Roth,1993)认为,法律"疗效"充其量对"任务特定的责任"有效,而在对合作至关重要的价值观协调上则是无能为力的。马基雅维里向他的王子建议,在不受惩罚的情况下违约——先发制人,人负我之前我先负人——交易成本经济学给王子的建议是设计可信的承诺。后者不仅将切实减少无效率的违约,并且鼓励对高生产、高风险的财产进行投资,从而增加交易者对契约的信任。有远见的代理人给予并接受可信的承诺,因此,比那些贪婪短视的代理人受益更多。② 威廉姆森(1985)说,交易之发生,源于某种物品或服务从一种技术边界向另一种技术边界的转移。此时,一

---

① 霍布斯:《利维坦》,商务印书馆,1997年,第94页。
② 约翰·克劳奈维根:《交易成本经济学及超越》,上海财经大学出版社,2002年,第25页。

个行为阶段结束,另一个行为阶段宣告开始。交易分为市场交易和企业内交易,它们在很大程度上被看做是源自于分工。亚当·斯密的制针例子很好地描述了企业内交易这一基本思想。他注意到制针者的工作可以被分为一系列程序:"一个人抽铁线,一个人拉直,一个切断,一个削尖线的一端,一个磨另一端……"显然,针在企业内每换手一次,交易就发生一次。在市场交易中,分工受市场范围的限制,交易也因此而产生。

所以,交易费用本质上是专业化与分工的成本,因为专业化与劳动分工的利得并非是免费午餐(Wallis and North,1988)。对此,诺斯等专门度量了美国经济在1970年的交易费用总量并作了历史上的比较,认为美国在1970年经济中的交易费用占GDP的比重大体上为46.66%—54.71%。同时,还计算了1870年、1880年、1890年一直到1970年的GNP中的交易比重,1879至1970年间,美国经济中的交易费用比重翻了一番多,由26.09%升至54.71%。这个结果令人吃惊,而且作者得出结论认为,交易费用的相对增长是获取来自劳动分工和专业化收益的必然结果。交易费用的另一个方面是,不考虑其他,其水平取决于个人的行为。如果相互信任在社会中占主流,则监督和执行的费用就会非常低。在有利的情形下,产权会得到尊重,对于有关冲突的公平解决的性质方面就会存在相对较为一致的认识。那么社会道德、自信、信任和制度框架似乎就相互融合在一起了。①

过去经济学家普遍强调经济增长的源泉主要来自于物质资本(physical capital)的积累,但是许多国家的实践证明并不成功。从20

---

① 埃里克·弗鲁博顿、鲁道夫·芮切特:《新制度经济学》,上海财经大学出版社,2003年,第66页。

世纪70年代开始,经济学家转向强调人力资本(human capital)的重要性。人力资本指的是人的技能和生产性知识积累(Becker,1975)。20世纪90年代,社会资本(social capital)受到普遍关注(Putnanm,1993;Helliwell and Putnam,1995)。社会资本也就是社会中人与人之间合作的能力。其核心是人与人之间的信任,即社会成员对彼此诚实、合作行为的预期。信任不仅仅只是一个有趣而让人费解的社会现象,但只是最近它才被广泛研究。福山(Fukuyama,1995)、塞里格曼(Seligman,1992)、甘贝塔(Gambetta,1988)、吉登斯(Giddens,1990)、利瓦伊(Levi,1996)、米斯塔尔(Misztal,1996)、普特南(Putnam,1993)及艾森斯塔得(Eisenstadt,1995,1998)。克劳斯·奥弗把信任看成是个体行为者或集体、法人行为者用以同其他行为者开始交往的认知前提。信任是为社会协调的非正式模式提供文化资源和道德资源的一个最好范例,只有在社会协调的信任资源能够被更好地保护和激活时,社会秩序的质量和运用权力、金钱和知识媒介的效率才可能被极大地提高。[①]

在现代社会,我们根本没有什么理由信任那些我们与之交往的人。由于人们的流动性和契约关系的偶然性,我们很长时间(长到我们能从以往经验材料中得出信任)不了解他们中的多数人,我们也无法预期在某段时期内重复交往(重复交往将合理地引导我们通过发出可信的信号和证实可信性,从而建立一种信任关系)。正如马歇尔所说,"现在,生产者与最终消费者之间相距甚远,其不当行为不会立刻受到严厉惩罚。而如果一个人必须生活,乃至老死于故乡,当他欺骗乡邻时,就会受到这样的惩罚。现在欺诈的机会的确是比过去多了,但也没有理由认为人们比过去更多地利用这种机会。

---

① 马克·沃伦编:《民主与信任》,华夏出版社,2004年,第40页。

相反,近代贸易方式一方面包含信任他人的习惯,而另一方面则又包含着抵制欺诈行为诱惑的力量。这两点在落后民族之中是不存在的。在所有社会条件下,都不乏单纯的真理和个人忠诚的事例,但是那些曾经要在落后地区建立新式商业的人却常常感到不能对当地人委以重任。那种需要良好道德品质的工作比那种需要高超技能和智力的工作更需要引进外援。贸易上的掺假和欺诈行为盛行于中世纪,而且程度惊人,我们现在所见到的种种不正当行为在当时普遍存在。"[1]

因为信任建立的困难,必须要付出的代价就是交易成本的增加。在缺乏信任的情况下,行动者必须依靠正式的监督和强制。同样,低度的信任状况包含机会成本,因为合作的潜在收益由于对其他人不合作意向的显著预期而逐渐失去。[2]

2.3 信任研究的不同视角

在信任的研究中,有关的文献出现在多种不同的学科,比如,哲学、政治学、社会学、经济学等。近年来,对信任问题的研究,已经跨越了学科的屏障和边界,一种多学科的互动研究和关注方式正在形成中。

2.3.1 信任研究的社会学路径

最早对信任的关注是社会学。1900年,德国社会学家齐美尔在《货币哲学》中,提出信任是社会中最为重要的综合力量。他认为,

---

[1] 马歇尔:《经济学原理》,第7页。
[2] 马克·沃伦编:《民主与信任》,第57页。

"离开了人们之间的一般性信任,社会自身会变得一盘散沙,因为几乎很少有什么关系能够建立在对他人确切的认知上。如果信任不能像理性证据或个人经验那样强或更强,则很少有什么关系能够持续下来。"[1]但是,齐美尔之后,对信任的研究没能继续推进而是沉寂下来。直到1958年,美国社会心理学家多依奇(Deutsh,1958)提出囚徒困境实验才改变这种格局。多依奇认为,在人际关系中,信任是对情境的反应,人际间的信任程度会随着情境的改变而变化。因此,信任是一个由外界刺激决定的因变量。多依奇的实验研究被认为是开创心理学人际信任研究的先河,成为人际关系信任研究的经典。

罗特(Rotter,1967)、怀特曼(Wrigtsman,1974)沿着人际信任研究的思路,进一步得出结论:信任就是个人人格特质的表现,是一种经过社会学习逐渐形成的相对稳定的人格特点。米尔斯和克拉克(Mills and Clark,1982)将人际关系区分为感情交流关系(communal)和工具交换关系(instrumental),这为后来的信任研究开辟了新的途径。刘易斯(Lewis,1983)、威格特(Weigert,1985)借助人际关系概念,从信任的特点、维度、基本类型入手,对信任进行了更为系统的分析,认为理性和情感是人际信任中的两个重要维度。他们认为,在现实生活中,情感信任和理性信任是人际信任的两种重要形式。情感信任是人际信任的基础,而理性信任则是人际信任的发展。因此,在传统社会里,人际关系主要靠情感来维系;而在现代社会里,理性信任则越来越成为社会关系的主要基础。并且,随着社会结构的变化和社会流动性的增强,人际关系的扩展将更多依靠理性信任而不是情感信任。

---

[1] 齐美尔:《货币哲学》,华夏出版社,2002年,第178—179页。

事实上，信任是一个相当复杂的社会和心理现象，涉及多层面和多维度。因而，在信任的研究上，尤显纷繁复杂。德国社会学家卢曼(Luhmann,1979)认为，信任在本质上是简化复杂的机制之一，信任本身是嵌入在社会结构和社会制度中的一种功能化的社会机制。因此，当社会发生变迁时，信任的内涵和功能会相应发生变化。而且，卢曼首次在提出"系统信任"的概念基础上，明确区分出人际信任和制度信任。他认为，人际信任是以人与人之间交往过程中建立起来的情感关联为基础，而制度信任则是以社会规范、制度、法律法规的制约为基础。巴伯(Barber,1983)则将信任定义为一种"期望"，即"对自然的和道德的秩序的坚持和履行的期望"[①]。在此基础上，巴伯认为，信任分为三类：一般性信任、技能信任和基于责任及义务的信任。同时，巴伯还注意到社会变迁与信任的关系。在传统的、以血缘为基础的社会，强调的是基于责任和义务的信任，而现代社会则更注重技能信任的制度角色。因此，当传统社会转向现代社会时，人际关系逐渐由既定的身份角色转为合同角色。

综观社会学中的信任研究，一个共同的学术理路就是：它们大多从社会学的角度，把信任视为社会关系的一个重要维度，认为信任其实就是社会制度和文化规范的产物，是建立在制度、法规或伦理基础上的一种社会现象。这实际上是基于不同的个体信任差异而作出的关于信任的社会阐释。应该说，在社会学的推动下，信任研究的视野得到了扩大。首先，在信任概念探讨上，从人际信任、系统信任拓展到结构信任、制度信任、社会信任；其次，在信任层次上，从只关注个体的心理认知和行为表现到更关注信任在宏观层面上的社会意义；再次，信任研究更加系统化。也就是不仅仅关注信任本身的演变，而

[①] 郑也夫、彭泗清等：《中国社会中的信任》，中国城市出版社，2003年，第4、105页。

且还关注到信任的形成和在社会中的具体运作以及人际关系和社会关系的交汇。

但是,社会学的研究定向大都忽略了社会现实。其一,信任的经验化和概念化。人际信任无疑是在人际交往中建立起来的,个人的经验和人格特质固然重要,但没有交往对象的认可和回报,就不可能发生信任行为。另一方面,个体特质是有差异的,这种差异必然会影响到信任的预期和稳定。其次,人际信任是比较传统的社会,而现代社会由于人际关系的复杂性、多元性和多变性,人际交往的"匿名性",人际信任会受到多方面局限。因为,"在一个具有流动性、需要合作及信赖陌生人成为突出特征的现代社会中,这种基于个人交往经验的信任没有多大帮助。那些仅信赖个人熟悉为基础的过时信任生成的机制的社会是完全低效的,因为它使我们在缺乏可选择的信任产生机制的情况下放弃许多彼此有益的合作机会"。[①]因而,基于人际关系的信任框架分析就显得简单化。尽管刘易斯和威格特提到了"理性信任",卢曼认识到"制度信任",巴伯也注意到现代社会的"技能信任"的制度角色。然而,从总体上看,社会学理论始终没有把关注的目光转向到针对现代社会如何使信任成为"一种自我实现的预期",[②]并且在保持"稳定"的基础上,如何达到自我强化和拓展。

2.3.2 经济学中的信任研究

经济学对信任的研究,最早可以追溯到亚当·斯密在1759年发表的重要著作《道德情操论》。亚当·斯密曾专门阐述道:经济活动

[①] 马克·沃伦编:《民主与信任》,第52页。
[②] 同上书,第47页。

是基于社会习惯和道德基础之上,一旦离开这些道德和习惯,人们之间的交易活动就会受到影响,交易的基础就会动摇。① 令人遗憾的是,包括斯密在内的古典经济学和后来的新古典经济学在研究经济交换关系时都抛弃了对信任的分析,而将"经济人"的理性行为简单化,从而过滤掉人与人关系的心理、社会和文化有关的因素,使经济学变得抽象和脱离现实。自20世纪70年代以来,经济学家们越来越深刻认识到信任对经济发展的重要性。按照阿罗(K. Arrow, 1972)的解释,世界上很多落后现象可以归结于缺乏相互信任。因为信任就是经济交换的润滑剂,是隐形的契约。② 希克斯(F. Hichs, 1976)也认为,信任是很多经济交易所必须的公共品德。③ 应该说,信任的嵌入,打破了经济学的以物为内涵的研究范式,使经济学具有了丰富和真实的内涵。

马克思早就提出,经济学更应关注物背后的人与人的关系,这才是经济学的实质。事实上,人类经济活动蕴涵两种基本的关系:人与自然的关系和人与人的关系。人与人之间,既有合作也有冲突。因此,从这个意义上说,经济学的主要职能就是探讨以什么机制来化解冲突从而促进合作。市场、权威与信任是保障社会有效运行,促进经济繁荣所不可或缺的三大机制。但是,作为标准的新古典经济学分析框架,现实经济却被抽象为完全竞争、完全信息和无交易成本的理想境界。从而,协调经济活动的机制就只有市场。因为,任何的干预都是对市场的扰动,只有完全市场才能够实现帕累托最优。正如哈

---

① 这里提到的道德基础就是人与人的信任。
② K. 阿罗,1972, *Grifts and Exchanges*, in *Philosoply and Public Affairs*, Vol. I, pp. 343—362。
③ F. 希克斯,1976, *Social Limits to Growth*, Cambridge, Mass: Harvard University Press, pp. 78—79。

耶克曾说,碰巧的偶然的被当做是最重要的。①

一些经济学家,例如阿克洛夫(G. A. Akerlof,1970)、克瑞普斯和马斯金(D. M. Kreps and E. Maskin,1990)等在微观层次上探讨了信任的建立、维持与演化机制。

信任问题本身是一个典型的跨学科的综合性问题,不同学科在不同的视野下必然会有不同的认识。现在,理论界对信任的研究越来越呈交叉融合的趋势。在经济学的基本分析框架中,社会学、心理学、文化人类学、伦理学的研究成果和研究方法不断被引入到经济学中,信任本身的形成机理和经济学理论都相应得到了深化。

其一,突破了传统经济学的分析局限,现代经济学的视野得到进一步拓展。将信任作为一种内生化的社会资本,可以使经济学的解释力更为具体和现实。不但使经济学分析不再局限于传统的土地、劳动和资本,而且也超越了新经济增长理论的分析范式。杰拉尔德·迈耶主编的《发展经济学前沿:未来展望》中提到,以信任为主要内容的社会资本是继物质资本、人力资本之后经济学的新方向。

其二,现代经济学的逻辑架构更为完整、严密。将信任纳入到现代经济学的分析框架,打通了经济学中的微观和宏观层次的逻辑通道,使经济协调机制更为完整,个体的信任、中观的市场与宏观的政府三大层次有机结合,从而可以较好地化解个人理性与社会理性、个体行为与集体选择、个人利益与社会利益的冲突。

---

① F. A. 哈耶克,Von,1989,*The Pretence Of Knowledge*,American Economic Review,Vol. 79,No. 6,pp. 3—7.

2.3.3 本文对信任研究的取向

(1) 信任是一种社会资本

最早将"社会资本"这一概念引入社会学研究领域的是法国社会学家布尔迪厄。布尔迪厄把社会资本定义为"实际或潜在的资源的集合体,这些资源是同对某种持久的网络的占有密不可分的,这一网络是大家共同熟悉、得到公认的制度化关系的网络"(Bourdieu,1985)。[①] 他认为,资本是一种积累的劳动,个人或团体通过占有资本,能够获得更多的社会资源。由于资本需要花费时间和精力去形成和积累,而其一旦形成后又具有产生新的利润的潜力,它就使得社会生活超越了简单的碰运气的游戏或"轮盘赌"的状态,从而建立起较为稳定的秩序和规则。因此,从某种意义上说,社会实际上就是一部资本积累的历史。在每一个社会中,成员都可按占有的资本数量而划分为不同的阶级或等级。因此,每个占有资本的个人或团体总是在竭力保持和扩大自己的资本。资本的积累产生权力,而那些"通过既存政治、经济和社会秩序获得特权地位"的人,即统治阶级,他们从不满足于赤裸裸地通过对经济资本的占有来行使其特权,而是通过将经济资本转化为其他形式的资本,即社会资本和文化资本,并将后者定义为"非经济的"和"非功利的",进而巧妙地掩蔽统治阶级对社会生活实质上的垄断和统治。

"社会资本"就是资本的三种基本形态之一(另外两种是经济资本和文化资本),它是一种通过对"体制化关系网络"的占有而获取的实际的或潜在的资源的集合体。这种"体制化的关系网络"是与

---

① 布尔迪厄:《文化资本与社会炼金术》,包亚明译,上海人民出版社,1997年,第202页。

某个团体的会员制相联系的,获得这种会员身份就为个体赢得"声望",并进而为获得物质的或象征的利益提供了保证。对于具体的个人来说,他所占有的社会资本的多少取决于两个因素:一是行动者可以有效地加以运用的联系网络的规模;二是网络中每个成员所占有的各种形式的资本的数量。社会资本如果运用得当,将是高度能产性的,因为它具有高度的自我增值能力,"从一种关系中自然增长出来的社会资本,在程度上要远远超过作为资本对象的个人所拥有的资本"。①

社会资本的形成,是一种有意识或无意识的投资策略的产物。这种策略首先确定那些在短期内或长期内直接用得着的、能保证提供物质利润和象征利润的社会关系,然后将这些本来看起来是"偶然"的关系(如邻居、同事甚至某些亲戚关系等)通过"象征性的建构",转变为一种双方都从主观上愿意长期维持其存在的、在体制上得到保障的持久稳定的关系。这种转变的关键就是"象征性建构",它利用一些现存的社会体制,通过各种物质或非物质的交换,使社会资本得以确立,并不断地进行自我再生产,这就决定了对社会资本的投资必然是长期的和连续性的。为了积累和维护社会资本,个体必须不间断地花费相当的时间和精力。只有这样,才能使那些简单的、偶然的社会关系成为一种"义务"。这种时间上的特性和社会交换本身具有的根本意义相互结合在一起,使得社会资本的运用成为了一种"微妙的时间经济"。

美国社会学家詹姆斯·科尔曼(James Coleman)认为,社会资本指个人所拥有的表现为社会结构资源的资本财产。它们由构成社会结构的要素组成,主要存在于社会团体和社会关系网之中,并为结构

---

① 布尔迪厄:《文化资本与社会炼金术》,第205页。

内部的个人行动提供便利,其主要表现形式有义务和期望、信息网络、规范和社会组织等。只有通过成员资格和网络联系才能获得回报。他认为,最基本的社会系统由行动者和资源两部分组成,行动者拥有某些资源,他们部分或全部控制着这些资源,并有利益寓于其中。行动者为了实现利益相互匹配和交换资源,但知识问题引起的不确定性降低甚至阻碍了这种匹配和交换。行动者为了实现自己的利益,相互必然进行各种社会交换,甚至单方转让对资源的控制,结果必定选择建立持续存在的社会关系。这种社会关系对于交换具有高度的确定性和有效性,能够显著地降低获取资源的风险和成本,提高交换的效率。当把社会关系作为一种生产性"资源"看待时,社会关系网络的工具性应用就会导致具有经济价值的社会资本产生,而社会关系的质量以及对环境的匹配性决定其价值的高低。

科尔曼归纳了社会资本的如下特征:其一,社会资本具有生产性,有助于行动者特定目标的实现;其二,社会资本具有不完全替代性,社会资本的生产性功能只有与具体的社会行动相联系才有可能实现;其三,社会资本具有公共物品特征,而不是私人物品,这是社会资本与其他形式资本的最重要差别;其四,社会资本具有不可转让性。科尔曼给出了社会资本的五种形式:义务与期望、社会关系内部的信息网络、规范和有效惩罚权威关系、多功能组织和有意创建的社会组织。这些形式各异的社会资本都指向一个基本的理论命题:社会资本存在于社会行动者的社会网络性行动之中,通过降低社会系统的复杂性带来的不确定性,从而促进社会的资源交换。

科尔曼的最大贡献表现在两个方面。第一是对社会资本的概念作了系统研究,指出了社会资本包括社会团体、社会网络和网络摄取三个方面。个人参加的社会团体越多,其社会资本越雄厚;个人的社会网规模越大、异质性越强,其社会资本越丰富;个人从社会网络摄取的资源越多,其社会资本越多。第二是将社会资本和人力资本的概念联系起来,认为社会资本是积累人力资本的条件(科尔曼,1988)。[①]

普特南(Robert D. Putnam,1993)通过对意大利行政区政府的研究后发现,意大利最富经济活力的地区——中部的第三意大利繁荣的经济与其拥有的高社会资本密切相关。而南方地区的家族企业由于相互间普遍存在的不信任,从而导致了无论在创新方面,还是在企业活力方面都无法与中部的企业相媲美。他将社会资本定义为:一种组织特点,如信任、规范和网络等,像其他资本一样,社会资本是生产性的,它使得实现某种无它就不可能实现的目的成为可能。社会资本通过合作而提高了社会的效率,能够显著地增加物质资本和人力资本的投资回报率。这是因为,通过各种社会网络会使人们更方便地获取信息并建立各种社会关系,而这些社会关系在将来会给他们带来很多帮助,如获得就业的机会、得到社会的支持和获得贷款等,社会资本对经济组织的活力和规模有着重大影响。他同时指出,社会资本是通过人们之间的互惠行动而产生的,社会资本的建立需要一个长期的累积过程。

弗朗西斯·福山把社会资本定义为"是一种有助于两个或更多

[①] 詹姆斯·S. 科尔曼:《社会理论的基础》,社会科学文献出版社,1999 年,第 50 页。社会资源和社会资本理论都指出了个人可以利用周围的社会关系实现工具性目标。从这两个概念的最初含义来看,社会资源仅仅与社会网络相联系,而社会资本的范围更宽泛。林南在后来的研究中对这两个概念的关系作了重新探讨,认为这两者都与社会网络相关。在林南看来,科尔曼所说的"社会团体成员资格"也就是成员的另一种社会网络,而社会资本则是从社会网络中动员了的社会资源。社会资源仅仅与社会网络相联系,而社会资本的范围更宽泛。科尔曼所说的"社会团体成员资格"也就是成员的另一种社会网络,而社会资本则是从社会网络中动员了的社会资源。与传统的社会资本理论并不涉及关系力量问题不同,林南将社会资本与社会资源联系起来,使社会资本与关系力量有了关联,即弱关系能导致较丰富的社会资源。

个体之间相互合作、可用事例说明的非正式规范。信任、网络、公民社会以及诸如此类的事物虽同社会资本相关联,但全都属于附带现象,即它们是社会资本的结果,而不是社会资本本身"。① 构成社会资本的规范必须能够促进群体内的合作。因此,它们往往与诚实、遵守诺言、履行义务及互惠之类的传统美德存在联系。他认为拥有社会资本的群体都存在着某种信任范围,在这种范围内,合作规范是有效的。

综上所述,如同定义交易费用的概念一样,严格定义社会关系网络和社会资本的概念也是困难的,但其基本意义和指向是相同的,即都是把社会资本定义为与物质资本、人力资本相区别的嵌入社会结构中的社会关系资源的总和,它为结构内的行动者提供了便利,包括规范、信任、合作和网络等,都特别强调了随时间演变而形成的人与人之间频繁且交错的关系网络对社会发展的重要性,因为这种关系网络为人与人之间建立信任、合作和采取集体行动奠定了基础。

(2) 信任具有嵌入性

嵌入性(embeddedness)概念是由卡尔·波兰尼提出。他认为,经济过程是"嵌入"于不同的社会制度之中,并支配着有意识的个体行为方式,但它们并非是"若干个体行为方式的简单集合",而是表达着社会结构及其动作逻辑的现状。因此,要理解经济的运行机制,就必须从既定的社会结构和社会关系入手,而不是从抽象的个人开始。"仅仅个人行为的集合……不会以他们自身就产生出这样的结构。只要给定对称的组织结构,诸如亲属群体的一个对称系统,个体之间的互惠行为就会结合经济。但一个亲属系统,永远不会作为在

---

① 弗朗西斯·福山:"社会资本、公民社会与发展",载《马克思主义与现实》,2003年,第2期,第36页。

个人层面上单纯互惠行为的结果而生成。"[1]在波兰尼看来,人类的关系形式主要有三种:互惠、再分配和市场交换。这三种关系整合并交织在一起,可能会同时存在一个共同体中,也可能会在某一时期,某种方式在社会中占主导地位。

但真正使嵌入性概念融入新经济社会学主流的是格兰诺维特,他在1985年的《美国社会学杂志》上发表了一篇重要论文"经济行动和社会结构:嵌入性问题"。在该文中,格兰诺维特进一步发挥了卡尔·波兰尼在《伟大的转折》一书中提出的"嵌入性"概念。在格兰诺维特看来,新古典经济学和传统社会学对经济行动者的认识容易出现两种倾向:一种是社会化不足(under-socialized);另一种是过度社会化(over-socialized)。他认为造成这种状况的实质原因是一种原子化个体行动的观点。在经济学视野里,原子化来源于对自我利益的功利性追求;而社会学认为,个人的行为模式是内在化的过去历程的复制,已有的经验和判断机械地决定着行为者的现在。他认为这两种认识是相互支撑的,因而主张这两种观点应该相互融合。

在后来的研究中,格兰诺维特进一步提出了关系性嵌入(relational embeddedness)和结构性嵌入(structural embeddedness)。所谓关系性嵌入是指单个行动者的经济行动嵌入于人际互动所形成的关系网络之中的,社会习俗、惯例、规则等都会对行动者的决策和行为产生影响。与此同时,经济行为嵌入于社会结构,而核心的社会结构就是人们生活中的社会网络,嵌入的网络机制是信任。正是这两种嵌入性,使得经济行动者之间产生了信任与互动,从而限制了机会主义,保证了交易的顺畅进行。在经济领域最基本的行为就是交换,而

---

[1] K. 波兰尼,1957,*Drade And Market In The Early Empires*,Glencoe:The Free Press,p.251。

交换行为得以发生的基础是双方必须建立一定程度的相互信任。在以物易物的原始交换中，双方必须首先相互了解，相信对方有交换的诚意，信任对方对交换条件的认可，然后才能进行实质性的交换。即使在以货币为媒介的现代社会交换中，双方也需要有一定程度的信任感。在每一次交易中，如果信任感降到最低的程度，双方都必须在获得了必要的监督保证之后才能进行。那么，交易成本就会大大提高。格兰诺维特认为，信任来源于社会网络并且嵌入于社会网络之中，而人们的经济行为也嵌入于社会网络的信任结构之中（Granovetter,1985）。

嵌入性的概念预示，经济交换往往发生于相识者之间，而不是发生于完全陌生人之间。同新古典经济学假设相比，嵌入性概念强调的是信任而不是信息。而信任的获得和巩固需要交易双方长期的接触、交流和共事。实际上，嵌入性概念隐含着信任的重要性。

（3）信任具有自我增强的机制和锁定"效应"

达斯古波塔（Partha Dasgupta,1998）以旧车市场为例对信任现象建立了一个经济学的模型，并从功利性角度解释了信任的产生。在他看来，信任就是一个商品。赫希曼（1992）则更进一步强调信任这种商品具有社会性，也就是说具有自我增强和扩散的机制。信任越使用，从而获得的信任就越多。信任一旦形成某种特征和规模，便具有沿着既有节点，不断自我增强和扩张。现代社会是一个网络化、信息化的社会，信息的互动与共享是一个社会性的互惠过程。而基于信任的网络关系可以激起经济个体之间的接触、交流，并逐步达成合作的意向，而长期的合作关系往往又形成非同一般的信任关系。格兰诺维特对此有过专门阐述："与已知某人可靠的说法相比，更好的是从一个受到信任的消息提供者那里获得的信息，他和那个人打过交道,并发现那个人值得信任。"①列维奇和邦克(R. J. Lewicki and B. B. Bunk)提出了一个信任关系形成与演化的三阶段模型:在第一阶段,交易各方基于约束条件对惩罚和回报进行计算;第二阶段则以第一阶段获得的知识(经验)为依据而采取相应的信任或不信任策略;第三阶段便形成了稳定的合作与信任关系。② 这种信任是如此的默契,以至于即使脱离强制约束条件也可以存续。

巴尼和汉森(J. B. Bamey and M. H. Hansen)进一步指出,在长期的演化中,这种稳定的信任关系在一定的条件下可以内化在组织、制度和文化之中,最终通过影响个人的行为而形成一种社会普遍的信用价值观和信用文化。③ 在重复博弈中,影响人们策略选择的因素主要有三个:一是支付函数(payoff function),这主要取决于博弈规则,例如法律和制度;二是当事人的偏好(personal preference),例如当事人对将来的重视程度、耐心等;三是信息结构(information structure),即双方所知道的有关对方行动的信息。

另一方面,信任又具有"锁定"效应。关于锁定效应,有两种理论阐述:一种是制度经济学上的路径依赖;这种锁定主要是指行为主体一旦身陷某种路径,而无力脱身选择最优。另一种是社会学上的嵌入性。"如果行动者缺乏正确的关系,他就发现自己被锁定在某种次优的行为模式中,无法合适在对外部环境作出反应。这是因为行动者的某些特定社会关系已经暗含在特定环境下应该如何行动的

---

① 威廉姆森:《治理机制》,中国社会科学出版社,2001年,第282页。
② R. J. 列维奇和 B. B. 邦克,1995, *Trust in relationships: a model of development and decline*, in B. B. Bunker & J. Z. Rubin (eels.), 1995, Conflict, Cooperation and Justice, Essays Inspired by the Work of Morton Deutsch, San Francisco, Jossey Bass, pp. 133 – 174.
③ J. B. 巴尼和 M. H. 汉森,1994, *Trustworthiness as a source of competitive advantage*, in Strategic Management Journal, Vol. 15, pp. 175 – 190.

'菜单'。"①信任增加了行动的可预见性,而保持信任的驱动使行动者又形成自我约束。默顿(1973)认为,"盛誉之巅,没有休息"。而波兰社会学家什托姆普卡强调,"获得信任是一个艰苦而漫长的过程,一旦获得,它是一件过于精细的易碎的日用品。"②一个人或者是一个经济组织一旦失去信任,一般很难再获取人们的信任。因为"不信任有一种在互动中认可并加强自己的内在倾向"(卢曼,1979)。什托姆普卡对不信任所引起的锁入效应作过总结:

(1)不信任会侵蚀社会资本,导致孤立、原子化、联系的断裂以及人际网络的衰退。

(2)不信任会关闭沟通的通道,产生众人致误的现象。

(3)不信任动员防御性态度、流言、偏见以及彻底的陌生人恐怖。

(4)它疏远并彻底将一个个个体排除在外,刺激寻求另外的常常是违法的认同感。

(5)不信任会通过一种"晕轮效应"将背信的信号扩散到群体内的人际之中。用福山的话说,不信任就是对行为者强加的一种税。

2.3.4 企业成长中的社会资本问题

在钱德勒(1962)关于美国企业成长史的开拓性研究中,现代企业成长被刻画为一个组织结构连续变化的过程。也就是说,当外生的市场和技术变化使得现有组织结构变得过时,拥有卓越才能的企业家会适时进行组织结构创新,以缓解企业及企业家个人面临的组织约束,由此保证企业的快速成长。在钱德勒的视野里,企业家的个

---

① C. Crouh and H. Farrell, 2002, "Breaking The Path Of Institutional Development? Alternatives To The New Determinism", MPILFG Discussion Paper.

② 什托姆普卡:《信任》,中华书局,2005年,第103页。

人努力成为企业家成长的解释变量。但是,韦伯(1996)认为,企业成长依赖于积累,积累依赖于企业家的创新,而企业家的创新、卓越才能的发挥只有在具备一定的制度条件后才会活跃起来。也就是说,企业家是嵌入在"生产团队"中的,没有团队的协作,企业家只能成为"束缚之手"。因此,钱德勒完全忽视了企业家作用的"舞台背景"——社会资本的支撑。

其实,在更早期,按照威廉姆森(1967)的说法,巴纳德最早认识到协调和控制对企业成长的重要性。卡尔多(1934)就强调了组织协调在企业动态扩张中所扮演的角色。福山(1998)坚持认为制度安排的效能发挥取决于社会资本,特别是信任的支撑。他进一步比较了"高度信任"和"低度信任"国家在企业成长上存在的差别。他发现,19世纪末20世纪初,美国之所以能够率先发展出现代公司的组织形态,与美国社会之间的高度信任存在密切因果关系。因为当外在技术与市场变化时,拥有丰富社会资本的国家比其他国家更懂得采纳新的组织形态。在福山看来,某种最低限度的社会信任水平是实现合作与组织结构创新的不可或缺的外部支撑。拉·波塔(1997)通过多国数据进行的计量检验也证实了福山的结论。因此,社会资本已成为理解个体合作与企业组织变革的钥匙(格兰诺维特,1985)。

给定企业家的时间和精力,企业的扩张会不可避免地存在边际收益递减。随着企业成长,企业的管理幅度会加大,上层的控制力就会出现逐渐减弱的现象,要使企业的管理和控制力保持与成长的步伐一致,企业就需要和自身成长与时俱进的组织平台,而一个组织中协调和合作就变得极为关键。这一点,我们通过透视美国企业成长的历史便可以发现。1850年前,美国企业基本上都是单一业主制。1850年后,随着铁路和电报的出现,企业家们敏锐地察觉到这些新技术的运用潜藏着巨大的商机,因为它意味着大批量生产的时代来临。在此背景下,蕴涵精心协调功能的 U 型企业在 1850 年"突然而广泛地"出现了。这种变革的直接结果就是美国企业的投资规模远远超过了 19 世纪早期私人企业的水平。同时,由于产品不断多元化、差别化和地域的更大拓展,企业组织结构再次面临创新。由此,三级管理的 M 型企业开始形成。到 20 世纪中期,M 型企业在美国已广泛蔓延开来(钱德勒,1962)。

因此,当企业成长达到一定程度时,如何平衡各种权利并强化协作和合作就成为突破企业家自身对企业成长约束的因素。对此,伯利和米恩斯在 M 型企业盛行时曾表露过对由于所有权和经营权分离可能会导致的问题的担心。正是由于美国社会的高度信任水平,才化解了伯利和米恩斯所担心的问题,使得能够自然推动企业组织的变迁并率先发展出大型现代企业的科层公司结构,而社会信任水平低的国家,现代专业化公司姗姗来迟,甚至永远无法诞生(福山,1998)。在现代企业的管理活动中,由于存在信息不对称,在缺乏信任的氛围下,各种潜在的"道德风险"往往会使企业家作出"逆向选择"。因为在任何时候,企业家的行动选择只能依据有保证的利润而不是预期的利润。现代企业制度框架中的所有权和经营权的分离,当所有者没有"人质抵押"和"信托"保障时,给定经营者的能力,也不会构成所有者可以利用的"生产性机会集合"。根据已有的理论和经验,企业家对生产机会的捕捉在很大程度上会受到置身其中的社会资本的制约。当一个社会的信任水平低于某一最小临界值时,社会就会僵化和"锁定"在某种无效率的状态中,从而出现一些所谓的不可思议但又只能如此的行为,比如企业家作出次优选择而不是最优选择。从这个意义上说,特定的社会资本存量水平决定和限制企业扩张的意愿和能力。我们这里给出一个社会资本影响企业成长的简单数量模型：

$$FG = F_S(K, L, M; T)$$

其中，FG 表示企业的内在扩张能力，K 表示资本投入，L 表示劳动要素投入，M 表示企业组织结构选择，T 为技术水平，S 为一国社会资本存量，F 表示由社会资本所决定的一组企业成长的函数。给定技术水平 T，那么企业可以选择的组织结构集合为 M。但是考虑到社会资本存量水平 S 的约束，可能某些理论上产生效率的组织结构并没有内生地产生，也就是说社会资本存量水平 S 会限制企业的潜在成长能力 F_S。

如图 2.1 所示：社会资本约束下的企业成长。

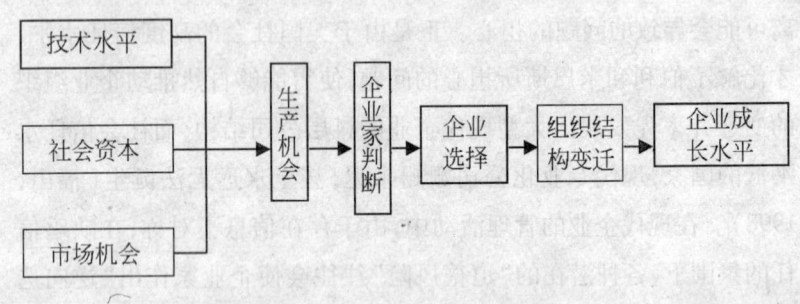

图 2.1　社会资本与企业成长

2.4　小结

对于企业的性质，我们认为现有理论都存在或多或少的局限性，还缺乏一种令人信服的解释力。无论是古典经济学理论，还是后来的新制度经济学，都不能圆满地阐释企业为何从市场内生出来。笔者准备尝试通过本研究，用古典经济学中的分工协作解释企业出现的原因理论，进一步引入信任因素来揭示企业的产生和成长。但是在缺乏经验证实前，很难说就是正确的，甚至还可能存在诸多问题。

本文的研究只能说是从另一角度去思考和理解企业的本质和成长，可以大大丰富和拓宽企业理论的内容。

第3章 企业的本质和成长：
一个新的审视角度

本章主要在已有的研究基础上，进一步厘清关于企业理论的本质和若干问题，提出了对企业认识的新视角，同时结合前面的分析，把分工和信任融入企业成长中。

3.1 企业的产生与成长

自从科斯打开企业"黑箱"以来，经济学家们对企业本质的研究一直在作不懈的努力，认识在不断的深化，针对纷繁复杂的现实世界，提出了众多的解释。

3.1.1 企业的契约性质

1937年，科斯提出了一个后来被称为著名的科斯问题，即"为什么在专业化交换的经济中会出现企业？"[①]。科斯自己的回答则是从交易成本的角度，认为发现价格机制是有成本的。而利用企业这种特殊的契约形式，以权威去指导资源配置能够节约交易成本。因此，在科斯看来，"企业的本质特征是对价格机制的替代"[②]。这样，企业

[①] 科斯：《论生产的制度结构》，第5页。
[②] 同上书，第4页。

的出现就是以相对固定的长期合约来替代市场,而且"劳动雇佣契约关系就成为企业的最重要特征"①。当然,利用权威机制也是有成本的。随着企业成长、规模的扩大,权威机制的传递层级会越来越多,成本就呈上升之势。所以,企业的成长不可能无限扩大,而只能扩张到"在企业内组织一项交易的成本等于公开市场上交易方式进行同一项交易的成本或另一个企业中的成本"②。但是,科斯显然没有注意到,权威本身也是一组合约,而且更进一步的问题是,什么样经营者才具有权威性和资源配置权(张维迎,1995),为什么不同企业的交易效率不一样,为什么同样生产结构的企业会有不同的交易成本。针对科斯"显然正确的命题"(科斯,1988),威廉姆森(1988)认为,交易费用逻辑有着同义反复的来源。阿尔奇安和德姆塞茨(1972)说,科斯对企业的解释同样可以用来解释市场的存在。他们从团队生产角度分析了企业的性质,指出企业的实质是一种特殊的合约。詹森和麦克林(1976)则认为企业是介于生产要素所有者和消费者之间的一组合约关系的联结,并着重从代理成本的角度研究企业的性质,探讨企业内部的合约关系。法马(Fama,1980)在坚持企业是一组合约的性质上,重点研究了证券所有者与控制权是如何分离的问题。张五常(1983)直接不同意科斯的观点,认为企业也是一种市场制度,不过是要素市场取代产品市场,或者说是以一种合约取代另一种合约。现在看来,张五常提出了一个关于企业性质的更为透彻的解释,从而改进和发展了科斯的企业理论(张维迎,1995,P.13)。但是张五常没能就合约本身内在的问题进行深层次探讨,比如机会主义问题、激励与约束问题等。

---

① 科斯:《论生产的制度结构》,第7页。
② 同上书,第9页。

克莱因、克劳福德和阿尔奇安等（Klein, Crawford and Alchian, 1978）以资产专用性概念进一步细化了科斯的思想，资产专用性是指资产可用于不同用途和由不同使用者的利用程度（威廉姆森，1988）。资产专用性具体分为四类：地点专用性、实物专用性、人力资产专用性和资产的特定用途。威廉姆森还特别申明，资产专用性对交易成本经济学的重要性无论怎样强调也不过分。① 正是由于存在资产的专用性，各种交易就产生了"锁定效应"。因此，一般情况下就可以用统一的所有权（纵向一体化）代替独立法人之间的自主交易。如果市场规模很大，那么，专用技术投资的成本是可以收回的；如果市场规模很小，其投资成本就不一定能收回，这些成本就有可能变为"沉没成本"。所以，在小市场上，我们只能看到通用型工厂设备及生产程序。

克莱因、克劳福德和阿尔奇安（1978）提出了可占用的专用性准租概念（apporpriabble specialized puasi rents）。认为只要有专用性资产，这种准租就必然产生，此时机会主义就由可能性变为现实性。他们沿着科斯的分析框架，提出了防范"要挟"、"敲竹杠"的两种措施：纵向一体化或契约。首先，一体化的所有权可以使前契约机会主义的讨价还价成本得到节约。而长期契约或更为详尽的契约可以使纵向一体化获得成功。其次，一体化的所有权可以避免和防范后契约机会主义动机和行为。但是，对于专用性人力资本，则不宜采用纵向一体化的形式，而往往采用明示或默认的契约形式。阿尔奇安和沃德伍德（1988）把道德风险称为后契约机会主义。资产受道德风险的盘剥程度依赖于"可塑性"和"监督成本"。一般说来，可塑性越强、监督成本越大的资产，越容易受到道德风险的影响。所以，具有

---

① 威廉姆森：《资本主义经济制度》，第83页。

相互依赖性的资产就要作为一个打包的共同所有权,也就是所有权一体化(ownership intergration)。

但是,格罗斯曼和哈特(1988)也提出了纵向一体化中存在的问题,由于事前的投资扭曲,纵向一体化所得到的收益往往更多地被招致的投资扭曲所抵消。德姆塞茨(1999)对纵向一体化进行了理论和实证研究,认为资产专用性并不必然导致纵向一体化。周其仁(1996)把企业理解成一个人力资本和非人力资本共同订立的特别合约。所谓特别,就在于企业合约在事前没有或不能完全规定各参与要素及其所有者的权利和义务,而总要把一部分留在契约的执行过程中再加规定。

3.1.2 企业的不完全合约

格罗斯曼和哈特首次完整提出了企业的不完全契约的概念,认为企业在本质上是一个对企业所有权安排的不完全契约形式。其中,剩余控制权和剩余索取权的对应分配是最优的。哈特(1995)认为,企业产生在人们无法拟定完全合同,从而权力或控制的配置变得十分重要的地方。詹森和麦克林(1978)从委托代理角度看待企业的合约关系,契约是企业的基础,不仅存在与雇员的合约,还有与供应商、消费者、债权人等的合约。阿尔奇安(1978)强调企业与市场不同之处在于,企业中存在一个长期的一般的劳务契约,这个契约无须在每次更换劳务类型时,不断地重新谈判。哈特(1995)把不完全契约归结为三个方面:①在一个复杂的世界里,人们不可能想得很远并能估计互通各种偶然性发生;②偶然性很难用一种共同语言描述;③即使契约双方能够预计并可以讨论将来事宜,也很难签订契约,因为签订这样契约的成本很高。

克莱因(Klein,1980)认为,契约的不完全性有两个主要原因:一是不确定性意味着存在大量可能的偶然性因素,而且要预先了解和明确这些可能反应的费用非常高;二是履行具体的契约的费用很高。哈特和摩尔(Hart and Moore,1988)提出,契约的不完全性的根本原因是相关变量的第三方不可证实性(nonverified),即所谓的"可观察但不可证实",而不是那种难以被形式化的当事人的有限理性假设。王国顺等(2006)从契约本身角度进行了探讨,说企业是一种契约关系,只是揭示了企业与市场的共性,但没有给出企业的特性。企业与市场的主要区别在于契约的完全程度(completeness)不同。相对而言,市场可以说是一种完备的契约,而企业则是一种非完备性的契约。聂辉华(2003)认为企业是一种有黏性的契约,而市场是一种无黏性契约。企业的组织黏性可以把关键员工和企业联在一起,并使企业在引入企业家才能时有更低的临界交易效率。

不完全契约理论是完全契约的拓展,它对解决企业的实际和现实问题提供了一个分析的新视角,使企业成长的探讨从外生化走向内生化。

完全契约理论的不足在于:①分析起点的冲突。完全契约理论沿袭新古典经济学传统,坚持新古典经济学的方法论。但是,完全契约一方面在默认完全信息的同时,又抛弃了经济人的假定,否认人的自利性。西蒙(Simon,1995)提出有限理性假说,认为人的行为是理性的但只能有限程度达到。威廉姆茨和德姆塞茨则进一步探讨了机会主义的衍生和制约。这些理论的发展才缓解了完全契约理论的分析冲突。②完全契约理论过分注重契约关系而忽视了企业内部的交易成本和分工合作。认为只要合理配置好剩余索取权和剩余控制权,企业的一切问题就迎刃而解。事实上,现代企业是一个非常复杂的综合体,纯粹的某一个经济方案不可能完美解决企业的所有问题。③完全契约理论只重视企业的非人力资本而忽视了人力资本的作用。④完全契约理论对交易的频率重视不够,只局限在一次性静态博弈的研究框架。

3.1.3 企业的专业化与分工

德姆塞茨认为,企业不是市场的替代,而是一种互补。企业内部是以专业化形式替换价格机制协调资源配置。因为市场本身并不生产,也不具有生产功能。"企业概念的作用是把生产与消费分开,从而克鲁索式的自给自足就不存在了。在自给自足不存在时,联结生产和消费的协调制度仅仅由两部分组成:非个人决定的市场价格和个人决定的嗜好。"①因此,在德姆塞茨看来,企业中的生产仅仅是为了卖给那些通常在企业以外的人。德姆塞茨的思想与新古典经济学一脉相承,按照他的逻辑,在一个完全信息的世界中,无需企业的存在,价格机制只是自我管理的一个代名词,企业则是一种别人管理的方式。所以,市场与企业的关系是自我管理和别人管理的替代。价格并不起协调作用。当信息有代价且不完全时,自我管理就要让位于别人管理,因为这是利用专业化知识的一种有效的方法。

根据交易成本理论,企业的产生在于交易费用。但是,这样就出现了市场与企业的逻辑"悖论":当交易成本为零时,企业就不存在,所有活动都由市场来完成;如果交易成本极高,市场就不存在,所有活动都由企业来完成。事实上,现实世界中这种情形并没出现,也不可能出现。用德姆塞茨的话来说,"不能认为如果减少了交易费用,就会减少对管理协调的依赖。而且如果交易费用为零,企业也不会从地球上消失"。② 对于科斯的命题"为什么小企业联合起来能办到

---

① 德姆塞茨:《企业经济学》,第12页。
② 同上书,第21页。

的事情,一家大企业就办不到、也不能办得更多呢"?威廉姆森的回答是,企业对市场的替代也是有成本的。第一种成本是牺牲规模经济和范围经济;第二种成本是内部组织会受到激励失效和官僚主义无能的困扰。① 而德姆塞茨则认为,交易成本的减少引起企业之间的分工,每个企业都倾向于集中生产某种产品系列的一小部分。因此,交易费用减少时,不是由市场替代企业,而是由两家企业替代一家企业。这样,分工导致企业数量的增加。同时,从另一方面看,交易费用的增加,必然引起企业数量的减少,专业化程度的下降,产品在企业生产中的比例下降,从而自给自足经营的比例提高。所以,德姆塞茨把企业定义为一种为其他人进行专业化生产的制度。企业之所以存在是因为与自给自足相比,为其他人生产是有效率的;这种效率是由于有规模经济、专业化活动以及低而不高的交易费用的优势。② 因此,专业化生产是企业的显著特征。

杨小凯对此提出质疑,认为专业化和企业规模是相关但不尽相同的两个概念。专业化的增加与活动种类(scope)的缩减有关而并不一定意味着企业规模的增加。③ 杨小凯提出了一个后来被称为"企业的间接定价理论"。杨小凯和黄有光(1994)用数学模型证明,组织劳动分工有不同的方法,假定有两种产品,一种是衣服,另一种是生产衣服时管理生产的知识。如果这两种商品交易效率低,则每人会自给自足地生产二者,不依赖市场和分工。如果交易效率改进了,则一些人专业生产衣服,另一些专业生产管理知识。但组织分工至少有三种方式。一种是管理知识生产者将其知识当咨询服务卖给

---

① 威廉姆森:《资本主义经济制度》,第 226 页。
② 德姆塞茨:《企业经济学》,第 14 页。
③ 杨小凯:"分工与专业化",载茅以轼、汤敏:《现代经济学前沿专题》,商务印书馆,1994 年,第 250 页。

衣服生产者,所以我们有衣服和管理知识的市场,而没有劳动力市场和企业。第二种是衣服生产者开一个工厂,买管理知识生产者的劳动,并令他们在工厂内生产管理知识。因此,我们有衣服市场和管理知识生产用的劳动力市场以及相关的企业。第三种方式是管理知识生产者开间工厂,买衣服生产者的劳动力并令他们在工厂内生产衣服。由于生产管理知识的劳动的质量和数量很难测量,管理知识生产者当老板可以免掉管理知识和生产他的劳动的买卖。因此,企业制度(一种不对称的剩余权力结构)可以把一些交易效率低的活动(如管理知识的生产)卷入分工但却同时避免这些活动的直接定价和买卖。①

张维迎(1995)从生产活动和经营决策能力两个方面对企业性质进行了考察:"观察表明,各个人的经营决策能力是不同的。这不仅是因为不同的人,而对不同的搜集与加工信息的费用,同时还由于经营决策能力很大程度上取决于各个人的'机灵'、'想象力'和'判断力'……我们假定,个人之间在生产活动能力上是完全相同的,但是在经营决策能力上有差别,这种差别为人们创造了一个合作的机遇,这种合作导致企业的出现。在企业中,那些具有高经营决策能力的人负责经营决策,而那些并不擅长经营决策的人则负责生产活动,以此代替每个人都既是负责经营决策又负责生产活动的个体实业家。在这个意义上讲,企业是一个劳动分工特点的合作组织。"②

阿尔奇安和德姆塞茨(1972)提出,经济组织理论必须解释两个重要问题——解释在什么条件下,专业化和合作生产的收益应该在组织(如企业)内实现或者应该通过市场获得;以及解释组织的结

---

① 杨小凯:"分工与专业化",第262页。
② 张维迎:《企业的企业家》,上海三联书店,1995年,第51页。

构。因此,在他们看来,团队生产是企业存在的一个基本条件。这种团队生产,能更好地利用比较优势和实现分工合作的效率提高,资源的所有者通过专业化的协作来提高生产率。因此,产生了对那种能够促进合作的经济组织的要求。[①] 但是,在团队生产中,相互合作的团队成员的边际产出无法直接或分别低成本观察到,如何准确地测度成员的努力程度和贡献率是一个关键性问题。否则,一种称为"社会混闲"的偷懒现象就会出现。减少偷懒行为的一种办法是由某个人专门作为监督人检查团队成员的努力程度和产出绩效。但是,谁来监督监督者呢?德姆塞茨和阿尔奇安设计出两种办法并且双管齐下:监督活动专业化加上剩余索取权将减少偷懒行为。

曹正汉(1997)提出企业的本质在于弥补市场分工的不完备性,从而将市场无法实现专业化的交易协调活动和风险决策活动经由企业内部分工而形成专业化。他把市场分工的不完备性归结为:①不完全信息。专业化生产商无法获得关于市场交易的完全信息,也无法预知决策的一切后果。②信息不对称。交易信息的分布在市场交易双方是不对称的。③人的自利性。参与市场交易的每个人均追求自身利益的极大化。由于专业化生产商不具备完全信息,从而不可能签订完备合同来解决市场交易的协调问题,也不可能制定出完备的决策方案以规避风险。

由于信息不对称和代理人追求自身利益等原因,将产生代理人凭借信息优势损害委托人的利益。交易协调和风险决策问题依然存在,只是协调内容转到了控制代理人的行为上,而决策的内容则变成了如何选择代理人。因协调和决策的非专业化,协调效率和决策效

[①] 阿尔奇安、德姆塞茨:"生产、信息成本和经济组织",载普特曼、克罗茨纳:《企业的经济性质》,上海财经大学出版社,2000年,第228页。

率自然难以普遍提高,这为企业的出现提供了生存和发展空间。企业通过将剩余权与风险相配合,最终解决了协调和决策的专业化问题。通过市场交易使越来越多的操作活动卷入分工,同时使每个专业化生产商面临着日益繁重的交易协调和风险决策压力。分工愈发达,协调和决策的压力及难度愈大。如果不解决协调和决策的专业化问题,必将制约市场分工的进一步的发展。企业的出现突破了市场分工的障碍,推动了市场分工向更高层次发展。

有两个主要因素促使企业的产生:①协调和决策能力以及风险态度在社会成员之间的分布是不均匀的。一部分人具有高协调和决策能力,并愿意承担较大的风险以获取可能的较高收入;另一部分人因协调和决策能力较弱,也不打算冒大的风险,愿意接受固定收入。②分工带来效率的提高。如果让高风险态度和高协调决策能力的人专事于协调和决策工作,低风险态度和低决策能力的人从事操作性的生产活动,则这两类人合作的结果将带来协调决策效率和生产效率的同步提高,合作的双方因合作而获益。

3.1.4　企业性质新解:一个新的审视角度

企业的产生源于分工,分工的深化促进企业的成长。企业本质是一个协调系统,分工的基础就是成员之间的相互依赖性。分工的演进必然强化经济主体的相互依赖性,从这个意义上说,信任水平高低,决定了企业取得和利用社会资本的程度和效应。信任水平低,企业就可能无力承担分工的深化和拓展,企业成长的空间就会狭窄和有限。一个可以证实的不难理解的现象就是:随着分工的深化,专业化的加强,一方面强化了企业的依赖性,另一方面面临着市场不确定性的增加。这两方面都会导致交易成本的上升。此时如何化解分工与交易成本的矛盾就成为一个难题。如果不能降低这种不确定性,人们就会退出专业化生产。当分工的收益不能弥补交易成本上升带来的损失时,分工就会止步于此。在解决分工与交易成本的两难冲突中,杨小凯、博兰等用模型证明,均衡水平由交易效率决定。但是,用什么方式才可以实现交易效率。杨小凯(1989)试图通过引入知识因素来解决分工与交易成本的矛盾。但这却无助于理解企业的产生和发展。

巴纳德认为,一个组织中,经理人员的作用就是在信息沟通中作为相互联系的中心,并通过信息的沟通来协调组织成员的协作活动,以保证组织的正常运转。企业的相互依赖性更能够创造社会资本,因为成员之间的相互依赖扩展了交易秩序。"企业扩张和转化是一个合作秩序不断扩张和转化的过程,是把社会范围的要素,不断纳入到一个分工合作体系中的过程。"[1]科斯虽然正确地指出了由于交易成本,企业成为了市场的替代,在于用权威去代替价格机制。但是更深入的层次是为什么要素在企业内部交易会比市场交易的成本低。

对此,我们的思考是,企业的作用在于以一个载体和平台复制、强化信任机制,从而促进经济主体行为的预期长期化,进一步减弱因分工带来的不确定性。阿尔奇安(1972)意义上的团队租金,也在于企业比各要素所有者单干能获得更多的信誉租。克雷普斯(Kreps,1990)指出,企业不仅是一个"声誉载体"(bearer of reputation),而且"唯一的资产就是其名字"。鲍尔和科汉也论证,一贯的高水平的组织业绩必然是建立在成员的忠诚和从属单位的一致性的基础之上。[2]

所以,我们把企业定义为:以信任为黏合剂的分工协作的要素集

---

[1] 汪和建:《迈向中国的新经济社会学》,中央编译出版社,1999年,第332页。
[2] 迈克尔·迪屈奇:《交易成本经济学》,经济科学出版社,1999年,第194页。

合体。这个定义包含了三个要点:一是企业是要素集合体的产物。二是要素所有者之所以集合在于追求分工协作的收益。三是以什么方式来推进分工协作。在经济发展的早期,这种分工协作,更多的是通过亲缘、血缘作为联结物。显然,这种联结物是比较单薄的。当分工协作超越了亲缘和血缘的范围时,就需要一种新的联结物来推动分工协作,企业也就应运而生,并随之成长。

因此,在我们看来,降低交易成本是企业出现的结果,而不是科斯所说的企业出现的原因。

对于交易中的机会主义威胁,按照威廉姆森(1985,1995)的思路有可能出现防范和监督成本的螺旋上升的"恶性膨胀"。分工越深化,交易越具有复杂性,机会主义的可能性越大。此时的合约治理面临的问题就是,再完备的合约都会有哈特(1995)所指出的不完全性问题。事前的机会主义解决了,事后的机会主义又出现了。因此,分工越是深化和拓展,交易过程越是需要协同性和信任机制。

3.2 企业成长:界定与综合

目前,学术界对企业成长概念的理解至今仍有分歧。主流的看法是企业成长就是企业增长,这种增长更多体现在规模(firm size)的扩张上。而关于企业成长,西方主要有两种定义:第一,企业成长是企业自身规模的成长,可用员工数、净资产、销售额、实物存量或者生产资源的现值来测定。第二,企业成长是企业生产和经营领域范围的扩大,可用市场份额、服务市场的规模或顾客数量的增长来测定。

事实上,企业是一个有机体,规模只是企业成长之形,关注企业成长更重要的是考察企业成长之势。"一个企业不一定要变得更大,但它必须变得更好。"①正如彭罗斯所说:"规模只是企业成长过程中的副产品,没有最适宜的,甚至没有能达到最大化的企业规模。"所以,"我们将关心企业的成长,并且仅仅是顺带提到它们的规模"。②

基于这样的认识,本文的研究在企业成长上主要侧重强调企业的制度变迁,以期试图建立一种稳定的、独立的企业成长理论,而"形状的变大变小因而是一个持续发展或展开的伴随过程"③。

3.2.1 同质性假定与企业外生性成长

在新古典经济学的分析框架中,企业是同质的。企业间存在着无成本的模仿和行业的无壁垒的自由进出,企业的成长会达到一个终极点。此时,企业和行业处于长期均衡状态,企业的利润为零。刘刚(2005)把新古典经济学中的企业同质性假定归纳为三个方面的内容:生产要素具有完全竞争性和完全流动性;企业之间的模仿是无成本的;企业的行为预期是可以完全确定的。

企业是一个通过投入产出来追求利润最大化的专业化生产组织。由于完全竞争性市场的存在,这个生产组织可以做到:①精确地计量出生产要素的投入和产出;②可以在其认为是最适合于需求条件和成本条件的产量水平上运行;③在市场价格的决定作用下,要以使其在边际成本等于边际收益(即市场价格)的状态下运行,从而实现利润最大化。而且由于生产要素的完全竞争性,企业之间无成本的模仿行为将使超额利润在长期均衡状态下消失,即企业在长期竞争中只能获得正常利润水平。

---

① 德鲁克:《管理:任务、责任、实践》,中国社会科学出版社,1980年,第87页。
② 彭罗斯:《企业成长理论》,第1—2页。
③ 同上书,第2页。

新古典的企业行为特征决定了新古典企业成长的性质。在新古典理论中,所谓的企业成长就是在价格机制的作用下,企业调整产量达到最优规模水平的过程,或者说是从非最优规模走向最优规模的过程。而且这个过程是在利润最大化目标既定、所有约束条件已知的情况下,根据最优化原则进行的被动选择。在这一过程中,企业没有任何主动性的余地(纳尔逊和温特,1982)。

可见,在新古典经济学那里,企业成长的基本因素均是外生的。如果企业面临的成本或需求曲线发生了变动,企业的规模就会发生变化。同时,新古典理论认为,成本变化的原因通常来自于技术变革或要素价格变化,而需求变化则是由于收入变化或偏好变化所致。这样,企业的生存和发展就是外生的,完全取决于企业外部的技术和市场条件。而且,在完全竞争市场的短期均衡中,随着企业生产规模的调整,企业可以实现利润最大化,可以获得准租金(即超额利润)。但是,这种短期均衡是不稳定的。由于行业内其他企业无成本地模仿和新企业的自由进入,市场长期均衡的结果是行业内所有企业的超额利润为零。

3.2.2 异质性假定与企业内生性成长

一旦摆脱新古典的分析传统,注重于企业契约内部的"生产性",我们就会发现:企业的成长不是外生而是内生的,企业不是同质而是异质的。

通过企业的同质性假设,标准的主流经济学理论把企业看做是既定技术条件下的最优化生产者,其生产和发展是外生的,企业的长期超额利润是不存在的。然而,这一理论无法解释现实中的许多现象,尤其是无法解释现实中企业长期利润的存在和企业之间广泛存在的长期利润差异化。

随着信息革命的出现和知识经济时代的来临,在进入20世纪90年代之后,一种全新的企业理论——企业能力理论,逐渐成为最新的企业理论和重要的企业管理理论。这种新兴的企业理论虽然目前尚无严密的逻辑体系,而且对企业本质的分析仍不够全面,但由于该理论注重于探讨企业竞争行为的内生因素,探讨企业内在的生产结构和生产行为,注重于企业契约的"生产性"。因此,比起新古典经济学来,在解释现实中的企业行为特征和企业治理制度安排上,能够为我们提供更有说服力的理论基础和带来有益的启发。

企业能力理论认为,应当以最本质的东西来规定企业的内涵,这种最本质的东西就是能够产生知识资本的"企业能力"。潘汉尔德和哈默认为,能力是组织中的积累性学识,特别是关于如何协调不同的生产技能和有机结合多种技术学派的学识,能力是对企业进行分析的基本单位,其存在于员工的身体、战略规划、组织规划、文化氛围之中。由于路径依赖的作用和能力对企业整体的依托,企业的任何一部分脱离企业之后都不再具有完全意义上的原有"能力"。因此,企业是一个特殊的能力知识集合体。

企业能力理论把企业内生的知识和能力的积累看做是企业竞争优势的来源(Penrose,1959;Nelson and Winter,1982)。其中,对企业的竞争优势起关键作用的知识和能力被称为核心能力或核心竞争力(Prahalad and Hamel,1990)。企业获取"租金"的量和持续性就是由其持有的核心能力的状况所决定的,企业拥有的核心能力是企业保持长期竞争优势的源泉。这是由核心能力本身所具有的以下特征所决定的(巴尼,1991):①核心能力的价值优越性。核心能力应当有利于企业效率的提高,能够使企业在创造价值和降低成本方面比竞争对手更优秀;②核心能力的异质性。一个企业拥有的核心能力应该是该企业独一无二的,核心能力的异质性决定了企业之间的效率差异和利润差异;③核心能力的完全不能仿制性。核心能力在企业长期的生产经营活动过程中积累形成,深深地印上企业特殊组成、特殊经历的烙印,其他企业难以复制;④核心能力的难以替代性。企业的核心能力作为企业的关键性生产要素是非竞争性的,是无法通过公开市场公开定价和获得,又使其他企业的替代行为面临着巨大的成本约束。因此,和其他企业资源相比,核心能力受到替代品的威胁相对较小;⑤核心能力的不可交易性。核心能力与特定的企业相伴生,显然可以为人们感受到,但无法像其他生产要素一样通过市场交易进行买卖。

总之,企业能力理论认为,企业是一个历史的不断成长和演化的有机体,企业在成长中所积累的核心能力是有价值的、异质的、完全不能仿制的、难以替代和不可交易的。一个企业的核心能力是该企业获得持续长期竞争优势的基础。企业正是通过其特有的核心能力的积累及由此所决定的竞争行为或战略来获得持续的竞争优势和超额利润。由此,企业能力理论给予人们最有意义的启发是:企业的成长是内生性的,企业的长期租金来源是内生性的,企业的竞争优势是内生性的,因为企业的核心知识是内生性的。所以,企业是异质而不是同质的。这就是企业的异质性假设。

企业能力,是在可通过公开市场获取的竞争性要素(包括人力资本和非人力资本)的基础上经过嬗变而成的一种企业组织资本和社会资本的结合物(埃里克森和米克尔森,1995),这个结合物却是非竞争性的,是完全不能在公开市场上获得的。正是在这个意义上,朗格卢瓦(R. N. Langlois,1994)把企业所需要的生产要素划分为两类:竞争性要素和非竞争性要素,并通过这一划分解释企业异质性及其与企业竞争优势的内在联系。我们认为,一旦引入了非竞争性要素,交易成本就不再是解释企业存在及其规模扩张的唯一决定变量,交易成本对企业的经济性质的解释力就人为削弱。因此,核心能力范畴的提出,使得长期以来被新古典和新制度经济学家们所忽视的企业契约的"生产性"重新受到了高度重视。正是在这个意义上,我们认为,企业能力理论摆脱了新古典经济学的分析传统。

如上所述,企业成长的异质性假设立足于企业的核心能力的积累和其作用的发挥。因此,对企业的核心能力的积累机制的分析就成为解释企业内生性成长和理解企业的异质性假设的关键。

3.3 企业家与企业成长

3.3.1 企业家概念的论争

企业家(entrepreneur)一词最早的含义是特指远航海外开拓殖民地的冒险家。18世纪中叶,康替龙(Cantillon)将企业家引入到经济学中,但他把每一个从事经济活动的人都称为企业家。康替龙的贡献在于较早认识到企业家职能包含着风险因素。显然,这一概念存在着泛化的倾向。萨伊则第一次将企业家置入到企业的生产经营活动中,认为企业家是企业生产经营活动的指挥者、协调者。正是有企业家的存在,土地、资本、劳动力三大要素才能有机结合。所以,他把企业家才能视为生产的第四大要素。

在企业家职能的认识上,马歇尔可以说是一个集大成者,他对企业家作了较为全面的阐述,认为企业家不仅是一个企业组织的领导者、协调者、创新者,而且还是一个商人、一个不确定性风险的承担者。

熊彼特在界定企业家概念时,则更多强调创新。企业家作为创新者,就是通过对市场均衡的创造性破坏不断推动经济发展。"每一个人实际上只有在他实现新的组合时才是企业家,而当他一旦建立企业,并像其他人一样开始经营这个企业时,这一特征马上就消失了。"①因此,熊彼特进而严格区分了企业家和资本家两个概念。企业家的主要职能在于创新,而资本家的职能则主要是承担风险。"企业家从来不是风险的承担者。在任何情况下,承担风险并不构成企业家职能的一个要素。哪怕在名声方面可能他要冒风险,但他从来不承担失败的直接经济责任。"②

科斯纳(1973)进一步深化了熊彼特的企业家理论,突出地强调了企业家的洞察力,从而使企业家的角色更加鲜明。他认为资本并不是一个人成为企业家的必要条件,企业家必须具备一种内在的洞察力禀赋,有着天然的捕捉市场机会并获利的驱动力。所以,他强调说,企业家是一个"市场的制造者",也就是"发现哪里购买者的价格高,哪里销售者的价格低,然后以比其售价略低的价格买进,以比其卖价略高的价格卖出"。③因此,在科斯纳眼里,企业家并不是每一个人都具有的潜质,而是需要"悟性"和"专有知识"的。

奈特认为企业家是对未来不确定性进行明智分析判断、预测和决策的承担者和实施者。奈特提出风险和不确定性是有区别的,风险是在已知发生概率条件下的随机事件,是可以保险的;而不确定性是完全未知的、出现的概率难以捉摸,因而不确定性是无法保险的。在不确定性下,企业家的首要功能就是"决定干什么以及如何去干"。在奈特看来,企业仅仅是一种装置,通过它"自信或者勇于冒险者承担起风险,并保证犹豫不决者或怯懦者得到一笔既定的收

---

① 熊彼特:《经济发展理论》,商务印书馆,1997年,第150页。
② 同上书,第152页。
③ I. M. 科斯纳,1973,*Competition And Entrepreneurship*,University Of Chicago Press,p.18。

入"。而且企业家可以是所有者,也可以不是所有者;当企业家不是所有者时,所有者要承担选错企业家的风险。

卡森(Casson)则将企业家的概念作了综合和扩展,把那些能对稀缺性资源配置作出明确判断决策的人称为企业家。在如何判断决策上,必然存在相同的情形下,由于认知和信息的差异,不同的人会有不同的判断决策。显然,在谁能和谁应作出决策上,会出现"信号"如何显示的问题。卡森认为,只有那些对自己判断力有自信的人才会坚持自己的判断并作出决策。

张维迎(1995)沿着奈特的思路,进一步完善了企业家的理论。他自己也认为,"我们的理论颇为奈特主义"。[①] 张维迎指出,企业活动分为生产和经营活动两大类,生产者和经营者的合作导致企业的出现,"从这个意义上讲,企业是一个具有劳动分工特点的合作组织"。[②] 同时,对于经营能力,他也提出了独到的见解:"经营能力可以被想象为企业家的天赋才能"[③]……"经营能力可以理解为传统意义上的企业家能力。我们用经营能力代替企业家能力,是因为经营是先入为主的,企业家资格是经推论而非假定得来。"[④]因此,他把经营决策能力定义为决定生产什么和如何生产的能力或者发现相关价格的能力。

杨其静(2005)认为,企业家必须有一种特殊的人力资本。也就是"不仅发现并掌握着关于某种市场获利机会的稀缺性信息或知识,而且拥有特殊能力,能够将那些必要的生产要素整合为可以实施

---

① 张维迎:《企业的企业家—契约理论》,第34页。
② 同上书,第51页。
③ 同上书,第34页。
④ 同上书,第7页。

这种获利机会的特殊装置——企业"。① 根据熊彼特的创新者和莱宾斯坦(Leibinstein,1968)的"投入生产品整合者"(input-completer)理论,他提出了创意的概念。他把关于市场获利机会的稀缺性信息和知识统称为"创意",并进而断定是否具有创意是成为企业家的先决条件。同时,有创意只是企业家的必要条件,而不是充分条件。创意只有被实施才能转化为现实的获利能力。因此,企业家这种特殊的人力资本必须包括两大因素:创意和整合资源实施创意的能力。

国内学者还有其他的论述如:丁栋虹(2002)把企业家视为异质型的人力资本,聂辉华(2003)将企业家看成是低交易效率的要素,王诚(1999)认为企业家应包含五种能力,即发现产品和服务市场的能力、熟悉和利用生产要素市场的能力、调整组合生产要素的能力、树立个人信誉和融资的能力、鉴别不同风险和高风险下正常工作的能力。李新春(2000)认为,企业家是具体时期个人或团队表现出来的创新意义上的企业决策创利能力,这是一个动态发展的能力。

3.3.2 企业家与企业成长

企业家是企业的核心,企业家的职能关系着企业的成长。也正因为如此,企业家和企业家精神才引起众多经济学家的关注和探讨。但从企业家内涵的演变看,显然企业家是一个动态发展的概念。从早期的冒险、协调者和指挥者到熊彼特的创新、科斯纳的洞察力、卡森的判断决策力等。所以,探讨企业家的真正内涵,不能单纯从企业家的角度,而必须要与企业的成长阶段密切联系来界定其含义。伴随着企业成长,企业家的职能要即时作出主动调整和适应。否则,企

---

① 杨其静:《企业家的企业理论》,第36页。

业就不可能成长、壮大。因而,有学者提出"企业家只是企业演进过程中的阶段性概念……企业家存在的理由是与企业的出现过程密切相关"。①

首先,企业创立阶段的企业家。此时的企业家,更多具有早期意义上的"冒险"和科斯纳所说的"洞察力"或者奈特的承担"不确定性"。而且,企业家和资本家的角色应当说是合一的,资本的所有者和资本的经营者往往不可能严格分离。因此,早期的企业制度更多体现为业主制。在企业的草创时代,企业家没有基础和实力去实现熊彼特所说的"创新"。重要的是,企业要能在市场中立足和稳健发展,企业家的思考主要集中于企业如何积蓄和积累实力,企业家更无法显示自己的"异质型人力资本"。尽管我们承认,企业家创立企业大多是为了实现自己潜在的人力资本价值,证明其人力资本的异质性和特殊性,或者此时的企业至多可以说成是"实现企业家人力资本价值的自我定价器"。② 但只有当企业家已经成功把一个企业打造为大企业时,企业家的人力资本才能被证实和认可。否则,只能是企业家的"自我推销",而这种"信号"是无法甄别和观测的。张维迎提出,只能用易于观测的"股本"(capital stock)作为一种信号手段来标示。"只有那些愿意充当企业家而同时又拥有足量资本的人才能被信赖为合格的企业家。一个资本所有者,当他想成为一名企业家时,会更加诚实、可信、尽职和勤奋。"③因此,资本的所有者和经营者合一可以较好地解决这一风险,从而避免所谓的"逆向选择"和"道德风险"。而对于为何创办一个企业,则往往更可能充满"偶然性",

---

① 梁洪学:"企业成长综述",载《经济学动态》,2004年,第7期。王诚:"增长方式转型中的企业家及其生成机制",载《经济研究》,1999年,第5期。
② 杨其静:《企业家的企业理论》,第56页。
③ 张维迎:《企业的企业家—契约理论》,第4页。

有时候是一个想法,一种灵感,或者拥有某种资源,或者是正好发现了一个有利的市场机会。一个可以观察的历史现象就是在企业起始阶段,绝大多数企业都是由那些拥有资本的人亲自建立和经营。因而,从这个意义上讲,企业只能称作"资本家的企业"而不是"企业家的企业",企业家的职能则更可能是一个综合性的概念。

其次,企业成长中的企业家。伴随企业成长,在比较优势的驱动下,企业内部的专业化分工会越来越强烈,资本家的职能和企业家的职能出现分离,从而出现所谓的"资本雇佣劳动"的命题。① 更进一步讲,企业的生产和经营也出现了分工和合作。此时,企业家的"专有性"和人力资本价值的异质性就逐渐体现出来,创新和协调力就成为企业家的主要职能。如果说企业家创业需要冒险,那么企业成长则需要企业家的创新和协调力。

其一,创新是企业成长中的企业家的基本行为特征。熊彼特所说的创新,在很大程度上更可能蕴涵的是企业成长中的企业家。熊彼特认为,创新是经济发展的根本动力,而创新的本质就是"生产手段的新组合"。发现和推动这些新组合的人就是企业家。因此,企业家是企业成长的领军人物。按照熊彼特的观点,创新有五种形式:①采用一种新的产品;②采用一种新的生产方法;③开辟一个新的市场;④控制一种新的原材料或半成品供应来源;⑤实现任何一种工业的新的组织。② 鲍莫尔(Baumol,1990)更进一步拓展了企业家的创新领域,把模仿者和寻租者的行为都看成是创新。不管对企业家创新的理解出现何种差异,但企业家的创新实质就在于对市场均衡的

---

① 新古典经济学认为,资本雇佣劳动是因为资本比劳动更为稀缺;而文尼克(Yaroslav Vanek)认为,从长远来看,劳动雇佣与资本雇佣劳动具有同等的效率。张维迎提出资本雇佣劳动是因为资本比劳动更难监督。

② 熊彼特:《经济发展理论》,九州出版社,2007年,第149页。

"创造性破坏",从而促进企业去实现市场的更高程度的均衡。由此我们可以得出结论,企业家的创新是企业成长的基石和推动力。

其二,协调力是企业成长中企业家实现创新的保证。① 按照阿尔奇安和德姆塞茨的团队生产理论,企业成长最终取决于所有团队成员的工作激励和相互协作的程度。创新只有依托和借助团队合力才能得到实施和实现,创新和协调力对于企业家来说是内在一体的。没有协调力的创新,最多只能称作"创意"(杨其静,2005)。

汪丁丁认为,企业家的创新带有明显的个人主义色彩和个性特征。"如果仅仅是个人主义者,那么你就不可能成为企业家。你必须有一种合作精神,用这种精神感召人们跟着你去做这件事。因为你是在运作一个组织,你要用组织的力量来完成创新,否则就没有规模经济效益。"②

阿尔奇安和德姆塞茨认为企业的团队生产性质源于两个方面:①整个生产活动需要多个不同的生产要素的参与,并且这些要素属于不同的所有者;②更为重要的是,整个产出并不是各个要素贡献的简单加总,因为每一种要素对其他要素的边际生产力都有影响。一般说来,企业规模越大,协调力越重要。因为企业规模越大,个人的生产努力的外部性越强。个人的努力会随着团体成员数目的增多而下降。比如出现"滥竽充数"或"做假金砖"(goldbricking)的社会闲混(social loafing)。正因为如此,巴纳德(Barnard,1938)曾主张,企业在本质上是人们合作的群体,企业家的主要职能是促进这种合作。尽管阿尔奇安和德姆塞茨认识到解决团队激励和合作的重要性,但

---

① 马克思在《资本论》中专门对协调力作了详尽阐述。马克思认为协作提高了个人生产力,而且还创造了一种生产力,这种生产力本身必然是集体力。见第1卷,1975年,第362—366页。

② 汪丁丁:"企业家精神",载《管理与财富》,2001年,第7期。

只是简单提出监督活动专业化和剩余索取权。

张五常(Steven Cheng,1993)在《公司的契约性质》中专门描述了旧中国时代长江纤夫拉船的故事。卸责问题一直困扰着纤夫们,每个人都意识到,只要有人拉船不出力,自己就应卸责。但是,这种状况的存在,纤夫作为整体就不能完成齐心协力时那样多的工作,结果每个人都挣得越来越少。于是,纤夫们创造出了监工的角色,他们的主要工作就是惩罚卸责者。最终"鞭子"使纤夫们更加努力工作。事实上,协调有三种类型:权威协调、契约协调和信任协调。对于权威协调,科斯提出企业的本质就是以权威(企业家)去替代市场机制。

阿尔奇安和德姆塞茨(1972)不同意这种观点:

"企业仅以命令、权威或者优于在传统市场上可行的措施来解决问题,这样的现象司空见惯。这是一种错觉。企业并不对所有的投入拥有所有权。它并不拥有任何命令、权威或者其他有别于两个人之间普通的市场合约的惩罚性行动的权力。"[①]

因此,米勒说:"企业家希望在自己的企业成长时确保完全的权威是一回事,怎样实现这种不对称的权威是另一回事。……协调行为是通过复杂的合约所达成的,而不是科层权威。"[②]

契约协调主要是通过产权界定和收益分割对经济主体的行为进行约束。它往往借助规则、制度、法律和法令等来实现,契约履行的机制一般包括三种:自我履行机制、第三方决裁机制和公共强制性履行机制。只有当三种机制都能有效发挥作用时,契约的履行最为有效。但是,由于契约总是不完全的,因而通过契约对权利的主体进行

---

① 阿尔奇安、德姆塞茨:"生产、信息成本和经济组织",第246页。
② 米勒:《管理困境》,上海三联书店,2002年,第53、91页。

界定也就不可能是完全的(陈赤平,2006)。格罗斯曼和哈特(1986)从契约的不完全性出发,详细讨论了企业所有权的最优安排。他们认为,在交易主体有限理性、信息非对称和存在交易成本的条件下,企业的契约是不完全的,并从企业剩余的产生、风险的控制和降低交易成本的角度,论证了企业所有权安排的重要性。阿尔奇安和德姆塞茨(1999)则提出剩余索取权的集中对应分配是实现企业协作效率的最优契约安排。

霍奇森(1995)认为,企业家要实现创新就必须建立商业导向的网络以获取潜在交易对象的信任。贝克尔、吉本斯和墨菲(2002)认为企业家的作用就是发挥和维持企业内部和企业之间的关系契约。

3.3.3 分工与企业家

在认识企业家职能的问题上,必须明确两个思路:一个是企业家产生的内在逻辑。在成熟的市场化经济中,随着市场交易的扩大,分工会随着净收益的提升而逐步深化,从而交易和生产的职能出现专业化和细分化。也就是说,企业家的出现是一种分工和专业化的必然趋势。另一个是在专业化分工中,企业家自身的协调力决定着企业的扩张度。专业化分工的扩展和深化衍生出企业家职能,而分工的细化必然导致协调成本的上升。因此,在专业化的经济中,如何化解协调成本和管理成本就成为企业家的首要职能。随着经济的发展,市场竞争的加剧,企业成长中的分工和专业化引发的问题也只能通过分工和专业化来解决。

在一个分工和专业化发展并不成熟的经济中,企业的创立和成长可能需要企业家担当许多额外的职能。企业家在直接创立企业的活动之外,还可能还要承担提供资本的资本所有者职能,经营资本的资本投资者职能,经营企业的生产经营者职能,从事企业日常管理的生产管理者职能,以及参加一定生产活动的生产工作者职能。① 比如,由于分工和专业化不足,企业会出现社会化的趋向,企业越大,企业承担的社会职能越多。企业家就更可能是一个"准政府官员",企业家不但要考虑办企业,而且还要考虑办社会。显然,分工不足会侵蚀和约束企业的成长和扩张。

首先,企业的目标不可能是利润的最大化,而更可能是社会收益的最大化。这种状况必然导致企业经济功能和社会功能合一,甚至是以社会功能去代替经济功能,从而弱化了企业捕捉市场机会的灵敏度。

其二,企业"小而全"的现象尤其突出,趋同和地域化决定了企业的扩张力和成长的空间不可能很大。

其三,企业非市场化倾向严重。在这种情形下,企业更可能关注政府而不是关注市场。同时企业家角色也会出现异化现象,从创办和经营企业到谋求政府职位,从准官员谋求如何"羽化"为正式官员。

而在一个成熟的市场经济中,企业家的职能则更多地进行了细化和分解,分工和专业化导致新的角色产生。如提供资本的职能由股票和债券投资者以及银行存款者承担,经营资本的职能由投资银行家和证券经营者承担,经营生产企业的职能由营销代理人员承担,日常管理职能由科层组织承担,生产技术职能更可能有生产技术和研发人员承担。企业的安全、稳定和交易规则等外部环境也早不用创立企业的企业家来提供,而且是由较为健全的政府来提供。至于媒介的不同交易方的"中间人"功能,已经由经纪人承担。企业在其

---

① 王诚:"增长方式转型中的企业家及其生成机制",载《经济研究》,1999年,第5期,第75页。

成长中的各种风险,也不再仅仅由企业家一人承担,而是依据不同职能承担者的产权责任和权利,分别由不同职能者所承担。① 因此,分工的进步和专业化,必然使企业生产成为一个团队生产,企业家行动成为一个集体行动。在分工网络格局成熟的市场经济中,相对于企业成长,企业家更重要的是融资、融合、融人。

3.3.4 企业家与社会资本

明茨伯格对企业家进行了角色的划分,他将企业家工作划分成人际角色、信息角色、决策角色三大类。在角色理论中,企业家既要成为内部网络中心,同时也要与外部网络保持联系,企业家与人的交往成为企业家角色的主要方面。企业家在与人打交道的过程中,逐渐形成了在企业内部与企业成员的关系网络以及在企业外部与社会其他成员的关系网络,这两类关系网络中的实际或潜在的资源集合就构成了企业家社会资本的一个组成部分。企业家非常重要的一个职能就是管理,作为管理对象的人的主观能动性和感情是难以量化和模式化的,因此,便要求企业家对不同的人采用不同的管理办法,甚至对相同的人在不同的时间采用不同的办法。所以,企业家工作的本质就是要经营好企业内部以及企业外部的各种人际关系网络。

经营社会关系网络的过程也就是企业家社会资本构建的过程,在这个过程中,信任发挥着很大的作用。只有在信任度较高的情况下,企业家才有可能处理好企业内、外部的各种社会关系网络,吸引更多的社会资源为己所用。按照布尔特(Burt)的"结构洞"观点,在信息流动过程中,处于网络结点中结构洞位置的行为主体具有比处于其他结点位置的行为主体更多地获取稀缺资源的优势(1992)。

---

① 王诚:"增长方式转型中的企业家及其生成机制"。

在企业家所构建的与社会其他成员(如顾客、供应商、销售商、政府、银行等)的关系网络中,企业家无疑处于一个"结构洞"的位置。由于这个特殊的位置以及信任的存在,企业家与网络中其他的横向或纵向的成员都可以保持一个良性的关系,从而获得企业发展所必需的有关供应商、竞争对手和下游客户的相关信息,洞察市场需求变化、行业发展趋势以及技术演变等重要信息。企业家还可以获得一系列的政策信息,如税收、价格、信贷、技术等与企业发展息息相关的各种信息,从而可以准确判断企业运行的宏观成本,还可以提高企业家的计划和决策的科学性,降低经营风险,赢得企业发展的竞争优势。

在企业内部建立信任与权威的过程中,企业家如果得不到员工的信任,他的权威也无从谈起。当企业家的权威遭到质疑的时候,他对企业的指挥和控制的执行力也会受到阻碍,难以顺利进行。因此,企业家在构建与企业外部的关系网络的同时,也必须重视对企业内部关系网络的建设。在企业组织内部,企业家与企业成员的关系要建立在相互信任、相互依赖和共同协作的基础上,要协调全体员工同心同德,群策群力,提高企业的凝聚力,使员工的价值观与企业的核心价值观趋同,为实现更大范围内的战略目标而共同行动,从而保证企业战略的实施有充分的执行基础。

我们以王安公司为例。王安公司失败的最重要原因是缺乏相互信任与相互合作的精神。1984 年,王安公司拥有 24 800 名员工,有近 23 亿美元营业额。由于王安本人对员工,特别是高层主管不信任,结果,大批人才跳槽从而导致人力资源的匮乏,最终公司业绩一败涂地不可收拾。

企业中的信任显然来自于企业家的信用,信任度高的企业家可以通过个人强烈的影响力来消除企业中的不信任,从而为企业建立起一个以信任为基础的良好环境。由于信任主要是建立在行动而不是语言的基础上,所以,在建立信任的过程中,就要求企业家必须以信任他人和值得信任的方式行事。

3.4 企业规模和企业成长

企业规模,顾名思义,就是企业的大小。福特和斯洛科姆认为企业规模的测定有两种方法:一是企业组织的大小;二是组织的领域范围。通常的方法是根据不同情况,以企业当时的员工人数、年销售额或总资产来测定。

西方学者认为,不同规模的企业,在成长的过程中都有不同的障碍,这其中涉及企业的组织结构、投资决策、市场结构、产品开发和市场营销等因素。

关于企业成长与规模关系的问题,在西方学界有一个著名的吉布莱特定律。国外许多关于企业规模与成长关系的研究,大都涉及这一定律。他们在不同时期从不同角度对这一定律进行了大量的实证分析和验证。

罗伯特·吉布莱特是法国学者,他在1931年出版的《非均衡经济学》一书中,第一次提出了企业规模与企业成长和产业结构之间运行关系的模型。这一模型源于自然科学的研究成果。在自然界中,许多事物的运行都类似于偏(正)态分布,这种偏(正)态分布是一个简单的高斯过程:人是独立运行的微小增量,能够生成一个正态分布的变量,假定变量的基本函数为正(偏)态分布,可对这些观测到的变量建立模型。据此,吉布莱特对法国各个时期不同产业中规模不同的企业进行了研究和分析,认为这些企业在一定时期内规模的增减变化就是各自独立运行的微小增量,这些变量也呈正(偏)态分布。

由此,他认为一个企业的规模在每个时期预期的增长值与该企业当前的规模是成正比的。换句话说,就是同一个产业中的企业,无论其规模大小,在相同的时期内,其规模变动的概率是相等的,即企业的成长率是独立于其规模的变量。举例来说,同一产业中的有两个资产总额分别为 2 亿元和 100 万元的企业,在相同的一个时期内,规模扩大两倍的概率是相等的。这就是吉布莱特定律,他本人称之为比例效应定律。

吉布莱特定律主要说明了两个问题:

①企业的成长是一个随机过程,影响企业成长的因素太复杂,难以对其准确预测和把握。

②不同规模的企业,其成长率并不因为规模不同而有所差异。这一定律从表面上看只是对一个产业中企业成长与企业规模的分布进行直观的描述。

但是,长期以来,我们被告知,企业规模扩张会带来规模经济(马歇尔(Marshall),1890;萨缪尔森和诺德豪斯(Samuelson and Nordhauus),1992;克鲁格曼和奥布斯特菲尔德(Krugman and Obstfeld),1997)。在贝克尔(bucker)、罗默(Romer)、迪克西特和斯蒂格利茨(Dixit and Stiglitz,1997)等人的推动下,规模经济的思想再次成为经济学研究的热点。当经济存在规模报酬递增效应时,就会产生内生经济增长。按照新古典经济学理论,经济增长同所谓的内部或外部规模经济成正相关,企业的生产效率同厂商规模扩大成正比,企业会出现大规模化的趋势。所以,一般说来,企业成长往往会伴随着企业规模的扩张,人们称这种现象为内部规模经济。[①] 因此,在整个 20

---

① 张永生:《厂商规模无关论》,中国人民大学出版社,2002 年,第 2 页。

世纪的西方经济中,大企业和超大企业一直占主流地位。过去两个世纪的大部分时间里,人们一致认为企业大小和规模经济是相关的(Pratten,1991)。有鉴于此,舒马赫(Schumacher,1973)很早就提醒人们:我们是被规模经济理论培养大的。……但是,小的也是美好的。

同时,我们也观察到这样一些现象:很多时候,企业成长并不是沿着规模经济的方向在发展,甚至是朝着明显规模不经济的方向发展。诸如,企业拆分、分包生产、贴牌生产、特许经营、合约出让等等,面对经济发展中的新现象和理论与实践的背离,新古典经济学无法提供圆满的解释。一个是正在世界流行的特许经营现象;另一个是20世纪末以来兴起的中小企业的蓬勃发展。

所谓特许经营就是特许人(franchisor)通过合约将某种特许经营权转让给受许人(franchisee)进行经营,特许人可以从受许人的经营中提取一定的经营利润作为回报。特许权通常是指某种品牌、商标、知识产权等。这样,特许人以无形产品和知识产权与受许人的有形产品和服务之间形成高效的分工。比如,在中国比较著名的麦当劳、肯德基、可口可乐、百事可乐、耐克等都是以特许经营的形式得以在全世界迅速发展。特许经营的成功和流行,既给传统经济学理论提出了挑战,同时也给我们提出了进一步的思考:

其一,传统生产函数和资源禀赋约束并没改变,仅仅只是知识的分工和专业化,企业的生产力却能大幅度提高。

其二,企业成长的传统路径受到质疑。特许经营的企业绩效与规模扩张并不具有成正相关性,特许经营的企业绩效一般都较好,但是规模并不大,而且这种大趋势正在席卷全球。

其三,传统企业制度和理论框架受到挑战。知识产权与有形产品的有效分工,促使交易效率的提高,既可能出现未来生产中迈过企业制度的组织形式,同时也改变了经典市场均衡。

另一个引人注目的现象是中小企业在全世界的欣欣向荣。"一种新的'后福特主义'(post-Fordism)经济体系的兴起基于小公司'群落'(networks),可以在不同的时期进行竞争或合作。外包活动的迅速发展似乎证实了这一观点。很多研究人员认为,这些变化迎来了生产体系的新纪元,在这一体系中,相对于大公司来说,中小公司的作用将越来越大。大公司正在'空洞化',迅速成为'濒危动物'。"[1]

张永生对此进行了解释:"企业平均规模之所以会变小,是因为中间产品的交易效率越来越高,企业之间的分工越来越深化,企业越来越专业化。因此,大企业的效率所以越来越高,正是因为它们同中小企业之间分工加深而越来越专业化的结果。或者直观地说,是由全能企业转向专业化企业的结果。……在大企业效率不断上升的同时,中小企业和整体经济的绝对效率也在不断地上升。"[2]

实际上,按照科斯的理论,企业的边界是由交易成本决定的,当交易在企业内部进行比在市场进行更有效率时,企业倾向于扩张。反之,交易在市场进行比在企业内部进行更有效率时,企业则缩小边界,更多诉诸市场交易,而非企业内部交易。所以,一旦我们不再把企业规模看成是一个一成不变的范畴,而是看成一个可以不断根据企业发展需要而调整的变量时,企业规模就不会成为制约企业成长的瓶颈。

对此,斯蒂格勒(1958)实证地研究了厂商最佳规模的问题。他认为,厂商最佳规模的范围通常是相当宽广的。对于某一个具体产

---

[1] 彼得·诺兰等:"全球商业革命、瀑布效应以及中国企业面临的挑战",载《北京大学学报》(社会科学版),2006年,第3期,第133页。

[2] 张永生:《厂商规模无关论》,第49页。

业来说,并没有一个确定的所谓最佳厂商规模,所有能够在市场上生存下来的厂商规模都是最佳规模。在测定厂商最佳规模时,他提出了生存技术法则:"生存技术不仅比其他测定方法更直接、更简单,而且也更权威……具有应用面广、应用灵活的优点。"[1]这种方法就是先把某一产业的厂商按规模分类,然后计算各时期各等级规模的厂商在产业产出中所占的比重。如果某一等级的厂商所占的生产份额下降了,说明该规模效率较低。一般讲,效率越低,则份额下降越快。

杨小凯和黄有光(1993)在新兴古典经济学分析框架下发展的间接定价理论,将分工作为企业成长的内核,突破了传统的企业规模和企业成长的"黏结"。他们认为,企业不是外生给定的,而是从分工中内生。企业制度之所以出现,是因为它能促进分工的发展。因此,用专业化经济更能刻画企业成长。因为企业技术创新主要取决于分工与专业化的发展,而不是规模经济。

由此,我们把分工纳入到企业成长的变量,假定企业成长是由规模和分工两个因素所决定的,就会有以下的函数式:

G = F(S,D)

G 代表企业成长,S 为企业规模,D 代表分工水平。这样,有关企业成长就出现六种组合:

①S 上升,D 上升。专业化经济和规模经济同时兼备,企业成长体现为单个企业和整个产业的扩张和专业化经济。

②S 下降,D 下降。既没有规模经济,也没有专业化经济。不但是单个企业出现衰退和萎缩,而且是整个产业也出现了衰退。

③S 不变,D 上升。只有专业化经济,没有规模经济。企业扩张

---

[1] 斯蒂格勒:《产业组织》,第 95—96 页。

主要侧重于技术创新。这时,企业可能会变得更强,但不一定是更大。

④S 不变,D 下降。企业成长会受到分工的阻滞,企业扩张的幅度不可能很大。

⑤D 不变,S 上升。企业成长更多体现为量的增长,而没有体现在效率的递增上。没有专业化经济的规模扩张,企业成长会陷入低效率的"全能工厂"。

⑥D 不变,S 下降。单个企业会出现萎缩的趋势,表明企业可能正在走下坡路。

在上述六种组合中,我们可以看出,最好的是第一种。因为企业成长表现为专业化经济和规模经济同时推进。最差的是第二种,既没有规模经济,也没有专业化经济。

3.5 小结

通过本章的分析,我们可以看出,企业作为以信任为黏合剂的分工协作性要素集合体,分工越是深化,交易就越需要协同性和信任机制,早期的分工依靠亲缘、血缘作为联结物。但是,随着分工发展,分工协作必须要突破亲缘、血缘的约束。同时,在企业成长和企业家概念的理解上不能简单化:一是企业本身是一个有机体,规模只是企业成长之形,企业成长更重要的是成长之势,分工深化才是企业成长的内核;二是企业家概念不是静态的而是一个动态的概念,企业创立时期,企业家应具有"冒险"和"洞察力",而在企业成长阶段,因为分工和专业化的趋势,企业家更需要创新和协调力。

第4章 分工演进、市场深化与企业成长

本章主要从历史演化的角度,探讨分工的演进与企业成长的关系。分工是企业成长的起点,分工深化推动企业成长。另一方面,分工受市场规模的限制,主要是分工深化、市场规模扩大会带来交易成本的上升。这样,如何化解分工中的交易成本,促进交易效率的提高,就成为推动分工的重要因素。

4.1 分工演进与企业成长

研究企业成长,分工与专业化的演进是关键。我们认为,分工和专业化是企业成长的起点,而且企业是伴随着分工与专业化的深化而成长的。在人类的前现代时期,尽管经历了漫长的分工和专业化,但其发展的速度异常缓慢,甚至被人们认为是停滞的。分工和专业化的程度,在相当长的时间里是没有什么明显变化。只有在进入近代以后,分工和专业化才得到了突飞猛进的发展。这一史实,从另外一个角度印证了企业成长的历史变迁,也正好回答了为什么在前现代时期的企业成长一般比较缓慢,而在进入现代以后,企业成长往往呈现出突飞猛进的趋势。

伴随着历史发展,分工和专业化是不断演进和深化的。盛洪(1994)认为,按照历史顺序,分工和专业化的演进,第一个是部门专

业化,即马克思所说的一般分工,例如人类历史早期的农业、手工业和商业的分工。第二种是产品专业化即以完整的最终产品为对象的专业化,例如汽车、电视机等的生产。第三种是零部件的专业化,① 即一个人或一个企业仅生产某种最终产品的一部分,例如在汽车工业中,某些企业只生产发动机,甚至只生产发动机的一个零部件。第四种是工艺专业化,即专门进行产品或零件生产的一个工艺过程。第五种是生产服务专业化,即直接生产过程之外,但又为生产过程服务的那些职能的专业化。

但是,为了更好地考察企业成长与分工的演进关系,我们把分工与专业化的变迁分为三个阶段:

(1) 社会分工(social specialization)

它是指劳动等生产要素分配到社会不同行业、部门和职业所进行的分工。最早发生的社会分工就是历史学家观察到的人类行业和部门大分工:如农业和畜牧业分工,手工业与农业分工,商业从手工业和农业中分离发生的分工。诺斯说:"定居农业已有分工。在狩猎、采集社会,专业化限于简单的角色分配:通常狩猎由男人完成,采集由女人承担。相比之下,定居农业则要考虑比较复杂的分配。在早期的农业中,有些人专门提供保护;另一些则充当教士,处理人与环境'合理化'方面的问题。在农业共同体内,新情况出现了。公元前第二个一千年结束时,手工业可能发展了。"②但是,这种分工只是非常初级的分工,它仅仅局限于家庭血缘或者说同缘,比如邻居、亲友等,交易往往出于偶然或者说调剂余缺,交换只是货物之间的直接转手,因而只有简单的分工,而不存在专业化。"新世界的起点是商

---

① 现在更多的人把它称为产品内分工。参见卢锋:"产品内分工:一个分析框架",北京大学中国经济研究中心工作论文。

② 诺斯:《经济史上的结构和变革》,商务印书馆,1992年,第106—107页。

业的专业化,而并不是没有专门化的交易的初级阶段。偶尔的交易——孤立的交换活动,包括任何一方都不为进一步承担义务——自古以来便时有发生,但对进行交易的人们的生活影响甚微。"①这样,在交换并不发达而又日益呈现需求多样化的漫长的社会变迁中,分工也就以"家庭"这种组织形式推演出来。

所以,诺斯说的手工业只是家庭手工业。这种家庭手工业有三个主要的特征:一是以家庭为元结构。二是规模小,分工半径以血缘或者同缘辐射。三是有分工而没有专业化或者说专业化限于简单的角色分配。因此,社会分工下已孕育着企业的胚胎,但还没有出现企业制度。刘易斯强调:"所有手工业生产同工厂相比,都具有这样一种优越性:它节省了两个难得的因素,一是资本,一是管理技能。"②随着分工的进一步发展,家庭手工业中出现了许多外包制。分包形式是家庭作坊走向工厂生产的过渡形式,布罗代尔把外包制称为"前工业"。钱德勒以制鞋业作为案例详细描述了外包制的发展历程:

"从18世纪晚期到19世纪40年代,供应西印度群岛市场、以后又供应南部和西部市场的鞋子都是在家庭里或者农场里制造的。进入19世纪以后,越来越多的专业制鞋工人从商人或者手艺高明的'科尔多瓦皮革制造工人'处接受皮革、鞋线和其他供应品。这些制鞋工人就在附属于其住宅的小工场——所谓的'亭子间工场'——完成他们的任务。随着19世纪20年代需求增加,外包商试图设立一种'中心工场'以便更有效地管理和协调生产。在中心工场里,皮革被切成鞋底用皮和鞋面用革。后者被送出去给外包工人加工。做好的鞋面送回工场,再和鞋底一起送出去给另外的工人——绱鞋工。

---

① 希克斯:《经济史理论》,商务印书馆,1987年,第25页。
② 刘易斯:《经济增长理论》,商务印书馆,1983年,第164页。

由他们最后完成整只鞋子。……在40年代,改进了的金属制成的机器开始取代旧式的传统工具,而到50年代,新发明的以蒸汽为动力的相当昂贵的制鞋机器,把工厂的生产形式带进了制鞋工业并很快地结束了外包制度。"①

所以,布罗代尔在总结外包制时说,外包制的出现,"种种事实表明,家庭劳动已陷入一张无形的蜘蛛网,而蜘蛛网则掌握在几个包买商手里"。②"在工业制度的发源地西欧,工厂制度有时候脱胎于家庭工业……但作坊不一定发展成工厂,新工厂经常向老工厂挑战,把它完全挤垮。"③希克斯也认为,"工业革命是现代工业的兴起而不是工业本身的兴起"。④

在社会分工的自然经济状态下,生产只能在狭小的区域和封闭的半径内进行,相互之间很少发生关联,基本上处于隔绝状态。

(2) 技术分工(technical specialization)

它是指特定产品的生产可以被分解为不同步骤去完成,它可以在某个空间点如特定工厂内实现。现代意义上的分工大多属于技术分工,这种分工的最大特点在于分工与专业化密不可分,分工是为了满足专业化的需要。"如果为了最大限度地提高劳动生产率,许多劳动者必须联合起来,即便是为了简单合作而联合,那么企业规模必须足够大,以便把许多劳动者聚在一起,资本必须足够多,以供养这些劳动者。"⑤现代工业革命是从英国发端的。因此,斯密所说的分工可以看成是技术分工的经典事例。斯密在《国富论》中以最为平

---

① 钱德勒:《看得见的手》,商务印书馆,1987年,第61页。
② 布罗代尔:《15—18世纪的物质文明、经济和资本主义》,第2卷,北京三联书店,1993年,第355页。
③ 刘易斯:《经济增长理论》,第163页。
④ 希克斯:《经济史理论》,第128页。
⑤ 穆勒:《政治经济学原理》,商务印书馆,1991年,第155页。

常的上衣为例这样生动详细地描述：

"日工所穿的粗劣呢绒上衣，就是许多劳动者联合劳动的产物。为完成这种朴素的产物，势须有牧羊者、拣羊毛者、梳羊毛者、染工、粗梳工、纺工、织工、漂白工、裁缝工，以及其他许多人，联合起来工作。加之，这些劳动者居住的地方，往往相距很远，把材料由甲地运至乙地，该需要多少商人和运输者啊！染工所用药料，常需购自世界上各遥远的地方，要把各种药料由各个不同地方收集起来，该需要多少商人和航运业，该需要雇用多少船工、水手、帆布制造者和绳索制造者啊！为生产这些最普遍劳动者所使用的工具，又需要多少种类的劳动啊！复杂机械如水手工作的船、漂白工用的水车或织工用的织机，姑且不论，单就简单机械如牧羊者剪毛所用的剪刀来说，其制造就必须经过许多种类的劳动。为了生产这极简单的剪刀，矿工、熔铁炉建造者、木材采伐者、熔铁厂烧炭工人、制砖者、泥水匠，在熔铁炉旁服务的工人、机械安装工人、铁匠等，必须把他们各种各样的技艺联结起来。"①

总的来看，在亚当·斯密时代，技术分工已在英国得到相当长时期的发展。这种技术分工的特征在于：

一是生产活动分为不同的工序。比如斯密所说的著名制针业，一个小小的扣针就分成了大约18道不同的工序。"一个人抽丝，另一个人拉直，第三个人切断，第四个人削尖，第五个人磨光以便安装针头；做针头要求有两三道不同的操作；装针头是一项专门的业务，把针刷白是另一项；甚至将针装进纸盒中也是一项专门的职业。"②

二是生产不再是分散、零星地进行，而是集中在一个专门的场

---

① 亚当·斯密：《国富论》，第11—12页。
② 同上书，第4页。

所;这意味着现代意义上的工厂制度的产生,工厂生产形式的迅速发展,不仅表现为工厂数量的增加,而且表现为工厂规模的增大。

克拉潘在《现代英国经济史》中说,在1815—1816年间的英国,曼彻斯特及其附近的43家重要棉纺织厂平均雇用数字是300人。麻纺厂的平均雇用数字93.3人,丝绸厂为125.3人,毛纺厂则为40.6人,棉纺织厂为175.5人。大企业的雇用人数则高达1 000—2 000人,例如卡隆工厂在1814年雇用了2 000人,新拉纳克的戴尔·欧文公司雇用了1 600多人。① 三是技术革新,尤其是以蒸汽机为动力的大机器的问世和被采用。"随着棉纺织机械化和蒸汽机的应用,在棉纺织业系统中又陆续出现了净棉机、梳棉机、漂白机、染整机等,组成了复杂分工的机器体系,工厂规模随之不断扩大,棉织业迅速发展。1780年英国的棉花消费量仅为550万磅,1835年达到31 800万磅。同年,纺织工厂拥有纱锭900万枚,织机11万台,工人达237 000。"②所以,恩格斯说:"分工,水力,特别是蒸汽机的利用,机器的应用,这就是18世纪中叶起工业用来摇撼旧世界基础的三个伟大的杠杆。"③

在机器工业的推动下,自动化体系开始出现。这样,工厂内分工发生了新的变化。"在自动工厂里重新出现了分工,但这种分工首先就是把工人分配到各种专门机器上去,以及把大群没有形成有组织的小组的工人分配到工厂的各部门,在那里,他们在并列着的同种机器上劳动。因此,在他们之间只有简单的协作。工场手工业的有组织的小组被一个主要工人、少数助手的联系代替了。重大的差别是实际操作工作机的工人(包括某些看管发动机或者给发动机添料

---

① 克拉潘:《现代英国经济史》,商务印书馆,1985年,第237—254页。
② 樊亢、宋则行等:《主要资本主义国家经济简史》,人民出版社,1973年,第57页。
③ 《马克思恩格斯选集》,第2卷,人民出版社,1972年,第300页。

的工人)和这些机器工人的单纯下手(几乎完全是儿童)之间的差别。所有feeders(单纯给机器添劳动材料的人)或多或少地算在这种下手之内。除了这两类主要工人外,还有为数不多的负责检查和经常修理全部机器的人员,如工程师、机械师、细木工等等。"① 同时,自动化也推动着工厂制度的演进。"通过传动机由一个中央自动机推动的工作机的有组织的体系,是机器生产的最发达的形态。"② 另一方面,协作得到了进一步加强,由简单协作发展到分工协作。"工场手工业所特有的以分工基础的协作又出现了,但这种协作现在表现为各个局部工作机的结合。"③

按照钱德勒的观点,技术分工是现代工厂制度的催生剂。

首先,技术分工使工人劳动操作变得简单化,复杂的工作技巧得到分解,并突破了手工劳动对产品生产的生理限制。当分工从手工技巧演进为机器体系分工时,就大大弱化了生产中对熟练劳动的需求,扩大了资本雇佣劳动的范围,并产生了延长劳动时间的必要性和可能性。同时也提高了生产中协调和监督的需求,由此逐步建立起生产中的等级制职能科层结构——工厂制。

其次,技术分工促成了现代管理制度的"泰罗制"的诞生。泰罗制的核心就是以企业分工为基础,对工人生产进行仔细观察和分析,从而设计出简练而高效的程序和动作。同时,管理者根据分工原则,让企业生产进行更优化的配置并对工人进行精确的考核。

再次,技术分工促进了自动化流水生产线的问世。没有技术分工,产品生产就不可能出现同类机器的工人的协作,也不可能出现不同工序之间的分工,正是技术分工才有可能把不同工位和不同机器

---

① 马克思:《资本论》,第1卷,第460—461页。
② 同上书,第491页。
③ 同上书,第416页。

联结起来。同时流水生产线反过来又将技术分工发挥到最大限度,从而大大提高了生产效率。钱德勒认为,自动化流水生产线的功效是"立竿见影的。……制造一部老型汽车的工时,从 12 小时零 8 分钟减少到 2 小时 35 分钟。1914 年的春天,高地公园的工厂每天生产 1 000 部汽车,每部汽车的平均工时降到 1 小时 23 分钟。流水装配线很快成为现代化大量生产最著名的标志"。①

但是,技术分工也受制于能源消耗以及加工精度的约束,市场扩大和标准化需求的持续扩张,使原有机器生产体系面临着内在不适用性。新材料、新能源和标准化加工技术的出现,为进一步扩展分工提供了新的可能性,企业组织结构也开始了横向一体化和纵向一体化的过程,并演变为多工厂的大量生产组织。

(3) 产品内分工

它主要是指特定产品的不同工序和区段分配到更广的市场范围(比如国际市场)所展开的分工。在现代社会中,伴随机器大工业和新技术革命的发展,为顺应社会化大生产的要求,产品资源的配置逐渐从一国市场跨越到全球范围,新的生产部门和企业不断从传统部门和企业衍生、分离出来,单个企业生产的产品日趋减少,甚至只生产某个产品的一部分或者只从事某个单项过程。从某种程度上讲,产品内分工是对社会分工的回归和技术分工的深化。只有技术分工的深化,才会使某种特殊的劳动发展为独立的生产部门,从而促进社会分工的扩大,由此行业或者产品的专业化进一步发展出零部件生产的专业化,工艺的专业化甚至服务的专业化。对此,盛洪(1994)曾有过专门阐述:"到了 20 世纪下半叶,分工和专业化获得了世界性的发展。国际分工已从部门和产品的分工,发展到了零部件专业

---

① 钱德勒:《看得见的手》,第 155 页。

化和工艺专业化的层次。许多产品是用在若干不同国家中制造的零部件组装起来的。有些国家的产品越来越多地采用在国外生产的零部件。在美国和日本,尤其是在机械电子制造业中,甚至出现了'空心化'的现象,即除了设计和组装,产品的几乎所有零部件的生产和工艺加工过程全在国外进行。"[1]

在技术分工的阶段,企业之间的协作很少或者是松散的,仅仅表现为提供原材料、能源之间的供应链关系。而在产品内分工阶段,企业之间必然存在广泛和紧密的协作,企业—市场不再是传统的两分法,而是企业与市场的联姻和融合。产品内分工作为企业纵向一体化的垂直分离和分解,必须要有先决条件:

一是成熟的市场体系。市场体系的完善程度决定着分工的深化,产品内分工作为后工业化的产物,必须以成熟、健全的市场体系为基础。一方面是市场规模要足够的大:"如果市场规模很大,那么专用技术投资的成本是可以收回的;如果市场规模很小,其投资的成本就不一定收回了;因此在小市场上,我们就只能看到通用型工厂设备及生产程序。"[2]另一方面是市场一体化,不仅仅是国内市场一体化,而且是包括全球市场的一体化。

二是良好的交易秩序。现代市场经济是非人格化的经济,交易双方互相并不熟悉,甚至不认识对方。如前述,这种状况很容易受到机会主义的威胁。尤其是在分工越来越细,从而导致资产专用性提高的情况下,如果没有良好的交易秩序,交易双方都可能利用资产的专用性来要挟对方。网络型企业组织结构的形成就主要归因于良好的市场交易秩序,正是借助于良好的交易秩序和网络型组织,才有了

---

[1] 盛洪:《分工与交易》,第60—61页。
[2] 威廉姆茨:《资本主义经济制度》,第89页。

促进知识的联盟、传播和个人创造性才能发挥的中小企业的生存和发展。

三是完善的分工协作网络。汤普森(G. Thomphson)认为,网络、市场和层级管理是资源配置的三种方式。网络是介于市场和层级管理之间的一种组织,其特征"包含互相信任和长期远景的合作以及得到遵守的行为规范"。① 网络既利用信任、声誉等非正式制度解决了市场上独立经济单位由于契约不完全性产生的交易成本问题,又保留了控制权来解决企业内部因契约不完全而产生的交易成本问题。所以,网络兼有市场的灵活性、激励性和企业内部管理的适应性。

4.2 斯密定理与杨格定理

4.2.1 斯密定理

分工和专业化是理解企业本质和成长的一个不可或缺的工具。企业起源于分工,分工深化推动企业成长。但是,分工的深化会受到多种因素的限制。斯密在《国富论》中以专门的标题"分工受市场范围的限制"作了详细而深入的阐述。后来,斯蒂格勒把它归结为"斯密定理"。

按照斯密的理论,只有当对某一产品或服务的需求随市场范围的扩大增长到一定程度时,分工和专业化的生产才能出现和存在。反过来说,当市场需求尚未达到一定规模,分工和专业化的生产就不可能出现。"市场要是过小,那就不能鼓励人们终身专务一业。因

---

① 转引自迪屈奇:《交易成本经济学》,第138页。

为在这种状态下,他们不能用自己消费不了的自己劳动生产物的剩余部分,去随意换得自己需要的别人劳动生产物的剩余部分。"① 同时,市场需求的扩大,会引发原有厂商规模的扩大和新厂商的加入。这样,市场的竞争会进一步加剧。一些厂商为避开原有产品的过度竞争,会不断搜寻自己的比较优势,"独辟蹊径",强调产品的差异性和生产过程的独特性,即突出所谓的核心竞争力,从而推出产品的新工艺和专注于零部件的专业化。因为,一般情况下,专业化投入生产某一种产品的零部件和工艺要比一体化企业内部生产的成本低,这就为企业将同一产品的工艺和中间产品从生产中分离出来,进行外包提供了动力机制。市场容量主要取决于两个因素:一是社会需要;二是社会分工的发展。分工是市场的起源和发展的基础,市场容量与分工是呈正相关的②。

因此,市场规模的扩大,带来了两个效应:一是促进了企业规模的扩大,使企业从传统厂商转变为现代厂商;二是促进了厂商的专业化水平提高,并衍生、分化出更多的专业化生产机构。由此,整个社会的专业化水平得到全面提升。丁任重认为,市场扩大会带来市场规模的扩大、市场体系的扩大和市场范围的扩大③。如图 4.1 所示。

上图中,当市场的需求总量为 V_1 时,市场交换量太小,分工和专业化不可能产生,单个生产者更可能是小商品生产者,企业生产大多局限于"小而全"。只有当市场的容量扩展到 V_2 时,专业化生产才会出现。而且,随着市场范围的扩大,分工和专业化会自我繁殖,形成累积深化。严格地说,分工的演进路径并非是呈线性的,而更可能是非线性的。因为,市场范围的扩展只是给分工发展提供了可能性的

---

① 亚当·斯密:《国民财富的性质和原因研究》,商务印书馆,1972 年,第 16 页。
② 丁任重:"市场机制理论探讨",载《社会科学研究》,1993 年,第 1 期。
③ 同上。

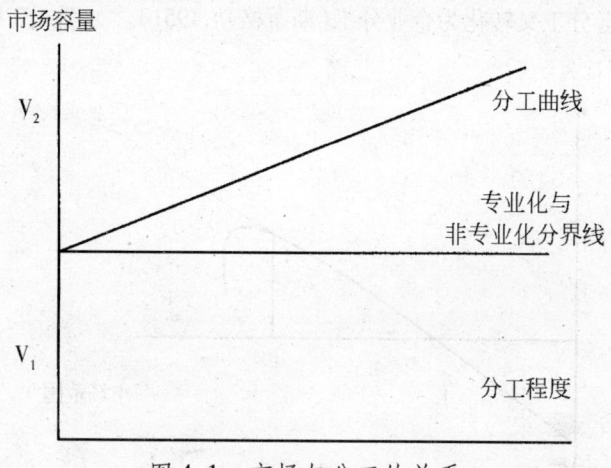

第4章 分工演进、市场深化与企业成长

```
市场容量
 │
V₂┤                           分工曲线
 │                      ╱
 │                 ╱
 │            ╱
 │       ╱         专业化与
 │  ╱             非专业化分界线
 ├──────────────────────────
 │
V₁┤                        分工程度
 │
 └──────────────────────────
```

图 4.1　市场与分工的关系

空间,而不是必然的选择。当市场范围扩大时,分工和专业化未必就随之提高。所以,分工受市场范围的限制,可以理解为市场范围的扩大是分工深化的必要条件。但是,并不能由此推论,市场范围的扩大必然导致分工的深化。因为,产品生产的分工程度除了受市场需求的限制外,还会受到产品生产过程的技术可分性制约(林竞君,2006)。也就是说,可以用市场扩张说明分工发展,但是不能用分工发展说明市场扩张。然而,即使如此,我们还是可以说,市场范围缩小时,分工的程度会随之降低(盛洪,1995)。

斯蒂格勒曾依据斯密定理,提出了一个产业生命周期假说:在产业的新生期,市场范围狭小,再生产过程的各个环节规模较小,不足以分化出由专业企业来承担,所以这个时期该产业的企业大多是"全能"企业,分工主要表现为企业内分工;在产业的成长期,市场范围扩大,再生产的各个环节规模大到足以独立进行生产时,企业分工转化为社会分工,生产的各个环节转由专业化企业承担;在产业的衰退期,市场范围和生产规模缩小,再生产的各个环节只得"重返故里",社会分工又转化为企业分工(斯蒂格勒,1951)。如图4.2所示。

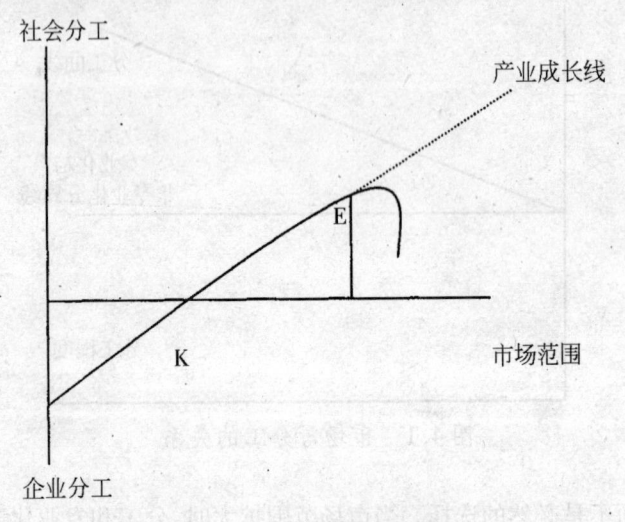

图4.2 社会分工与企业分工

K为企业分工和社会分工的转折点,E为产业衰退点。可以看出,只有在市场范围扩展到K点以上时,社会分工才会出现。随着市场范围的进一步扩大,一方面是社会分工的发展;另一方面是产业不断成长。一旦产业出现衰退,社会分工就会减弱。

4.2.2 斯密困境与杨格定理

斯密定理意味着市场扩张在前,分工发展在后。显然,不能用分工发展去说明市场扩张。有鉴于此,斯蒂格勒认为,斯密定理存在两难困境:如果确是市场范围限制了分工,那么,典型的产业结构就必定是垄断;如果典型的产业结构是竞争,那么,这一定理就是错误的或者是无意义的(斯蒂格勒,1951)。面对这一困境,后来的古典经济学家们大多采取了回避的策略,他们不但在经济分析中把制度和技术作为外生变量,而且还抛开了分工,宣称报酬递增支配着制造业生产,西尼尔甚至认为这是一条公理。按照他们的推演和理解,一个企业的成长,只有在市场扩大时才能出现,因为市场扩大才允许生产规模的扩大。

但是,企业作为一种组织,它的成长包括两个方面:一是企业规模的扩张,二是企业内部结构变革和创新。钱德勒认为,从历史发展角度看,企业分为古典企业和现代企业,而真正的企业成长是现代企业出现之后的事情。由于企业成长意味着一部分原有的市场交易内部化于企业中,这对企业的交易协调提出了更高的要求。因此,企业成长的更重要方面是企业内部组织结构的变革。舒尔茨指出,斯密没有给出理解市场扩张及起源。① 马歇尔在解决斯密困境时采取了折中的办法,既柔和分工又要突破,提出了外部经济的概念。马歇尔认为,企业不是单一的,而是与行业和市场融合,企业成长只能体现在作为整体的产业组织变迁中。但是,外部经济是一个模糊概念,正如奈特所说,一个企业的外部经济很可能是另一个企业的内部经济。由此,在分工的演进中,企业受报酬递增的原动力驱使,不断扩大生产规模,而生产规模的扩大很可能又会导致垄断。

从另一个角度看,分工和专业化不断发展所引起的资产专用性增强也会提高垄断程度。按照威廉姆森的解释,所谓资产专用性(asset specificity),是指资产在生产过程中进行再配置的难易程度。资产专用性至少分为四种类型:专用地点、专用实物资产、专用人力资产以及特定用途资产。在新古典经济学那里,由于产品具有同质性,各种生产要素可以无差异地替代,生产过程可以无成本地复制,这种描述只能说是接近于完全无分工的非现实经济。

随着分工和专业化的发展,资产专用性问题就显现出来。分工

---

① 舒尔茨:《报酬递增的源泉》,北京大学出版社,2001年,第1页。

和专业化越发达,产品生产的差异性越大,资产专用性也越强。在现实经济中,资产专用性往往成为市场垄断的重要因素。阿尔奇安甚至认为,老板和雇员关系问题,企业为什么存在的问题,都只能靠资产专用性才能说明;否则就没有公认的理论来说明企业为什么存在。[①] 只要资产专用性存在,市场中的各种交易就产生了"锁入效应",生产者往往就可以凭借资产专用性进行"要挟",从而导致市场交易成本上升。要解决这种状况,有三种方案:一是放弃全部交易;二是纵向或者横向一体化,不在市场内而改在企业内部进行交易;三是不断的讨价还价,重新签订契约。

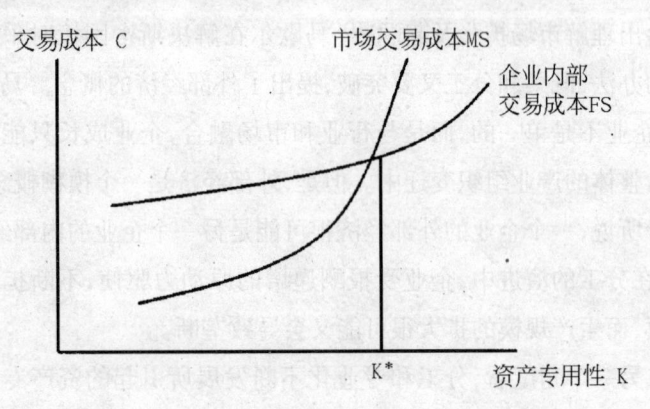

图 4.3 资产专用性与交易成本

一般情况下,随着资产专用性的提高,市场的交易成本以递增的速率上升,如图 4.3 所示。在图中可以看出,当资产专用性 $K > K^*$ 时,$MS > FS$,市场交易成本会大于企业内部的交易成本,市场交易更多转入企业内部生产。这时,企业的一体化措施就尤显重要。由此,分工的深化和专业化发展而伴随的资产专用性增强,给企业带来了

---

① 转引自威廉姆森:《资本主义经济制度》,第 80 页。

两个方面的问题:一是企业生产成本容易变为沉没成本,更多企业在市场交易中陷入"套牢";二是会出现多边垄断的现象。所以,专业化的发展会引发出对自身的抑制和内在弱化。"在任何特定的时期内,这些抑制专业化发展的因素使专业化处于某种确定的水平,即专业化的均衡水平。"①

总的来看,专业化和分工发展带来了一个矛盾:一方面是越是专业化,就越能实现规模经济,就越能节约企业的生产成本;另一个是专业化的提高,会导致企业垄断程度的提高,使市场的交易成本上升。

如果单纯从市场结构来考察,专业化和垄断的相关性更容易理解。这里,我们考虑三个变量:市场容量、生产规模和竞争程度。设市场容量为 V、生产规模为 S、竞争程度为 C,那么,$C = V/S$。如果市场容量已定,生产规模不断增大,市场中的垄断程度就会越高。一般说来,随着专业化的水平提高,适度生产规模就越大,市场中的垄断程度就越强。所以,斯蒂格勒说:"只要进一步的分工会因批量生产增大而降低费用,企业家将会通过合并、扩张逐走竞争对手而获益。"②另一方面,在市场容量有限时,一种可能的情形就是在一个企业并没有达到规模经济或者规模相当小的状态下,垄断的程度就已很高。而当适度的生产规模既定,市场容量就是一个变量。因而,随着市场容量的扩大,竞争程度会自然提高。所以,解决斯密困境的关键在于如何说明市场范围的扩大。

斯密困境的率先突破应从杨格开始。杨格从斯密定理出发,通过引入"迂回生产方式"的概念,提出了不同于马歇尔的更为深刻的

---

① 盛洪:《分工与交易》,第114页。

② 斯蒂格勒: The Division Of Labor Is Limited By The Extended Of The Market, From *The Journal Of Political Economy* 59, No. 3, June 1951。

经典思想,解决了"报酬递增必然导致垄断"的命题。"迂回生产方式"(roundabout production method)最早源于奥地利学派的庞巴维克的一个术语,其原意是使用人造的机器或工具,采用间接生产的过程,提高生产率,拉长产业的链条,从而使分工进一步发展。杨格认为,"报酬递增的主要经济是生产的资本化或迂回生产方式的经济,这些经济又主要与现代形式的劳动分工的经济相等同……迂回生产方式的经济,比其他形式的劳动分工的经济更多地取决于市场规模"。① 从另一个角度看,分工、迂回生产、知识积累和技术进步应是同一含义的概念。知识积累、技术进步是迂回生产的基础和前提,而迂回生产的直接表现形式就是分工的演进,而且是生产组织方式的革新,这几方面均借助关键性的角色——企业家来推动,由此实现市场规模经济。

实际上,杨格用包容的观点阐述了广义的市场概念。①市场范围决定分工。只有当市场对某种产品的需求足够大时,生产这种产品的中间操作才有可能分离出来。②分工决定市场范围。劳动分工使原材料生产者和最终产品的消费者之间可以插入更多的专业化生产企业。而且迂回生产方式的经济可以由专业化生产的企业通过经营取得,这些专业化生产企业合起来构成了一个新产业。这时在市场上交换的就不仅仅是众多的最终产品,而且还包括众多的中间产品,从而市场范围扩大。"卷入市场的产品种类的增加,市场一体化的提高,新企业的出现,生产率的提高,市场扩大,收入的增加,人均资本增加都是劳动分工加深的若干侧面。这种劳动分工演进过程的特点是内生的均衡移动,而不是静态的均衡。"所以,"用一种包容的观点来看,考虑到市场不是作为某种产业的产品的输出口,因此不是

---

① 阿林·杨格:"报酬递增与经济进步",载《经济社会体制比较》,1996年,第2期。

外在于哪个产业的,而是作为总产品的输出口,市场规模是由生产数量决定和确定的……斯密定理可以改写为分工一般决定分工。"①

杨格定理的突破就在于,它不再从单个行业市场上寻求分工发展的动力限制,而是将分工发展的动力架设在相关企业的中间产品的需求互动上,并通过生产重组开启新的分工发展,因而发端于经济中某一部分的供给增加对其他部分有一种推动作用,而不是抑制作用,从而推动分工需求向另一边市场的扩张(贾根良,1999)。分工引致市场扩张,市场扩张推进分工深化,两者互为因果,循环累进,自我繁殖,市场规模也就成为内生的而不是外在的约束变量,劳动分工从静态推进到动态化。如图4.4所示:

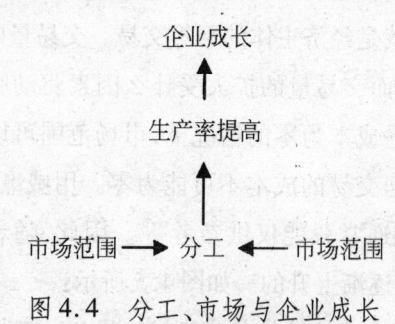

```
           企业成长
             ↑
          生产率提高
             ↑
 市场范围 → 分工 ← 市场范围
```

图4.4 分工、市场与企业成长

这样,即使当斯密式的外延型市场扩张相对停止时,企业规模扩张并不仅仅是单纯提高本行业的垄断程度,本身也可以作为某种类型的市场扩张,促使与本行业相关的其他中间产品或服务的独立化与专业化。

4.2.3 巴泽尔定律:市场范围扩张的另一种解释

杨格之后,众多经济学家都在努力寻求对斯密定理的诠释和破

---

① 杨格:"报酬递增与经济进步"。

解。舒尔茨把分工和人力资本联系起来,强调专业化人力资本的作用,特别是企业家的作用。他的一个形象化的说法就是,"遗漏企业家在经济现代化进程中的作用的经济理论,就像表演《哈姆雷特》时少了'丹麦王子'"……"专业化、人力资本和经济现代化是相伴相随的。"①"递增报酬的获得取决于层次较高的劳动分工,这样就可以增加产出又不会提高相应的成本。"②舒尔茨认为,分工深化与市场扩张,只有通过人力资本的投资,特别是企业家的组织活动才能相容。

与舒尔茨不同,巴泽尔把分工发展和市场扩张纳入到新制度经济学的分析框架。他认为,给定专业化生产的规模经济,交易成本完全决定了市场范围。这就是所谓的"巴泽尔定律"。我们知道,市场活动的主要内容就是经济主体的平等交易。交易量的大小决定着市场范围的扩展度,而交易量的扩大受什么因素驱动呢?关键因素是交易成本。在交易成本为零的情况下,市场范围可以无限扩大。但是,在现实中,任何交易的成本不可能为零。用威廉姆森的话来说,就是"无摩擦思想通常只能仅供参考"③。因此,随着市场范围的扩大,交易总成本是逐渐上升的。如图4.5所示:

诺斯在《经济史中的结构与变迁》中提出④:市场规模扩大引起专业化和劳动分工,进而引起交易成本上升,交易成本的上升引起经济组织的变迁,这反过来又降低了技术变迁的费用,加速了经济增长。

沃利斯和诺思(Wallis and North,1988)认为,交易成本在近一个世纪的增长主要有三个原因:

---

① 舒尔茨:《报酬递增的源泉》,第10页。
② 同上书,第284页。
③ 威廉姆森:《企业制度与市场组织》,上海三联书店,2006年(新1版),第51页。
④ 诺斯:《经济史中的结构与变迁》,上海三联书店,1993年,第94页。

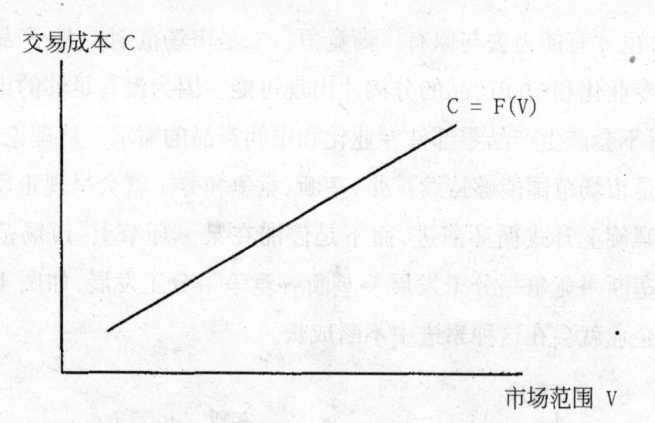

图4.5 市场与交易成本的动态演进

（1）市场扩大及19世纪后半叶各种组织快速增长，签订和执行合约的费用变得越来越重要了。当经济变得越来越专业化和城市化，更多的交易是在没有长期关系的个人之间进行的，也即非人性化交易。

（2）关于生产和运输技术变革对服务的影响。采用资本密集型的新生产技术常常会在较高产出水平上更有利可图，对要素和产出的合作以及监督生产和运输的涉及的大量合约非常重视。

（3）运用政治制度来重构产权的费用不断降低。

更一般地说，市场范围的扩张或缩小，主要取决于交易的边际成本和边际收益的比较。当交易的边际收益大于边际成本时，市场范围就会不断扩张；当边际收益小于边际成本时，市场范围就会缩小；在边际收益与边际成本相等时，市场活动就处于均衡状态。我们知道，市场范围越大，市场竞争程度就越高，经济主体的交易成本就越低，从而分工和专业化的倾向越强：一是市场扩张可以激励原有厂商为了巩固已有的垄断地位，必然会考虑进一步的分工和专业化；潜在的新厂商为了趋利，只有扬长避短，通过分工和专业化才能发挥比较优势,也才有能力去与原有厂商竞争。二是市场范围扩大,产品的零部件专业化和中间产品的分离才出现可能。因为没有足够的市场容量,就不会产生产品零部件专业化和中间产品的需求。从理论上讲,只要是市场范围能够持续扩张,垄断、竞争和分工就会呈现正反馈效应和螺旋上升式循环演进,而不是停滞在某一环节上:市场范围扩张→垄断→竞争→分工发展→垄断→竞争→分工发展,如图4.6所示。企业就会在这种累进中不断成长。

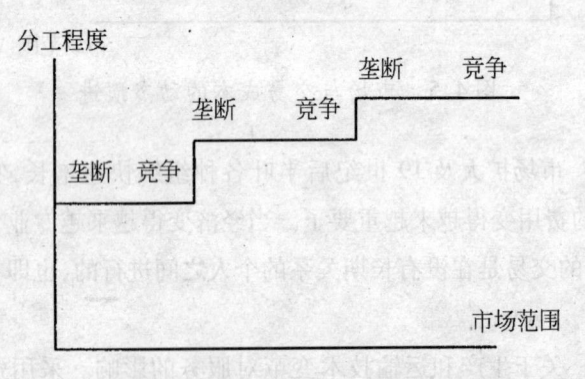

图 4.6 市场与分工动态演进

4.3 分工演进与交易效率

4.3.1 分工与交易效率

按照斯密和杨格的观点,分工有三个方面:个人专业化水平、专业多样化程度和生产迂回程度。在杨格看来,分工的最大特点是迂回生产方式,也就是在生产要素和消费品之间插入越来越多的生产工具和中间产品。

分工和专业化促进生产效率和市场效率的提高,自古典经济学以来一直得到了全面阐述和发挥。但是,另一方面,随着分工的深化,交易次数的增加,交易成本会逐渐上升,交易效率会出现下降。

杨小凯和黄有光认为,"当交易效率低下时,分工的好处要被交易成本抵消。如果交易效率极低,则因层级增加以及进一步的横向和纵向分工所得的收益会不够补偿交易成本。在这种情况下,每个人都会选择自给自足,即自给所有的中间产品和消费"。[①] 这里,我们设 PC 为分工前的生产成本,OC 为分工前的组织成本,TC 为分工后的交易成本,PC′ 为分工后的生产成本。显然,只有在 PC′ + TC < PC + OC 时,分工才会进一步推进。而当 PC′ + TC > PC + OC,分工会受到交易效率的限制。哈罗德·德姆塞茨则从另一角度说明,如果交易成本上升,企业间的市场合作更可能被企业内部的管理合作取代。可见,分工是否发生,不仅取决于分工后的生产成本,还取决于分工后的交易成本。

最为经典的演绎事例就是历史上工业革命中的一个重要事件——大机器的出现。大机器的产生需要分工的产生和深化,而社会分工的发展要以交易效率的改进为前提。人类历史上自然经济向工业经济的过渡,就是社会分工深化与交易效率提高的结果。瓦特和巴尔顿发明蒸汽机的故事,给了我们很好的例证。英国 17 世纪就有了专利制度,专利制度的实施使企业的私人剩余索取权得到有效保护,从而改进了买卖知识产权的交易效率。这种制度创新,促使人们"翻然醒悟":原来通过从事专业发明是可以发大财的。正是受到专业发明中巨额利润空间的吸引,瓦特才先后说服了 6 位企业家对他的发明投资。筹集到资金以后,瓦特和巴尔顿雇用了很多人从事蒸汽机的发明活动,在发明活动中采取了专业化分工,知识积累的溢

---

① 杨小凯:《专业化与经济组织》,第 293 页。

出效应与分工的扩展相互作用,从而能够使蒸汽机在当时没有机床的条件下得以问世。

我们从这里不难发现,在既定外部交易效率时,组织效率的提高得益于分工的深化和生产链条的加长。比如,工业和农业的发展比较,我们知道农业部门生产效率的提高则主要通过从工业部门中购买机器来进行,工业部门的分工经济改进了农业生产的效率。于是,出现工业部门收入上升较快,就业人数也在迅速上升,而农业部门的比重却在下降,从事农业的人口也在下降。史鹤凌和杨小凯(简称史—杨模型,Shi and Yang,1995)证明,尽管生产机器的工业和生产粮食的农业中都可以不断加深分工,但由于工业产品交易效率高,而农产品由于季节性影响,协调费用高,交易效率低,所以,分工在工业部门发展较快,而在农业部门要慢一些(杨小凯,2003)。

当交易效率提高时,分工的深化有两层含义,一方面是企业的生产链条会加长,即市场上会出现更多的中间产品,很多企业从事的是中间产品的生产而非最终产品的生产;另一方面是企业内的分工进一步细化,劳动者的生产效率得到极大提高。当企业内部交易效率高于企业外部交易效率时,就会出现企业兼并浪潮,历史上出现的几次兼并浪潮可以说就是企业内外部交易效率差别发展到一定程度引发的。尤其是当无形资产在企业中的地位越来越重要,而且所占的比例越来越大时,市场上就会有更多的企业进行整合,这是因为无形资产与有形资产相结合有利于降低交易成本。

由此,我们可以推论:

当外部交易效率极低时,市场上小企业林立,企业接近完全竞争的状态;当交易效率提高时,即企业运营的外部环境得到改善,在降低交易成本的驱动力下,企业之间会进行整合,企业规模扩大,企业数量减少。

但企业规模并非越大越好,企业规模太大,企业数量太少,容易形成垄断,降低社会福利。如何协调这个矛盾,一是靠市场,二是靠政府。从历史的经验来看,主要应该靠市场力量自发调节,同时政府只需制定相应的法律规范企业之间的竞争,但并不需要对企业进行引导,因为政府无法知道最优点在什么位置,介入市场只会妨碍竞争,影响市场作用的发挥。

从总体上看,劳动分工的深化是内生的。因为劳动分工随着交易效率的改进而深化,交易效率与制度安排有关,而包括制度安排在内的交易效率的改进是外生的。如果我们不在静态模型的框架下分析这个问题,改用动态模型,那么,劳动分工的内生演进过程就可以得到解释。劳动分工的内生演进过程,指的是每个人从自利出发进行动态最优决策,其决策行为交互作用的结果产生一种均衡,这个均衡结果是自发的,不是由某个人或某个组织操纵完成的。在其他经济参数都不发生变化时,分工会随时间自发演进。其演进过程大致是这样一种情形:在经济发展水平很低时,生产率也很低,人们在生产中积累的经验比较少,由于交易费用很高,生产选择自给自足的组织方式。

随着人们在生产中积累的经验增加,生产率提高,生产剩余也会增加,人们能够支付得起一些交易费用,因此会选择较高一些专业化的组织形式。专业化程度的加深又会反过来增进人们的知识积累和技能改进,生产率水平进一步提高,这个良性循环过程会使分工深化,经济发展。当社会处于高分工水平时,分工演进与干中学的交互动态效果不像以前那么明显,原因在于此时分工继续深化难度增加,而通过干中学使生产率得到改进总是有限的,经济增速放慢,这时加快组织创新和进行新一轮技术革命就成为经济发展的引擎,从而可以在新的层面上使分工演进与干中学的交互动态效果凸现。这可以解释为什么美国在经济高度发达,分工水平很高的情况下提高经济增长速度变得很难。

我们注意到这样一个事实,即工业组织形式的选择有赖于人们对各种分工组织形式的认识,而获取关于最优分工组织形式的信息是要花费成本的。如果信息费用太高,那么,即使这种分工组织形式下可以获得的收入最高,经济中可能最开始出现的是一些其他形式的分工组织,在经历反复试验、不断演进的过程之后,人们才会发现这种有效的分工组织形式,而事前是任何人不可预知的。在缺乏有关信息时,社会一般从最简单的分工组织试起,因为这样做的试验费用最低。组织试验带有冒险性,成功与否还要看运气,但这种试验一旦成功,其报酬一定非常丰厚。在发展中国家,对一些有效的分工组织形式的探索,大多由下层商人摸索出来,而这些分工的组织形式很可能是与现行法律、法规不相符合的,在实践中获得成功后,促使政府修改有关的法律、法规。组织试验在第一次试验时风险很大,但一旦试验成功后,落后国家进行模仿,其风险却可以大大降低,付出的代价也会小得多。

我们可以通过下图来说明交易效率对分工的影响。用 N 来代表交易次数(分工程度),d_{PC}/d_N 代表边际生产成本,d_{TC}/d_N 代表边际交易成本。一般说来,边际生产成本随着分工程度的加深而降低,原因是分工促进了专业化,而专业化降低生产成本,边际交易成本则会因分工深化而增加。如图 4.7 所示,分工水平主要由边际生产成本和边际交易成本曲线的交点决定。如果交易效率下降,边际成本就上升,在图中反映为边际交易成本曲线 AA' 移到 BB' 的位置。这时,边际生产成本曲线与边际交易成本曲线的交点从 n 移到 n',分工程度下降,企业内部的纵向一体化将取代分工(横向一体化)。

需要指出的是,交易成本上升所造成的企业纵向一体化会降低

图 4.7 分工与交易效率

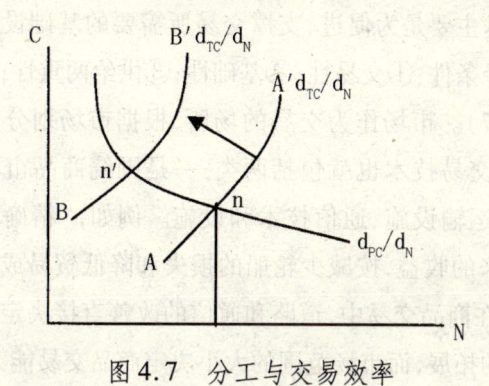

专业化的收益。因此,从整个社会来看,这种一体化是一种效率损失。

新制度经济学仍然是在假定市场具有完美性上去分析交易成本的。抛开市场本身谈论交易成本,显然是不足的。事实上,市场不可能是完美的,而且经济主体也存在差异性。同一经济主体在不同的市场上会产生不同的交易成本,而在相同的市场上不同的经济主体也会产生不同的交易成本。就市场本身来看,交易技术和交易制度是影响交易成本的两个主要因素。

4.3.2 交易技术、交易组织与交易制度

分工演进主要受交易效率的影响,[①]而交易效率则是分工收益和交易成本的比较关系。因此,在既定的分工收益下,对交易成本的分析就成为理解分工演进和交易效率的关键。具体来讲,影响交易成本的主要有下列因素:

(1) 交易技术

---

① 这是杨小凯为代表的新兴古典经济学的基本观点。

交易技术主要是为促进、支撑交易所需要的基础设施。交易技术应具备四个条件:①交易性;②基础性;③供给两重性;④资本密集性(高帆,2007)。市场作为交易的场所,根据市场划分为商品市场和要素市场,交易技术也就包括两类:一是围绕商品市场的交易技术,如道路和运输设施、通信技术和设施。例如,"精确测定轮船位置给社会带来的收益,按减少轮船的损失和降低贸易成本来衡量是巨大的"。[①] 在商品交易中,道路和通信的改善直接决定着商品市场在空间范围的拓展,而市场范围的大小决定商品交易能力,并构成对分工的制约。二是围绕要素市场的交易技术,如金融的发展和完善、人力资本的形成(教育和劳动力的流动)等,这些交易技术创新和改进,可以促进交易媒介的演化和发展,提高交易的速度。而人力资本的形成则提高人们识别、学习各种与生产、交易活动有关的知识和技能的能力。因此,"道路的开通,运输工具的发展,通信手段的进步和数据处理技术的创新都是交易技术导致交易成本下降的显著例证"。[②] 马克思说,"自然力的征服,机器的采用,化学在工业和农业中的应用,轮船的行使,铁路的通行,电报的使用,整个在大陆的开垦,河川的通航,仿佛用法术从地下呼唤出来的大量人口,——过去哪一个世纪能够料想到有这样的生产力潜伏在社会劳动力里呢"。[③] 交易技术的创新和改进,通常与市场的需求相关。从烽火传言,到电话、传真,到现在的互联网,人们不断在开拓新的、更快更大范围和更便宜的信息网络传输载体。随后,信息传输方式逐渐转移到新的载体。这个转移过程不是盲目的,而是市场驱动的结果。当社会某一环节的信息流动速度跟不上,开始影响那些已经依靠新载体的经济

---

① 诺斯、托马斯:《西方世界的兴起》,华夏出版社,1999年,第8页。
② 盛洪:《分工与交易》,第149页。
③ 《马克思恩格斯选集》,第1卷,第256页。

活动的时候,市场的力量就会改造这一环节的信息流动方式,将其移动到新的载体上。作为深入到社会交易方方面面的社会信用体系,也不可避免地要随之转移到网络社会上来,这个信用、信息数字化过程和在此基础上进行信用、信息开发利用的过程称为信用、信息工程。信用、信息工程是目前整个社会信息化建设过程中的一个子工程。它与其他信息工程一样存在着这样一个特点:信息在计算机内得以组织并通过网络加以利用,带有选择信息、组织信息、存储信息和发布信息的程序。有效的信息传递技术是信用经济形成的技术基础。信用经济的形成和建立,不仅是一个制度问题,而且也是一个技术问题。因为在复杂的市场经济条件下,交易主体互不相识,交易范围不断扩展,交易对象不断增加,跨地域的物流、人流和资金流不断增大,这一切使得交易信息的不充分性不断增强,交易者采取损害对方利益的交易行为的可能性也不断增加。因此,需要借助高新技术,特别是网络技术建立客户信用资信数据库,获取客户信用信息,对信用进行分析、评价以及信用风险的防范等,为信用管理提供一个新的技术平台;同时,采用先进的信息传递技术也有利于降低获取信息资源的成本,增强信用市场的透明度。"互联网降低了某些交易成本……如果你是18世纪的鼻烟壶的收藏家,为了满足自己的嗜好,你可能得开车跑遍所有的小镇,在满是灰尘的古玩商店或者跳蚤市场里到处翻寻,而且很少有机会无意中碰到自己梦寐以求的目标。在有了互联网后,查找世界上任何地方的鼻烟壶都不再困难……网络的发展还刺激了对新的交易方式的需求,由于互联网提供了快速的双向交流渠道,无数的交易机制发展起来,使买卖变得更加便捷。"[1]交易技术的每一次创新和改进都意味着交易成本的降低,而

---

[1] 约翰·麦克米兰:《市场演进的故事》,中信出版社,2006年,第23页。

交易成本的降低则主要是市场交易主体寻求提高交易效率而自发产生的结果。

(2) 交易组织

交易组织是指那些从事交易活动,在生产者与生产者之间、生产者与消费者之间媒介交易的组织。专门从事这类活动的称专业化交易组织,与此相应的是非专业化组织。[①] 最初的交易活动主要通过非专业化的组织形式,比如集市。在此之后,交易的发展沿着两条线索进行:一是在交易对象和交易职能上的分工深化,导致出现各种类型的市场组织;二是市场本身的存在形式和组织形态不断演变。"人类永远在发明新的市场,并改进现有的市场。经济组织的创新与技术创新一样,能产生巨大的生产力。这两种创新有时携手并进。"[②]商人的出现是交换活动专业化的具体表现,同时也表明从事纯粹的交易活动可以获得分工和专业化的好处,从而促进社会经济活动的交易成本大幅下降,资源配置的余地和空间更大,市场范围可以拓展得更宽更广。商人一开始可能是零星的、偶尔的出现,但商人趋利的本性和交易中的任何潜在利益,都会吸引商人参与其中,"天下熙熙,皆为利来;天下攘攘,皆为利往"。这样商业逐渐发展,规模越来越大,商人自身也就出现了分工:批发商、零售商、中间商、外贸商;以及以商品和地区划分的专业商人。[③] 随着分工的深化,投入到交易活动的资源比例会逐渐增加,交易部门的生长和扩张会成为一种重要现象,交易经济的比重会越来越大,甚至出现专业的交易经济组织,交换也就由过去的经济"边缘"、"中间地带"走向前台居于主

[①] 张群群:《论交易组织及其生成和演变》,中国人民大学出版社,1999年,第105页。
[②] 麦克米兰:《市场演进的故事》,第25页。
[③] 钱德勒:《看得见的手》,第7章。

流并成为现代财富的主要形式。"在现代经济中,有的产业部门完全是用来组织交易的。零售、批发、广告、保险和金融等行业的存在并不是为了制造某种产品,而是为了方便人们的交易。在任何现代经济中,这些活动都占了很大的一部分,例如在美国就占到国民生产总值的四分之一。这些部门的任何创新都意味着发现了一种降低交易成本的新方法。"①

"在18世纪的纽约,股票和债券的交易还很少。任何人想要买或者卖有价证券的时候,都不能必须找到愿意和他交易的对象:通过口头消息、报纸上的广告,或者到咖啡屋里去打发时间,静候那个人的出现。1792年,一个名叫约翰·萨顿的人敏锐地嗅到商机,他在华尔街22号组织起了一个有价证券交易所,当时那条街还只是一条泥泞的小巷。每天早晨,卖家都会把他们的股票和债券带过来,到中午时分,萨顿会组织拍卖并且从中收取手续费。萨顿把自己的拍卖声场称为股票交易办公室,拉开了现代金融市场发展的序幕,最终成长为纽约证券交易所。"②

(3) 交易秩序与交易制度

交易秩序和交易制度是影响交易成本的另一个重要因素。交易秩序最初是人们交易中的随机规则。马克思认为,在商品交易中,"每一方只有通过双方共同一致的意志行为,才能让渡自己的商品,占有别人的商品。可见,他们必须承认对方是私有者。这种具有契约关系形式的法权关系,是一种反映着经济关系的意志关系"。③ 经过交易双方的长时期的默许认可,这种随机规则会逐渐构成社会的一种行为的临界值,从而形成对交易的保护。"交换的不断重复使

---

① 麦克米兰:《市场演进的故事》,第26页。
② 同上书,第27页。
③ 马克思:《资本论》,第1卷,第102页。

交换成为有规则的社会过程。"① 青木昌彦说,"交易作为一种自然秩序,很可能首先出现于拥有习性产权的人群当中。虽然旨在限制不诚实和欺诈行为的法律有助于促进交易的顺利进行和拓展,但是若没有产权和交易规范的同步演化,它本身是不可能创造或替代市场"。②

①交易秩序。所谓市场交易秩序是指市场交易过程中所形成的状态稳定性程度,也就是交易行为的规范化、稳定性程度。纪宝成等学者认为,市场秩序的内涵就是"一种在市场配置资源的过程中所形成的利益和谐、关系和谐、收益共享、竞争适度、交易有序、结构稳定的资源配置状态和利益关系体系"。③ 具体说,市场交易秩序包括以下基本内涵:其一,市场交易秩序反映的是市场交易过程的运行状态,即市场交易过程中交易行为的规范化、稳定性程度。作为一种状态,市场交易秩序自然也就有有序和无序之分,有序就是规范、和谐、稳定,而无序则正好相反;其二,市场交易秩序是在市场交易过程中形成的,只要存在市场交易活动,必然会形成一定的秩序。而这种秩序有时是自发形成的,有时则要受各种因素的影响和制约,因此市场交易秩序是多种因素共同影响和作用的结果。这些因素既有来自市场交易本身的因素,也有来自交易之外的因素,前者可称之为内生因素,后者可称之为外生因素;其三,市场交易秩序形成于市场交易活动,但反过来它对市场交易活动又产生很大影响,具有很强的外部性:市场交易秩序有序会促进市场交易活动的进行和完成,无序则会产生阻碍作用,使市场交易活动不能顺利进行或加大市场交易的成

---

① 马克思:《资本论》,第1卷,2004年,第107页。
② 青木昌彦:《比较制度分析》,上海远东出版社,2002年,第44页。
③ 纪宝成:《转型经济条件下的市场秩序研究》,中国人民大学出版社,2003年,第19页。

本,进而影响市场经济的健康发展。

②交易制度。制度本身是一个相当宽泛的概念,凡勃伦将制度理解为"人们在社会生活中接触到所处物质环境时如何继续前进的方式"。康芒斯认为制度是指"集体行动控制个体行动"的规则。在新制度经济学家看来,制度就是用以约束人们行为的规则。而按诺斯的解释,制度就是一系列被制定出来的规则、守法程序和行为的道德伦理规范,它旨在约束主体福利或效用最大化利益的个人行为。根据新制度经济学家的观点,制度或交易规则作为一种内生变量,其在经济发展中起非常大的作用,它是秩序的确立和维护者。正如林毅夫所说:"与其说因为人必须在团体中生活才需要制度,不如说以物易物、易货贸易和用一种东西交换另一种东西的需要才使得制度不可或缺。"①因此,交易制度是在市场交易过程中逐渐形成的交易行为准则。交易规则或制度是维持一定的交易秩序所不可或缺的,没有一定的交易制度作保障,市场交易秩序就会出现紊乱,从而导致交易成本上升,阻碍市场交易和市场深化。交易制度包括硬制度和软制度两大类:一是硬制度或正式制度。它是人们有意识制定、设计的人为规则。比如,产权制度、价格制度、货币制度等。二是软制度或非正式制度。它主要是在市场交易中长期、自然和潜移默化中内化而成的"潜规则",在软制度中,信任是交易发生、发展的社会基础。道德、习俗决定一个区域内人们长期的行为习惯,在交易及其合约的形成过程中,信任可以在正式制度难以形成时发挥弥补市场失灵的作用。张维迎认为,"法律和信誉是维持市场有序运行的两个基本机制。现在,法律的重要性已被广泛关注,但对信誉的重要性的

---

① 林毅夫:"关于制度变迁的经济学理论",载美国《卡托杂志》,第9卷,NO.1,1989春季号。

认识远远不够。事实上,与法律相比,信誉机制是一种成本更低的机制。特别是,在许多情况下,法律是无能为力的,只能靠信誉起作用。一个没有信誉机制的社会是不可能有真正的市场经济的"。① 应该说,健全的法律制度是维护和推进交易的唯一必要条件。一个完善的法律机制可以通过提供合约的执行机制使劳动分工和交易得以进行。但是,如果所有交易中的违约都依靠法律来约束和制裁,将会使其交易成本很高。威廉姆森(1982)认为,契约义务完全可以通过单个当事人之间建立的默契来维护,大多数契约不必直接诉诸法庭就可以得到解决。克莱茵(1987)提出,在没有第三方干涉下,信誉可以成为确保契约绩效的私人激励手段。因此,在现代经济生活中,健全信誉机制和重构社会信用体系,对于维护和确保交易秩序尤显重要。新制度经济学也认为,克服败德行为的一个重要途径就是确立道德标准。因为"卑劣的贪欲是文明时代从它存在的第一日直到今天的动力"。②

一般说来,交易秩序会内化为交易制度;另一方面,交易制度也可以矫正交易秩序。

从整体上看,上述几种因素对交易成本形成显著影响。相对于交易技术而言,交易制度更具有无形的性质,是影响交易成本的"软件",交易技术则是影响交易成本的"硬件"。随着分工深化,交易的扩展,交易成本会在总量上处于上升的趋势,而市场的需求会促进交易技术的创新和交易制度的演化,从而推动交易效率的提高。由此,市场进一步扩展。如图 4.8 所示:

---

① 张维迎:"法律制度的信誉基础",载《经济研究》,2001 年,第 1 期。
② 《马克思恩格斯选集》,第 4 卷,第 172 页。

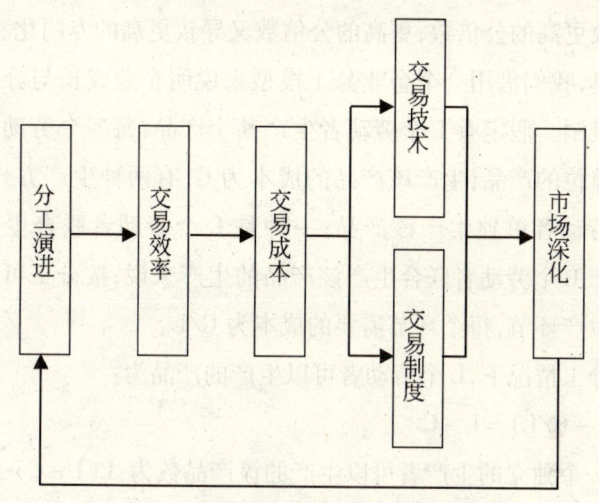

图 4.8　分工演进与市场深化结构图

4.3.3　分工深化与企业成长：一个简单模型

正如在前面的阐述中分析的,传统主流经济学理论在探讨市场和企业的关系时,主要是以既定的分工水平为前提,分工在企业成长中只是一个外生变量。新制度经济学以交易成本的概念,从更深层次上分析了市场和企业的比较优势,揭示了企业存在的原因和边界。根据斯密理论,市场促进了分工,同时分工又受市场规模限制。更进一步地说,如果没有企业的出现,分工就可能停滞在市场的某一规模上。因此,从分工深化的角度看,企业的出现就在于它可以突破市场协调分工的局限性,从而把分工推进到市场规模无法达到的更高水平。而更大的市场则可以拓展企业的经营范围,使企业更高效能利用资源成为可能,从而有利于企业成长。另一方面,企业成长又推动和促进分工深化。因此,分工深化与企业成长是一种良性循环,"专门化导致更高的公倍数,更高的公倍数又导致更高的专门化。"[1]

这里,我们借用一个企业分工模型来说明企业成长与分工深化互动的机制。假定有 L 个劳动者生产某个产品,每一个劳动者能生产一个单位的产品,生产该产品的成本为 C,有两种生产方式:一种是 L 个劳动者单独生产该产品;一种是 L 个劳动者联合生产该产品。对于 L 个劳动者联合生产该产品的生产来说,按分工可以分成若干个生产环节,每个环节需要的成本为 C/L。

在分工情况下,L 个劳动者可以生产的产品为:

$L(1-C/L) = L-C$

而 L 个独立的生产者可以生产的该产品数为:$L(1-C)$

这样,L 个劳动者通过分工联合生产该产品相对于 L 个劳动者单独生产来说可以增加:

$L-C-L(1-C) = C(L-1)$

同时,由于分工的存在,与单个独立生产者相比,企业会出现管理协调问题,由于分工深化,管理协调的成本会加大。假定 L 个劳动者需要的管理成本为:

$M = M(L), M'(L) > 0, M''(L) < 0$

$M'(L) > 0$,表明企业劳动者越多,管理成本会越大;$M''(L) < 0$,说明劳动者越多,企业管理效率会呈递减趋势。

在分工情况下,L 个劳动者联合生产会比独立生产的净增加产出为:

$R = C(L-1) - M(L)$

相对于独立生产而言,R 可以称做"分工净值"。只要 $R > 0$,分工深化是有利于企业生产的。

---

[1] 彭罗斯:《企业成长理论》,第 83 页。

进一步,最优分工净值为:$R' = C - K'(L^*) = 0$

$C = K'(L)$

这意味着当某一个产品的生产成本等于生产该产品的边际管理成本时,可以达到分工最大净值,这时企业中的劳动者人数为最优。同时,当一种产品的生产成本越大时,越需要劳动者利用分工联合生产该项产品。

由于企业的管理成本是企业中劳动者人数的增函数,$M'(L) > 0$,因而所对应的企业的最优劳动者人数也就越大,企业的规模也就越大。这说明分工深化有助于推动企业成长。换句话说,"只有当企业成长,其内部进一步的劳动分工才能带来不断增长的优势。同样,一个企业必须适当调整劳动分工,达到它想承担的扩张大小才能有效扩张。"[①]

4.4 分工、集群与企业成长

4.4.1 集群的偶然性与分工

产业集群(industrial cluster)作为中小企业快速成长的一种有效组织形式,正受到更多的学者关注。波特(Porter,1998)认为,企业集群是指一组在地理上靠近的相互联系的公司和关联的机构,利用产业的共享性和互补性而同处一个特定的产业区域。斯蒂格勒(Stigler,1989)曾专门分析了区域化对企业规模的影响,认为产业的区域化越高,则单个企业的专业化程度越高。在他看来,企业集群加强了企业间信息的流动并增加了企业间的信任,进而使得企业间签订

---

① 彭罗斯:《企业成长理论》,第84页。

专业化产业链的合约变得更加容易。就是说,市场的交易成本会降低。根据科斯的理论,市场交易成本降低,企业内部的组织规模将会因此而缩小。所以,集群有利于分工,同时分工的发展使得企业摆脱"小而全"式的全能工厂模式,促进企业成长。

马歇尔认为,技术、知识外溢、市场共享和外部经济效应促进了产业集聚。① 克鲁格曼(2000)强调历史偶然性和累积过程决定了产业集聚的形成。他以佐治亚小城如何成为美国地毯之都来说明产业集聚的形成,认为地毯之都是偶然性促成的。

"1895年,年轻的伊万斯小姐做了一个床罩作为礼物。收到礼物的人和他们的邻居对这件礼物非常有兴趣,于是在以后的几年里,伊万斯小姐又做了许多植毛的东西,并在1900年发现了一种将丛毛镶嵌在衬垫里的方法。然后,她开始出售床罩,她和朋友们、邻居们在当地创办了一个手工艺行业,开始向很远的地方出售工艺品。麻省的制鞋业始于威尔士的补鞋匠达格尔。普罗维凳斯的珠宝业始于当地一个人发明了镀金术。一些小的偶然事件导致了一个或两个久盛不衰的生产中心的兴起……一次偶然的事件导致了在某个地区建立了一个行业。在此之后,累积过程便开始发挥作用。"②

对于高技术产业集聚,克鲁格曼认为,第一,新兴高技术集聚区不是勇敢的个人的产物,而是有远见的官僚的产物;比如硅谷就是斯坦福大学的弗雷德·特曼(Terman)的倡议,128公路的创建应归于麻省的康普顿(Compton)鼓励教师勇于成为企业家和帮助动员私人风险资本。第二,非高技术因素的重要性,关键的优势是存在一群有某种技术的人。例如,米兰的时装行业,就依赖于高度专业化的劳动

---

① 马歇尔:《经济学原理》,第231—233页。
② 克鲁格曼:《地理与贸易》,2000年,第59、60页。

力、特殊的供应商和及时的信息交流。第三,仍然存在偶然性和历史性,如保罗·大卫(Paul David)的键盘字母QWERTY锁定和路径依赖。"泛泛来讲,由此导致的模式可能是由潜在的资源和技术决定;但从根本来讲,历史和偶然性事件起了决定性的作用。"①史晋川、金祥荣等(2004)以温州纽扣市场的形成为例说明产业集群起源于偶然间的市场发现和机会捕捉。1979年,桥头村农民叶克春、叶克林自筹资金400元,从黄岩贩进纽扣在桥头试销成功后,在此摆摊的人越来越多,逐渐形成了一个纽扣市场,慢慢地就在当地形成了一个以纽扣为核心,产供销相结合,多种小商品并存的产业集群。②

应该说,产业集群的最初萌芽,起始点的产业布局,大多是市场自发形成,是单纯偶然事件作用的结果。金祥荣、朱希伟在谈到集群偶然性时说:"这是一个历史故事,在很久以前,或是由于古代先民的生产、实践,或是由于偶然的历史事件造成了某些产业特定性要素在一些局部地区形成与发育。"③但是,正如马丁和森利(Martin and Sunley,1996)所说,现实并非如此简单,因为现实世界的"历史"和"偶然"中包含着特定性的关键的决定因素。这一点,克鲁格曼本人也承认,"重要的并不是最初的偶然性事件,而是使偶然性事件有如此大且持久影响的累积过程"。④更进一步地看,为什么最初的偶然性事件能发展成多数产业的跟进和追随,并能形成区域集中的"块状经济"?如果说集群最初的出现,的确是偶然和随机的,但仍然需要回答的是,为什么产业集群只能在某几个地方而不是别的任何地方形成。所以,产业集群貌似偶然性事件的背后必然隐藏着内在的

---

① 克鲁格曼:《地理与贸易》,第65页。
② 史晋川、金祥荣:《制度变迁与经济发展》,浙江大学出版社,2004年,第115页。
③ 金祥荣、朱希伟:"专业化产业区的起源与演化",载《经济研究》,2002年,第8期。
④ 克鲁格曼:《地理与贸易》,第60页。

机理。

如果区域内没有产业分工,产品都是同质的而无差异性,即使最初具备了产业集聚的雏形,市场演进的"大浪淘沙",也会淘汰多数企业,能生存下来的只能是少数企业,产业集聚不可能持久。因此,只有在分工的基础上,集群企业才具有互补性和共享性,从而达到产业集中布局,实现相互间的专业化和分工来共同完成产品的生产,使集群产生规模集聚效应。

对此,巴普蒂斯塔和斯旺(Baptista and Swann,1998a,1998b)以及凯瑟琳、博德里(Catherine、Beaudry,2001)曾专门对集群企业作了实证研究,他们把集群内的企业分为两类:一类是产业相关或者相似的企业;另一类是产业无关的企业。假定 A、C 是无关的企业,A、B 是产业相关的企业。通过数据分析,在以 A 产业为主的企业集群中,集群内 A 或 B 产业的企业成长速度比集群外 A 或 B 产业的企业成长速度要快,创新能力较强。另一方面,他们还发现,同一集群内的 C 产业的企业不仅比集群内 A 或 B 产业的企业成长速度慢,而且还比集群外 C 产业的企业成长速度慢。他们的结论,在一项对美国和英国计算机行业集群的比较研究中得到了证实(Baptista and Swann,1996)。[①]

4.4.2 集群中的企业成长

集群是否有利于企业成长,一方面取决于是否有利于降低企业内部的生产成本和提高单个企业的市场开拓力;另一方面,也取决于企业所面对的市场范围和规模。从集群企业的生产成本来看,企业

[①] 王珺、王峥:"产业集群与企业成长",载《中山大学学报》(社会科学版),2004年,第6期。

集群的形成,会推动大量中介机构的集聚,强化对企业的监控并使集群企业能够有效地维护企业间的权威性,从而促进集群内的企业间的合作。

埃弗特-简·维瑟(Evert-Jan Visser,1999)认为,企业集群可以降低交易成本,促进本地区企业合作网络的发展。高密度的相关经济活动,会使集群内企业能够充分了解各种商业信息和当地企业的信誉状况。这样,有利于它对商业伙伴的正确选择。马歇尔认为(1920)企业集群对企业成长的影响体现在三个方面:共享专业技术人员;提供产业专用的多种低成本的非贸易投入品;促进信息流通,形成技术外溢效应。因此,集群企业在空间地域的相对集聚会产生规模效应,强化产品生产的合力,共享生产机会,提高整体的盈利能力。同时,企业集群还可以降低单个企业专用性资产中的沉淀成本和风险。

意大利经济学家 S. 法维亚尼、G. 佩莱格里尼、E. 罗马尼亚诺、L. F. 西尼奥里尼(S. Fabiani, G. Pellegrini, E. Romagnano, L. F. Signorini)等根据10 939家意大利企业在1995年的财务报表数据,将企业分为集群企业和非集群企业,他们通过统计分析发现,对于任何行业和规模而言,集群内企业都比非集群企业具有更高的经营能力和经营绩效。例如,在 13 个行业中,非集群内的企业平均盈利率为11.55%,而集群内的企业平均盈利率为13.54%。同时,大部分行业的集群企业比非集群企业的融资能力更强,集群企业的债务平均成本为7.84%,而非集群企业为8.03%。集群内企业的总支付利息/总生产利润的指标为29.52%,非集群企业的这个指标为31.7%。[1]

---

[1] 王珺、王峥:"产业集群与企业成长"。

另一方面,史晋川、金祥荣等(2004)提出,集群本身就是一个创新,"在一个特定的区域范围引入一个新的产业,也就是把一种从来没有过的生产要素和生产条件的新组合引入现有的生产体系,建立一个新的生产函数。这是一种特定环境下的创新活动"。① 这种创新主要包括制度创新、市场创新、技术创新和产品创新。正是创新中的利润吸引了大量追随者前来模仿,从而促进了该产业在特定区域的扩散,并形成一定规模的产业集群。集群企业面对的市场范围和规模主要取决于集群与外部市场联系的强弱度。因为集群内的企业在特定区域和空间里,信息是呈开放状,传递和交流可以是无阻碍的。

我们可以假定集群内单个企业基本上是无差异的,企业个体间均质或者说是同质化。这样,集群区域内作为一个整体的经济场,其辐射力对任何单个企业来讲,都应该是相同的。就是说,只要是集群内的企业就可以天然地将市场范围扩展到集群边界内的任意一点。

但是,一旦超出了集群区域外,市场规模和范围就取决于企业自身的市场开拓力。一般来说,市场开拓能力较弱的企业,市场范围就有限,只能局限于集群内,企业的成长和规模主要受集群的影响;而市场开拓能力较强的企业则可以突破集群区域的限制,将市场延伸到集群以外。这时企业的成长和规模取决于整个市场范围和规模。我们用下图可以清楚地解释这一问题。如图4.9所示:

A点、B点代表一定市场规模时集群内外企业规模。显然A<B,也就是说,因为相对于集群外的企业来说,在相同的企业规模下,集群内企业间交易成本较低,能促进较高程度的分工。C代表集群内企业面对市场范围逐渐扩大时企业的规模。显然,C>B,也就

---

① 史晋川、金祥荣:《制度变迁与经济发展》,第117页。

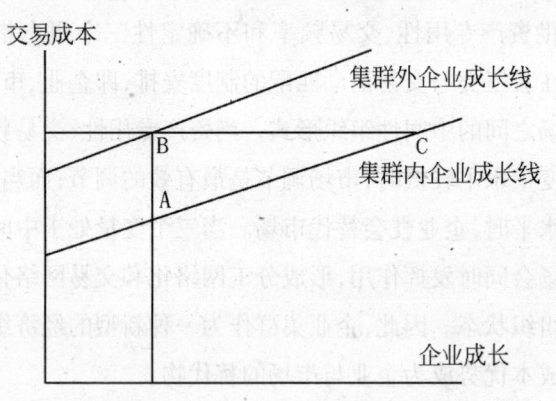

图 4.9　集群外企业成长与集群内企业成长

是说,只要在市场不断扩大的情况下,集群可以实现在交易成本不变并且能促进企业成长为大企业的。

4.4.3　企业集群:分工与交易成本的整合

　　企业集群是专业化分工的产物,是人们为化解专业化分工产生的交易成本上升和获取分工的报酬递增的空间表现形式。一般说来,集群中的企业地理位置邻近且相互关联,产业具有共同性和互补性,从而企业集群能够形成一种开放的市场网络。由此,企业集群以制度安排和组织创新形式解决了分工演进中所造成的分工与交易成本之间的两难选择。杨小凯和黄有光也证明,如果分工水平高,则所有交易都在同一地点进行的市场要比分散在多个地点进行多个双边交易更有效率。[①]

　　首先,企业集群作为一种交易聚集,可以降低交易成本,提高交易效率。与科斯(1937)强调企业是对市场的替代不同,威廉姆森

---

① 杨小凯:《专业化与经济组织》,第 316 页。

(1985)借助资产专用性、交易频率和不确定性三个概念指出,经济活动中存在着三类与交易活动匹配的制度安排,即企业、市场与介于企业和市场之间的中间性组织形式。当资产专用性、交易频率、不确定性三个变量水平较低时,市场调节是最有效的调节;而当三个变量处于较高水平时,企业就会替代市场。当三个变量处于中间水平时,企业和市场会同时发挥作用,形成分工网络化和交易网络化,企业间处于网络组织状态。因此,企业集群作为一种新型的经济组织,以较低的交易成本优势成为企业与市场的替代物。

正是由于市场中交易成本的存在,企业总是有一种不断将相关企业一体化的倾向,以通过规模经济来降低交易成本。但当一体化达到一定程度后又会产生规模不经济,企业为维持组织的完整性,需要支付昂贵的组织成本。因此,企业开始尝试不是追求所有企业一体化,而是通过资金、技术、人员或产业关联度等与某些企业保持较为紧密的联系,这样就逐渐演变成了企业网络组织。从而,网络组织是介于市场与企业的一种中间经济组织形式。在这种制度框架下,网络成员常常表现出有限理性、风险中立、相互合作的特征,这不但有利于各成员交易成本的节约,而且各成员仍在一定程度上享有一体化组织的规模、范围和分散风险的经济性。同样,产业集群作为一种网络组织,具有网络组织的一般特征。产业集群这种网络组织形式突破了企业对于外部的简单市场合同关系,相对于非网络成员,网络成员之间表现出企业内部化的特点,如忠诚、信任、共同的文化氛围等;相对于法人组织,它们又表现出市场外部化的特点,如经济利益动机等。由此可见,产业集群的网络组织兼具了企业机制和市场机制的优势,既避免了企业垂直等级制的"刚性",也避免了市场机制的无计划性、投机性。因此,从某种意义上说,产业集群的网络组织可以认为是一个经济、社会、文化俱乐部,是一种科斯制度的形式,它内部化了知识传递、创新活动的外部性问题,是对市场和组织一体化配置资源的一种替代。在产业集群的网络组织中,经济主体根植于复杂的社会化与制度化网络之中,从而不能把它仅仅抽象化为理性和机械的经济主体,更不能把这些经济主体从概念上简化为经济机器,它们仅仅针对外部市场和成本条件作出反应。实际上,我们更应该把它看做是社会关系的集合体,这些经济主体深深打上了社会实践过程的烙印,它们的行为同时受到遗传、种族、文化以及社会关系的交易空间的影响。

其次,企业集群是一种分工的深化。一般说来,分工自身会引起交易成本的上升。因此,随着分工的演进,交易成本会呈上升的趋势。但是,在经济交易中,只有达到完善的分工体制才能有效降低交易成本,而企业集群就是以完善的分工机制降低交易成本的网络化组织。企业集群的形成和发展,促进了产业的区域聚集效应,使分工从企业内部延伸到企业外部,促使规模经济向范围经济转化。当更多相互交织的产业集群在特定区域和空间聚集时,分工会形成更加完善的机制,从而提高交易效率。而交易效率的提高则有助于解决市场空间扩大带来的交易成本上升。也就是说,交易的地理聚集是分工深化的内在驱动。分工深化取决于交易效率,而交易效率又取决于产业地理布局。因此,交易效率、产业集群和分工水平相互影响,使得分工深化和集群扩张相互推进。

根据新兴古典经济学、交易成本经济学,在现代市场经济条件下,产业集群这种网络组织既克服了规模过大、组织管理成本过高等一系列的"大企业病",同时又避免了纯粹的市场分工所带来的企业间交易成本过高的弊端,这种组织形式保证了分工与专业化的效率机制。与此同时,分工与专业化深化形成正反馈机制,使得分工与合作的关系得以在更大范围内扩大和加深,从而反过来促进了产业集群网络组织的进一步发展。由此,产业集群这种新组织形式较好地解决了分工演进与交易费用之间的两难选择,提供了一种有效率的交易体系、市场结构与制度安排。

4.4.4 集群中企业成长的信任机制变迁

(1) 产业集群的信任机制问题

产业集群作为特定地理空间内的企业集聚,企业空间的接近使得集群中企业间互动和交易增加,并受特定地理区域中的文化、历史、制度等因素影响。这种特质使得产业集群中企业的任何交易都具有典型的"嵌入性",具有某种程度的"黏性"。也就是说,集群中企业的任何"经济活动植根于社会关系中"。[①] 格兰诺维特(Granovett)将嵌入分为关系性嵌入和结构性嵌入两种。关系性嵌入不是依靠某个有强制力的制裁机构或制度,而是集群中的企业通过长期的互动和交易,形成相互了解、相互信任的关系,产生依靠社会关系相互依存而产生的网络化约束力,从而产生信任机制。结构性嵌入是指集群中产业的互补和分工协作,形成"共赢"格局,产生一种"共动效应"(曹休宁等,2006)。因此,嵌入性越强,信任度就越高,共动效应也就越大。集群中社会关系以及由劳动分工产生的经济关系结成的拓扑状的网络结构对每个企业都有很强的约束、控制作用,并进而形成企业间的紧密型依赖;一旦集群中的某个企业产生机会主义行为,该网络中的其他成员都会对其作出"集体制裁"行为或施加舆论压力,将使该企业的发展空间大大缩小,甚至被"孤立"在网络之外。

---

① 斯蒂格利茨:"正式制度和非正式制度",载《经济社会体制比较》,2003年,第1期。

卡斯蒂拉(Castilla)等人在《硅谷的社会网络》课题报告中开篇第一句就是"硅谷最重要的特征是它的社会网络"。产业集群社会网络的重要性在于它是形成社会资本的基础,而社会资本对于产生信任与承诺、共同规范与标准有着非常重要的作用。社会资本一旦形成又会增强社会网络的密度和凝聚力,从而促进长期、可重复的交易形式,降低交易成本,加速知识和技术外溢,具有其他产业组织难以匹比的竞争优势,也使得产业集群在区域中的嵌入性进一步增强,并相对固化在该地区而不会轻易地转移。

从根本上看,产业集群中信任机制的形成主要源于社会文化、空间集聚和分工三大因素的影响,它们共同作用推动产业集群的形成和扩张。集群中的社会文化增强企业间的人际关系,构建起社会化网络,酝酿出社会资本,而信任是社会资本的产出(李晓红,2008);劳动分工则强化集群中企业在交易上的相互依赖性(Intern dependency),形成产业集群的交易网络;而空间集聚又为人际沟通和交易提供便利条件,增加交易频率,加快信息传递速度,从而强化集群中企业的社会资本和相互依赖性,从而为产业集群中企业间的信任机制形成奠定深厚的基础。

产业集群中企业间的信任长期、普遍地存在于产业集群中,产业集群的网络效应及竞争优势就是主要依赖于这种企业间的信任机制而形成和凸显出来。同一般的信任机制一样,产业集群的信任机制也能够在一定程度上减少产业集群组织的复杂性和不确定性,预先设防机会主义和道德风险,降低企业间的交易成本。产业集群中的信任机制主要体现以下的作用:

第一,产业集群信任机制可以强化集群的共同认知和文化认同,能够形成共享性隐性知识和战略性资源,推动集群治理的协调和整合双重目的的实现,从而构建和维护完整的产业集群分工和生产体系。

第二,信任机制促进企业之间加快交易频率,有利于形成产业集群柔性、高效的竞争优势。

第三,信任机制促进产业集群组织间的知识共享,即使是特殊知识和隐性知识也能在信任的气氛下得到扩散。由此,增强了集群中企业的集体学习效应,有助于知识的外溢和扩散。

(2) 产业集群信任机制的动态变迁

信任本身是嵌入在社会结构、经济交易之中的一种功能化的社会机制。因此,当社会结构和经济交易发生变迁时,信任本身的内涵和功能也会相应发生变化。"从经济活动植根于社会关系中,转到社会关系植根于经济体系中,这种变化不是整个世界都是相同的,也永远不会完成。"[1]也就是说,产业集群信任的产生与发生作用是一个动态过程,它随着产业集群的发展而发生变化。

在产业集群发展的形成时期,驱动企业集群的内在动力主要是地理因素。企业数量较少,交易量相对不足,又受到特定市场的局限。因此,集群初期的企业网络基本上是建立在企业家个人身份的认知上,也就是企业家自身的人际关系或者社会关系为基础的个人网络形成了集群初期的企业网络,这种个人网络来自于企业家先前的社会或者个人经历而积累起来的"缘"关系,比如血缘、地缘、业缘、学缘等。因此,在产业集群形成时期,企业家个人之间通过熟悉度、友谊建立起来的人际信任就成为企业信任的基石。企业间彼此分工协作更多依靠非文字的契约,也就是威廉姆森提出的关系性契约(Relational Contract)来协调生产环节,诸如信息分享、资源共享与互补等。这种人际信任在一定程度上提供了企业成长初期所需要的

---

[1] 斯蒂格利茨:"正式制度和非正式制度"。

非正规渠道资源,为企业提供了市场生存的空间,促使企业创业成本最小化。斯蒂格利茨也强调,在市场经济发展早期,市场脆弱且不完善,人际关系的稠密网络就会发挥作用去解决配置和分配问题。①

人际信任对集群企业成长影响,具有三个显著特征:①特定交易社会关系网络。人际信任是建立在"圈子效应"的基础上,交易以特定网络为节点。人际信任在为集群内部企业间提供一般性交易保障的同时,也制约着企业交易合伙及交易行为的选择。人际信任导致集群内外有别,突破了交易的平等性,当同一"社会群体同时属于不同群体,有互不相容的规则时,就需要规则的等级制"。② 随着时间推移,这种等级制的规则形成的互惠关系就会取代正式的合约而成为彼此共同的"默认"的潜规则,从而受错综复杂的人际关系影响,人情互惠的交易准则取代市场准则,最终破坏市场结构,使交易出现低效率。②节点脆弱并且不稳定。人际信任使得集群企业无力摆脱内部强有力的潜规则约束,交易无法形成稳定性预期,这种集群之间的关系"互锁"缺乏第三方监督和内在约束,很容易受利益诱惑和机会主义威胁,使企业成长不具有稳定性。③锁定效应。其一,产业结构低端锁定。人际信任对区域内关系的过度维护和关注,必然会造成集群内部的封闭性。在有限的集群内部,企业间交易的高稳定性又形成重复性信息和同质性信息,企业更新信息的动力不足,而且对于外部反应迟钝和僵化,从而阻碍集群创新和升级,集群企业个体必然陷入"质押均衡"。一方面是在横向分工上,集群产品缺乏差异化而过度同质化,使集群企业迟早面临价格的恶性竞争困境;另一方面是在纵向分工上,集群企业主要集中于销售和供应的分工体系,创新

---

① 斯蒂格利茨:"正式制度和非正式制度"。
② 同上。

和研发投入缺乏动力。这样,集群产业结构进入低端锁定。其二,企业组织形态锁定。在集群企业成长中,产业组织应是呈动态变迁的:家庭企业——合伙制——公司制。但由于人际信任困境,支撑产业组织变迁的金融体系受到约束。从融资体系上说,社会信任结构决定融资结构和发展程度。人际信任作为一种非正式制度,由于不能与正式金融体系兼容,必然受到正规金融体系的"排挤"。因此,在人际信任中成长起来的家庭企业,自始至终面临融资渠道单一、资本市场不足的风险。家庭企业成长随时受到资金链断裂的威胁,从而固化于原子式企业形态。

在产业集群成长阶段,集群企业网络密度和范围呈扩大趋势,一方面企业分工交易对象可能越多;另一方面企业会受到已有社会规则约束也就越大。因此,集群企业成长时期就是信任扩展时期,而原有的人际信任往往使企业交易锁定集群内部,已不适应也无力满足企业成长需求。"由于道德体系的鼓励,人际的联系可以在有限的范围减少交易成本。当然,由于十分复杂的关系,人际信任最终很难超出这个狭窄的范围,从而变成一个限制。"①在集群企业成长阶段,分工扩大,资产专用性和交易频率增加,集群企业对交易的长期性和稳定性需求急剧上升。这种社会关系和外部环境的变化必然会给集群企业间的信任机制带来冲击,呈现出从基于个人的信任转向到基于制度的信任的动态发展过程,隐性交易规则需要平等和显性化,需要及时对现有制度和规则进行完善,并对更多的非正式制度进行规范和约束。因为当市场范围和交易对象扩展到大量匿名交易出现时,只有外在的制度、法规、权威作用与内在的道德、文化、习俗相结

---

① 戈登·里丁:"弱组织、强关系:管理思想与华人家族企业网络",载李新春、张书军主编:《家族企业:组织、行为与中国经济》,上海三联书店,2005年,第273页。

合,才可以最有效地抑制机会主义。"市场发展和深化的最初影响是,这种人际关系网络有些变得不必要并被摧毁了,个人关系的价值——以及伴随它的社会资本的价值——降低了,植根于运行相当良好的法律网络中的契约,省却了解决和激化争议的内心方式。"①当稳定、透明和普适的制度建立后,一种基于制度的信任就会产生,并导致企业间原有信任程度得到保障和增强。如图4.10所示,产业集群发展不同阶段与信任相关的主要因素:

分析纬度 \ 时期	集群企业形成时期	集群企业成长时期
影响因素动机	经济的、机会主义	经济的、社会的
行为预期	不稳定的、短期行为	稳定的、长期行为
市场特征	交易等级制	交易平等
信息特征	不对称	对称
制度约束	弱、范围窄	强、范围宽
交易重复性	低	高
信任类别	**人际信任**	**制度信任**

图4.10 产业集群成长中的信任动态变迁

4.5 小结

分工受市场规模的限制,主要在于分工深化、市场规模扩大会带来交易成本的上升。这样,如何化解分工中的交易成本,促进交易效率的提高,就成为推动分工的重要因素。因此,交易制度、交易方式

---

① 斯蒂格利茨:"正式和非正式制度"。

的创新和发展,就成为题中应有之义。同时,产业集群作为一种分工的发展和深化,它首先是一种分工、交易的制度安排,它本身是市场拓展与降低交易成本的整合。企业集群促进集群内知识、信息的频繁流动,增强了企业间的信任程度;并使企业间的交易成本降低,从而促进了企业之间横向或纵向的分工。企业集群作为降低费用的生产环境促进了企业生产效率的提高,这是有利于企业成长的因素。分工何以发生、交易何以不断扩展是集群形成的关键。更为重要的是,产业集群的形成和发展也是由于信任机制的扩展和强化。

第 5 章 信任扩展、交易扩张与企业成长

本章主要讨论信任对企业的影响以及企业信誉的具体决定机制。信任是合作的前提,没有信任,就不可能有分工协作;信任的半径越大,分工协作的幅度就越广。本章首先提出市场是一个动态化的、可以拓展的概念,提出应从制度化的角度去理解、把握市场。货币的出现和发展,集市向交易所的演进,商人的出现和商业的专业化等等,一方面是市场的扩大;另一方面也是信任的扩展。传统信任格局半径较小,范围狭窄,而且容易造成内外有别、差别待遇,不利于经济组织的创新和平等竞争,需要从人格化信任向非人格化信任的转化。同时,我们试图将信誉分析与企业理论结合起来,通过考察信誉的形成和信誉的内在机理,揭示企业的行为特征。

5.1 市场、货币与信任

5.1.1 市场概念的拓展

对于市场的概念,最为流行的说法就是"市场是商品交换的场所"。这是一种直观和简单的界定,市场可以分成多种类型。比如,按商品性质来分,市场就可以分为产品市场、要素市场,而在要素市场中又可以进一步细分为劳动力、技术、金融和电子市场;按形态来

分,就可以分为有形市场和无形市场。这种界定和划分,应该说,对于认识市场的表象和感触是有益的。但是,却无法揭示市场的内在属性。霍奇逊提出,"把市场定义为一套社会制度,其中大量的特种商品的交换有规律地发生,并在某种程度上受到那些制度的促成和构造……市场部分地包括构造、组织交换活动并使合法化的机制。简而言之,市场就是组织化、制度的交换"。[1]

相比传统的市场概念,从制度化的角度去理解市场,可以把市场的认识本质化。任何市场的交换活动,在本质上体现的都是人与人的关系,会受到制度框架的约束和规范,否则交换活动就会无序、紊乱。"市场活动并不仅仅作为买者和卖者之间的物品的交换,在物品背后是不同生产者之间的劳动的交换。或者说,是不同生产者之间劳动分工的合作。"[2]因此,伯恩斯认为:"市场作为社会组织,在一定意义上是一种规范的道德秩序的具体化。这种秩序不仅影响市场的行为和运行,而且很大程度上对市场的有效运行是必需的。"[3]

另一方面,霍奇逊的观点忽视了市场交换活动中个人的动机,没有回答产品为什么要交换。马克思认为,当生产力发展到一定阶段后,产品出现了剩余,于是交换就出现了。[4] 按历史的逻辑,先有生产,后才有交换。因此,马克思的观点符合历史发展的起始点。然而,更进一步地进行探讨,我们会发现,这些认识都不免存在着把市场静态化的局限。后来的经济发展证明,现代经济更主要的动力是为了交换而进行生产,或者说现代财富主要由交换经济构成,没有所

---

[1] 霍奇逊:《现代制度经济学宣言》,北京大学出版社,1993年,第208页。
[2] 汪和建:《迈向新中国的新经济社会学》,第262页。
[3] 〔瑞典〕伯恩斯:《结构主义的视野》,第4页。
[4] 马克思倾向于相信原始交换主要是公社部落之间,而不是在公社内部成员之间发生的。参见《马克思恩格斯选集》,第2卷,1972年,第105页。

谓的交换经济就没有现代财富。因此,市场概念的认识应该动态化。

科斯提出企业是市场的替代,这种替代显然是交易的替代。在前面的阐述中,我们已提出企业是一种分工合作组织,沿着科斯的思路,也可以说,市场也是一种分工组织。只有如此,企业才有可能产生并完成对市场的替代。经济发展的历史进程应该分为两个阶段:

一是原始经济阶段。这一阶段,生产主要是为了满足自己的需求,交换只是出于产品余缺的调剂而偶然发生,社会的主要重心仍然是生产,交换只能是无暇顾及的"边缘地带"。

二是古典及现代经济阶段。生产开始逐渐转向为了满足别人的需求,整个社会的制度框架都是围绕交换构建和设计。当分工合作走向专业化,市场也就开始萌芽,现代意义上的交换也就由此产生,这也标志着世界文明史的开端。[①] 交换是分工合作的内在必然需求,因而企业和市场是一种分工合作与另一种分工合作的转换。商人的出现就是这种转换的中介整合角色,"伴随着商人的出现,物品和劳务的买卖,或者说,其实质意义上的分工和合作,变得日益专门化和规范化。"[②]

5.1.2 市场演进的历程

(1) 社会交换

最早的交换可能是偶然的,或者说是"随遇而换",没有任何目的和约定,更谈不上经济的需要。这种交换大多属于互惠,或者说是馈赠性质。人类学家马林诺斯基(Malinowski,1961)对西太平洋中的特罗布里安德岛的原始部落的研究,证明了一种非专门化的互惠

---

① 新古典经济学只把市场看成一种天然形成,新制度经济学把市场视为一种既定的外生变量,不关心市场本身的起源,只研究企业如何替代市场。

② 汪和建:《迈向中国的新经济社会学》,第253页。

交换关系圈的存在。例如,在岛内存在一种称为"吉姆瓦利"(Gim Wali)的互惠式交换:岛上的山区农民常常带着自己所产的山芋作为礼物,去看望沿海的渔民朋友,渔民们收到喜爱的山芋后,便以所捕的鱼来回敬。按照习惯,渔民必须将获赠的山芋再次分赠给周围邻居而不能独享,山区的农民也要把鱼分赠给左邻右舍。这种非市场的社会交换,既可以满足不同居民的特殊需要,同时又能增进人际间的关系,提高社区内外的个人信任度。

更引人注目的是岛际间的库拉(Kula)交换。库拉交换是不同岛民之间举行的一种互赠贝壳项链或白贝壳手镯为仪式的人际交换活动。库拉交换的仪式构成了岛际间的社会关系圈,并形成了岛民的团体快乐和社会整合的基础。然而,有趣的是,当岛际间库拉伙伴在一种复杂的仪式中进行项链和手镯的交换时,一般物品如蔬菜、陶器、藤竹、碧绿等的交换也在一旁同时进行。尽管是物物交换,但讨价还价和试图多占便宜的情形也很普遍。①

我们从这里可以看出,社会交换的主要功能在于强化人际间的互动,突出"地缘"的特点。所以,社会交换成为群体中个体互动的润滑剂,"来而无往,非礼也",物物交换在于注重"情缘"和"地缘"。一旦社会交换被群体内接受和默许,也就成为个体间联结的纽带。如果张三帮了李四的忙,李四就会对张三心怀感激并以某些方式来回报他。"偶尔的交易——孤立的交换活动,包括任何一方都不为进一步交换承担义务——自古以来便时有发生,但对交易的人们的生活影响甚微……在某些场合如婚礼上,馈赠一些礼品是适当的;但如果礼品是一方给的,那么为了维护尊严就必须另一方也给。礼品必

---

① 汪和建:《迈向中国的新经济社会学》,第254页。

须相宜,但无需做到公认地相等。"① 但是,如果人们发现对信任的回报是背叛或利用的话,社群就会进入到不信任的恶性循环之中。

因此,社会交换只是为了满足人际信任的需要,它的真正目的是满足个体间心理需求和社会需求,而不是经济需求。正如马歇尔所分析的:"物品的交换,在个人所有权远没有和家庭、村庄或部落所有权明显地划分开来之前,就已开始。把东西给予别人,别人收到后给以报酬;一个人帮助另一个人,其条件是过一个时期将会得到等价的东西。但衡量收受的确定数量的观念,无论是关于在一项交易中完成的交换,还是以劳动或物品的形式来偿还过去的帮助(用现代的话来讲,即是"信用"支付),都是逐渐形成的。"② 即便在现代经济发达的今天,这种社会交换的某些征象也并没有完全"绝迹",一直混合在经济交易中沿袭下来。有时甚至是以"过度"的方式来表达,比如行贿受贿现象。

(2) 经济交换

亚当·斯密提出,当经济行为主体的生产成本存在绝对优势时,交易对双方都有利,社会效率也会得到提高。李嘉图认为,并非要具有绝对成本优势,交易才会发生。只要具有相对成本的优势,交易同样对双方有利。马歇尔进一步分析,提出用边际效用的概念来衡量交易。认为一种物品拥有越多,其边际效用就越低。相反,该物品越稀少,其边际效用就越高。因此,只要是任何两个经济行为主体拥有的物品在量上不一致,都存在交易的动机和可能。而且这种交易能增进双方的福利,提高社会的总效用水平。

"没有自由交换的原始经济之一大缺点,就是一个人所有的某

---

① 希克斯:《经济史理论》,第25页。
② 马歇尔:《货币、信用与商业》,商务印书馆,1996年,第269页。

一样东西,比如说羊毛,也许很容易如此之多,以致当他将它用于每一可能的用途时,在每一种用途上它的边际效用是低的;同时,他所拥有的另一样物品,比如说木材,也许如此之少,以致它的边际对他是很高的。而他的邻人中有些也许非常需要羊毛,而他们所有的木材则比他们能充分利用的还要多。如果各人放弃对他是效用较低的东西,而接受效用较高的东西,则每一个人都将因交换而得到利益。"①

但另一方面,从社会制度层面上考察,按马克思的语义,②交易在物品交换的背后体现的是不同生产者的劳动交换关系,或者说是不同生产者的劳动分工合作。因为"商品不能自己到市场去,不能自己去交换"。③ 显然,经济交换与劳动分工是并驾齐驱、相辅相成的。劳动的分工合作是经济交换的基础,而经济交换是劳动分工合作得以持续和推进的动力。如果分工中某一个环节存在问题,或者说专业化止步,那么,经济交换就一定受到局限。现代经济交换得以大力推进,主要得益于两个关键性角色的诞生和发展:一个是货币的出现,另一个是商人的产生。

具有里程碑性质的应该是货币的出现。用希克斯的话说,"货币和法律(商法)实际上是'古代世界'的两大经济遗产"。④ 因为货币的诞生,说明了分工的大规模推进和市场范围的拓展,传统的交易方式已不可能适应经济发展。杨小凯、黄有光认为,当"每个人都能自给他需要的所有产品,无需交易或货币"。而且,"分工中包含的

---

① 马歇尔:《经济学原理》,第137页。
② 马克思曾说:"(商品交换)不是表现为人们在自己劳动中的直接的社会关系,而是表现为人们之间的物的关系和物之间的社会关系。"
③ 马克思:《资本论》,第1卷,人民出版社,2004年,第103页。
④ 希克斯:《经济史理论》,第65页。

间接生产不多,因而商品生产所必需的所有交易都是双边互补的,尽管存在分工,仍无需货币。"但"在一个间接生产活动数目足够大的模型里,要充分利用分工经济,就必须要有货币","货币产生影响交易效率"。[①]

市场经济是一种交换经济,货币的产生是与交换制度的发展紧密相关的。首先,从简单的意义上讲,没有交换制度,就没有货币。因而,在自给自足的自然经济和马克思主义经典作家所说的共产主义经济中,由于不存在交换,也就不存在货币。在交换经济中,又可分为两种情况:一是直接的、简单的物物交换(barter),另一种情况是以货币为媒介的、复杂的商品交换。在一个小而简单的社会里,交换还是一种偶然的,并不多见的经济现象,实际上并不需要货币,交换可以用物物交换的形式来进行。但随着交换经济的发展,加入交换的产品和人越来越多,如果继续采用物物交换制度,那么,就会造成交易过程效率过低,成本过高。因为要想使物物交换圆满实现,必须满足两个基本条件:

第一个条件是需求的双重巧合。也就是说,要完成一项交易,首先必须使参加交易的两种产品正好是双方互相需要的产品(比如粮食生产者出售的粮食必须是出售生产工具的人恰好所需要的,对方也应当如此)。但是,这种双方的需要同时被满足的情况很少见。在大多数情况下,每一个希望能够达成交易的人都很难在市场上找到交易对象,他们需要反复在市场上寻觅合适的交易对象。这一寻觅过程,会使商品交换的效率大大降低,浪费大量的人力物力。

第二个条件是时间的双重巧合。也就是说,一个人要想卖出产品时,恰好有人在这一时刻需要这种产品,在时间上是应当统一的。

[①] 杨小凯:《专业化与经济组织》,第 387、399 页。

这一点在现实的经济生活中是非常少见的,粮食的生产者尽管需要工具,但是他不一定马上就要购买。在这种情况下,交易就不能随时进行。尤其对于一些季节性较强的生产过程来说,其产品的出售与需求之间必然存在不同步的情况。从以上两个方面可以看出,物物交换要求在交易双方的需求和时间巧合时才能顺利完成。显然,在物物交换的制度下,交换的效率一定很低,交易成本很高。"在物物交换系统中交换需要满足杰文斯所说的'双重吻合'的条件。显然,寻求具有合适资格的交换伙伴可能要耗费很高的成本,而且会使许多具有潜在利益的交换不能实现。"① 所以,物物交易只能限于在较简单的商品经济社会中进行。

当经济发展到一定阶段,消费者需求渐趋复杂,物物交易的方式便无法满足交易双方的需要。那么正如马克思所说的,"问题和解决问题的手段同时产生"。② 正是由于进入交换的产品日益增加,交换的行为日益频繁,就必然会逐渐出现一种情况:交易者最终都用自己的商品与第三种商品相交换,这种商品进入交换的次数频繁,其使用价值为大家所共同需要。于是,货币就产生了。货币的产生克服了物物交换的困难,使得交换能以更高效率和更低的交易成本进行。这是因为,货币是在长期的物物交换过程中从商品世界中分离出来的一种特殊商品,所以必然会普遍为人们所接受。因此,"需求的双重巧合"初步具备条件。交易者为了取得自己所希望的商品,可以先在市场上把自己的商品卖掉,取得一种特殊商品——货币。然后再用这些货币来购买他所需要的商品。这种使用货币作为媒介的交换从单个交换行为来看,效率的提高并不是非常明显。但是,从总

---

① 罗纳德·F. 科斯:《生产的制度结构》,载奥利弗·E. 威廉姆森、西德尼·G. 温特:《企业的性质:起源、演变和发展》,商务印书馆,2007年,第303页。
② 《马克思恩格斯全集》,第23卷,第106页。

体交换过程来看,由于存在种类繁多的产品,货币产生所形成的效率提高便十分明显。

另一方面,货币的产生也解决了"时间上的双重巧合"问题。因为货币既然成为交易媒介,无形中就将一个交换过程分解为两个环节:一是"卖",二是"买"。交易者在市场上出售自己的商品之后,如果暂时不需要购买,他可以保留货币,以待产生了需求之后再行购买,这样就很自然地提高了交换过程的成功率,使得参加交换的人能够各得其所,这实际上是提高了交换的效率。商品交换的效率还取决于进入市场的商品的交换比率。在物物交换条件下,如果把进入市场的商品种类定义为 N,那么,人们在交换商品时,就存在 $N(N-1)/2$ 个交换比率。而在货币交换条件下,只需要 $(N-1)$ 个交换比率即可。而随着交换物品的增加,交换比率呈急剧增加的趋势。更何况在现代社会商品的种类何止千种,其交换比率之多将难以计数。面对这么多的交换比率,在经济主体进行交换时,就必须花费时间和精力去收集交换信息,以便进行决策,这样所付出的各种成本将会相当大,也使交换过程的不确定性增强。"农业文明向工业文明的转型过程,就是要求货币交换在社会生活中普泛和深入的过程。"[①]

而在货币作为交换媒介的市场交换经济中,由于货币是从商品世界中独立出来的一个特殊商品,由它来单独表现每个商品的交换比率(交换价值),则交换比率的数目就会从物物交换经济的 $N(N-1)/2$ 个减少为 $(N-1)$ 个。结果,使收集交易信息变得比较容易,从而使交易成本和交易的不确定性大大降低。交换双方因为使用货币作为媒介,可获得更多信息,很容易找到自己希望得到的商

---

① 李锦彰:《货币的力量》,商务印书馆,2004 年,第 145 页。

品,顺利地达成交易,这样会使交易双方节省更多的时间和精力,并将这些时间和精力用于其他增加社会财富和福利的经济活动之中。另外,交换双方因为使用货币作为媒介,可获得更多信息,很容易找到自己希望得到的商品,顺利地达成交易,这样会使交易双方节省更多的时间和精力,并将这些时间和精力用于增加其他社会财富和福利的经济活动之中。

"日益增长的需要和因此而增加的劳动产品使得物物交换的商业大大地扩展和多样化了。由于产品的增加和多样化,在产品交换中发展了许多纠纷和误会。这一个人带着皮革到市场上来,为了交换工具;但是那个有工具的人往往不需要皮革,而是要求交换木材或者是铁;而有铁出换的人既不需要皮革,又不需要工具,而是要换取衣料或是果品或其他类似的货物。因此,原来很方便的物物交换的商业就遇到重大的障碍。"①

正是在这个意义上,庇古把货币比作"空中铁路,其缺失使我们遭受的损失,就如同各国之间真正的铁路联系中断时所遭受的损失一样"。②

罗伯特·金(King, R. G. 1983)将杰逢士以来对货币的研究成果概括为下面三点:①生产专业化与个体需要多样化之间的矛盾导致交易产生;②间接交易比直接物物交易效率高;③为保证间接交易中个体之间激励相容,必须为财富转移提供某种约束机制,货币就是最普遍的一种。1971 年,内汉斯(Niehans, 1971)、布伦纳和梅泽尔(Brunner and Meltzer, 1971)在《美国经济评论》同一期上发表文章,分别从交易成本、信息与不确定性着手,把交易货币化过程解释为人

---

① 威廉·魏特林:《和谐与自由的保证》,商务印书馆,1960 年,第 93 页。
② 马丁·利克特:《企业经济学》,人民出版社,2006 年,第 37 页。

们探求具有最低信息成本的交易媒介的过程。布伦纳和梅泽尔设想,当商品所有者用初始禀赋直接交换最终意愿消费束遇到信息成本过大问题时,会倾向于先将初始禀赋换为信息成本较小的过渡商品组合,然后再将其换取最终消费束。这样,直接物物交换就会扩展成为一条具有(多个)过渡商品组合的间接交易链。当社会对过渡商品的选择收敛到某一种特殊商品时,间接交易链达到最短,交易成本最小,该商品便成为货币。"自从人类有了交换,便很快发明了充当交换中介的工具——货币,大量研究表明,它的产生最初和最基本的动机是出于经济方面的考虑。它有效地克服了物物交换的'需求的双重巧合'和'时间的双重巧合'的困难,降低了交易成本。"①

货币的另一个容易被人忽视的作用在于,它在推动分工发展的同时,又承担起分工的协调职能。劳动分工使整体劳动成为局部劳动,单个劳动演变为社会劳动,而货币则在这一过程中起到最为有效的黏合剂作用。"人类社会从狩猎文明走向农业文明,再进入到工业文明,乃至现在所谓的后工业文明,有一个独特的东西将纵向层面和横向层面的扩展力量紧紧维系成一个有机的整体。这个独特的东西,便是货币。"②

货币的出现促使商业的诞生,但真正对交换经济起关键作用的是商业从生产中独立出来,开始自身的专业化和分工。希克斯更直接强调货币对于商业的重要性:"商业经济本身几乎从一开始起,也许就是从一开始起,就是使用货币的经济。"③皮雷纳说,商业解放了那些被禁锢的银币,恢复其原来的用途。由于商业,货币又变成交换

---

① 李锦彰:《货币的力量》,第3页。
② 同上,第11页。
③ 希克斯:《经济史理论》,第58页。

的工具和衡量价值的单位①。西方16世纪以来交易会和交易所的发展就是一个典范。用布罗代尔的话说,"交易会意味着嘈杂声、音乐声和欢乐声搅成一片,意味着混乱、无序乃至骚动。"②但是,它是一个商人阶级自由联合的组织,"一旦有了一个商人阶级,他们便会开始把自己或紧或松地组成一个社会,一个新型的社会。这就是我们在习俗型和指令型之外增加的第三种组织形式,我们只能把它称作重商主义或商业性的组织。"③

皮雷纳专门讲了一个圣戈德里基如何从流浪汉变为成功商人的故事:

"他于11世纪末出生在林肯郡的一个贫苦农民的家庭,在孩童时代应得想方设法自己谋生。如同各个时代的很多其他不幸的人一样,他在海上流浪,注意着浪潮冲上来的沉船的残骸。以后或许由于幸运地找到了什么东西,他临时做起流动商贩来了,背着不付钱的小商品走遍全国各地。久而久之,他积攒了几个钱。有一天,他加入到在旅途中遇见的一支商队。他跟着这个商队从市场到市场,从市集到市集,从城市到城市。他就这样变成了一个职业的商人,很快赚到相当多的钱,可以和同伴合伙,共同装载一艘船只,沿着英格兰、苏格兰、丹麦和佛兰德尔海岸从事沿海贸易。他们的合伙组织万事如意,兴旺发达。它的业务就是把听说国外紧俏商品运到国内,再从那里贩回商品,注意卖到最需要这些商品因而可以获得最大利润的地方。几年后,这种贱买贵卖的精明手法使圣戈德里基成为富豪。"④

商人是最早出现的中介组织形式。它们不直接从事于商品生

---

① 亨利·皮雷纳:《中世纪的城市》,商务印书馆,2006年,第139页。
② 布罗代尔:《15—18世纪的物质文明、经济和资本主义》,第70页。
③ 希克斯:《经济史理论》,第32页。
④ 皮雷纳:《中世纪的城市》,第74—75页。

产,而是介于生产者与生产者、生产者与消费者之间,为商品到货币的实现提供服务,赚取利润。商业是一个历史的范畴,从历史的发展逻辑上讲,商人的产生要早于资本主义生产方式的确立。商人的出现不仅能够撮合商业行为,使一些潜在的商品交换得以成为事实,而且还能调解买卖双方因价格和质量等问题而引起的争端。正如马克思所精辟地指出的那样:"人们越是接近商品生产的原始状态……他们也越是把更多的时间浪费在持久的、互不相让的讨价还价上,以便为他们花费在产品上的劳动时间争得充分代价。"[1]

在商业活动出现的早期,由于整个社会商品经济处于极端的不发达状态,人们对于商品的价值、价格和质量的认识不免带有严重的片面性。因此,商业交换活动很难进行。在这种情况下,带有中间人身份的商人因公平、正直而受到买卖双方的信赖,从而使买卖能够成交。其次,商人的活动广泛,不仅参与国内贸易,而且还涉及边贸、外贸和民族贸易,所以在国内和国际经济交往中起着重要的作用,使交易能够在更广泛的地域范围展开。再次,商人的活动能够有效地解决商业活动产生和发展过程中的一系列矛盾。当商品经济发展到一定阶段以后,商业活动中不可避免地产生了一系列矛盾,其中主要表现在大批收购与零星供货、商品不易储存等问题。而这些作为商品生产者和消费者很难有效解决的矛盾,商人解决起来却显得十分容易。总之,"商业革命从很大程度上讲,也就是商人阶级的形成。这些商人,先是建立作为聚集场所的贸易集市,接着又发展出一套几乎独立的政治与法规制度。"[2]

---

[1] 《马克思恩格斯全集》,第3卷,1974年,第1018页。
[2] 约翰·F. 乔恩:《货币史》,商务印书馆,2002年,第123页。

随着市场制度的演进和专业化分工水平的不断提高,商人这种中介形式在其产生之后也有一个不断分化裂变的趋势,初始的商人往往包揽了生产环节与消费环节这两极之间的几乎所有的活动,交易的产品也不是固定的。但随着商品数量的不断扩大,交易范围的不断扩展,以及法律法规的愈加严格和完善;一方面,一个商人无法从事太多种类的商品经纪活动;另一方面,一个商人常常无法承担生产环节与消费环节之间所涉及的所有事物。于是,商人的职能开始进一步地分化,这种分化表现为横向分工与纵向分工两个方面。横向分工:即各个商人根据个人能力(个人所能掌握信息,个人所能控制的市场或者是个人的爱好等)将经纪活动仅限于某一类或者某几类商品上。比如,一些商人专门从事农产品的经纪活动,而另一些商人专门从事工业产品的经纪活动,等等。这样,商人不再是什么都做的商人,而是具有其专门经营领域的商人。纵向分工:即商人只承担经纪活动过程中的一项或几项工作。生产与消费两极之间的经纪活动从交易的时间或程序上看,包括有大量的环节,简单地从时间上就可以分为提货购买、运输、储存、寻找客户、成交等多个环节。由于市场范围的扩大,单独由一个商人完成所有这些环节的困难越来越大。因此,某一个或某一些商人便只做其中的某一个或某几个环节,而不是所有环节。比如,一些商人专门从事运输,专门经营货仓等。

但随着商品交换的发展,很可能出现商人与分工、专业化的"悖论"。布罗代尔较早看到这一点:"劳动分工随着市场经济的进展,迅速增强,波及整个商业社会,但处于顶层的批发商——资本家却是例外。……直至19世纪,实力雄厚的商人可以说从不局限于某一种经营活动。当然,他是商人,但从不只干一种行当,他随机应变,一会儿是船主、承保人、贷款者,一会儿是借款人、金融家、银行家,甚至是实业家或企业经营者。财发大了,有朝一日变成了批发商,就立即从专业化走向非专业化。"①

对此,通常的解释是这种非专业化是理性的商人出于规避风险。而布罗代尔不满足于此类解释:第一,商人不实行专业化,其原因在于,在他触及的范围内,没有任何一个行当有足够的油水可以将全部的活动拢固。第二,大商人经常更换经营活动,这是因为高利润不断地从一个部门向另一个部门转移,资本主义的实质就是随行情而变。第三,大商人的经营活动只有一种有时具有专业化的倾向,那就是金钱交易。但是,它的成功从未为时长久,好像经济大厦没有足够的力量支撑这个经济尖端一样。②

(3) 交易方式演进

交易方式是市场中交易双方达成交易所采用的组织形式。交易方式不可能是单一的,而是多种多样的。同时,交易方式不是静态的而是动态的,总是伴随着市场演进而发展的,这种演进和发展总会沿着降低交易成本的方向推进。"人类永远在发明新的市场,并改进现有的市场。经济组织的创新与技术创新一样,能产生巨大的生产力。这两种创新有时携手并进。"③

一是集市。集市有时被称做"墟""圩"。关于集市的起源,现在众说纷纭。比如,从社会交换的角度看,早期的宗教活动和中国的庙会都有可能是集市的最初起源。希克斯说,"任何一种社会集会(如宗教节日)都能为贸易提供机会;贸易开始是偶然的,但是逐渐变成经常的"。④ 但从经济交换的角度考察,集市可能最初的一种产生方

---

① 布罗代尔:《资本主义的动力》,北京三联书店,1997年,第40页。
② 同上,第41页。
③ 麦克米兰:《市场演进的故事》,第25页。
④ 希克斯:《经济史理论》,第26页。

式仅仅是两个人间的偶然约定,当双方在交易中获得了各自的益处后,这种活动就显出持续性。于是,众多的人也会加入到交易中,交易也就从偶然约定转向定期化。芒图认为,"定期集市是产物集散地的特殊市场"。

"人们从老远的地方跑来不是为了买东西就是卖东西。英国有这种市集,正如法、德一样。最著名的是斯托布里吉的定期集市,英国人把它比喻为莱比锡的定期集市。在每年八月中旬至九月中旬举行的市集地段上,建立起一个完整的临时城市,拥有行政、警察、法庭等机关。在那里,人们可以看到在利兹和诺里奇的呢绒和伯明翰的钉商。奢侈品和殖民地产物则是从伦敦、布里斯托和利物浦运到这里的。"①

在中国,集市起源可能更早。《诗经》里,就有过对集市的详细描述。《周礼·地官·质人》云:"质人:掌成市之货贿、人民、牛马、兵器、珍异:凡买卖者质剂焉,大市以质,小市以剂。"在西方,古希腊和古罗马都已有了集市雏形的文字记载。根据布罗代尔的考证,集市在12世纪的城镇就已经出现,并构成了地域间经济的纽带,形成了初步的市场体系。

初级集市之所以几百年来原封不动地保存下来,这肯定是因为它的简单朴实无华是无法超越的;容易腐烂、不宜存放的食品直接从附近的田园运来,自然是十分新鲜。价格低廉也是一个原因,初级集市是最直接、最透明和监督得最好的交换形式,那里进行的主要是"第一手"交易,避免了欺骗,或许可以说是最公正的交换形式。②

集市是一种简单的交易方式。它只适合于近距离的贸易和简单

---

① 芒图:《18世纪的产业革命》,商务印书馆,1983年,第84页。
② 布罗代尔:《15—18世纪的物质文明、经济和资本主义》,第5页。

的交易形式,而且交易的时间和空间不能分离,常常出现交易的不确定性,即便是一次偶然的因素也会使交易中断。随着交换规模的扩大和交换的产品品种增多,集市的缺点和局限性也就暴露出来。"特别是交易的不确定性,决定了赊账买卖的不可能。简单的交易规则保证了这种简单的市场交易形式的存在,同时也限制了市场交易的扩展。"①

二是店铺。店铺不同于集市的显著之处就是集市有可能是时断时续的,而门市则可以使经常化、固定化,从而使交易具有稳定性。最为关键的是店铺的出现,标志着专业化商人已开始充当经纪人的角色,交易从行商转到坐商,而且信誉越来越成为交易的"内核"。古代中国所谓的"肆""廛",指的就是这种沿街摊位。商人要入市籍,要交市租。《管子·大匡篇》:"凡仕者近宫,不仕与耕者近,工贾近市。"正是有了沿街店铺的发展,北宋时代才会出现马可·波罗描述的中国那延绵六七百里的繁荣大街的景象。布罗代尔在对中国的集市和店铺的描述里更是赞赏有加:

"在初级市场的层面上,组织得最令人惊讶的肯定是中国了,其布局几乎达到了数学般地准确。先假设一个镇子,或一座小城。请在一张白纸上画一个点。点的周围坐着六至十个村子,村与镇的距离可使农民当天走个来回。这个几何体——十个点围着一个中心点——我们称之为乡,即一个镇子市场的辐射区……总之,互相联结的、皆受监督的定期集市所组成的网络布满了并活跃在中国大地。"②

由集市到店铺的发展是一个渐进演化的过程,同时也是一个自

---

① 汪和建:《迈向中国的新经济社会学》,第256页。
② 布罗代尔:《资本主义的动力》,第21页。

然的历史过程。这一过程促进了市场交易和劳动分工在时空上的扩展,也促进了商人作为一个阶层的出现。它标志着市场交易进入到一个由专业化商人进行商品买卖的交易阶段,同时市场化的分工得到深化。

三是商品交易会及交易所。蒙森认为,交易会起源于古代的庙会,"商品交易会在拉丁姆历史久远,与寻常每周一次的集市有别。它最初可能与国际间的聚会和节庆相衔接,也许在罗马与阿文廷山上的同盟庙会有联系;拉丁人每年八月十三日来罗马赶庙会,也许同时乘机在罗马办些私事,买些需要的东西"①。

交易所更可能是起源于远距的贸易需求,布罗代尔说,"远距离贸易的基本工具是交易会和交易所"。② 交易会及交易所的出现,表明交易已从单个人的行动演化到集体行动,交易开始走向专业化阶段,批发和零售得以分离,大宗贸易代替了零星的贸易。而且更为重要的是,交易所和交易会成为商人聚集、谈判和议事的场所,这一点对于后来市场交易秩序的扩展和制度设计起到了至关重要的作用。

交易所是交易会的最高阶段,而且它的活动从不停顿。大商人以及许多中间商人聚集在交易所,并在那里洽谈商品交易、汇总、入股、海事保险等业务,海事风险由许多保证人均摊;交易所也是一个货币市场、金融市场和证券市场。这些活动自然要趋于各自为政。③

恰恰在商品交易会和交易所上,中国显得落伍。布罗代尔认为,这正是中国资本主义未能发展起来的重大原因。"店铺和流动商贩,数目繁多,生生不息。但是,缺少了高级机件——商品交易所和证券交易所,倒也有那么些几个交易会,但都是边缘性的,在蒙古附

---

① 特奥多尔·蒙森:《罗马史》,商务印书馆,1994年,第176页。
② 布罗代尔:《15—18世纪的物质文明、经济和资本主义》,第64页。
③ 同上书,第86页。

近或在广州,都是给外国人开的。"①他总结个中原因是:

"或者是政府反对这些高层次的交易形式,或者是初级市场的毛细血管式的流通对于中国经济来说已经够用了,不再需要动脉和静脉。因此,中国之商品交换是一方无峰无丘、削平了的地盘。"②

黄仁宇通过对中国明代商人的构成及客商、坐商、牙商的经营活动进行分析后,持有与布罗代尔相近的观点,认为中国商业规模偏小、不定期运货、各客商之间无直接竞争。"除盐商及木商外,罕有批发商。因坐商既不往出产处收购物资,对收购物资之客商又无所统治,则经营必仍以零星收购零星贩卖为原则。……坐商未能蜕变为批发商,以促进资本主义之形成。……除极少数之巨富外,中级商人不可多觏,而商人之中坚仍为小商。大商多依赖政治势力,小商人之业务,则限于本人亲身之所经营。且所谓大商人者,仍有化整为零之势。"③

5.1.3 信任对货币、商人和商业的影响

(1) 货币中的信任因素

在前面的分析中,我们曾谈到货币化交易是一种间接交易,而间接交易区别于直接物物交换的特征就在于其断裂性。直接物物交易是在同一时间、同一地点的交换,商品一旦换手,交易便告完成。直接交易中,买同时也就是卖,而货币化交易则从时间、空间上将卖与买相分离。然而,通过货币的媒介作用,甲地的商品可以跟乙地的商品相交换,今天的商品可以和明天的商品相交换,这一代人甚至可以与未出生的下一代人做交易……这样,货币的出现在导致交换断裂

---

① 布罗代尔:《资本主义的动力》,第21页。
② 同上书,第22页。
③ 黄仁宇:《放宽历史的视野》,中国社会科学出版社,1998年,第18、24页。

的同时又牢固地维系了交易,两者互为因果。货币的特别之处就在于它使交易既断裂又不断裂,使货币具有这种神奇特性的是社会人群中的信用关系,或者说是一种信任结构。因此,货币实质上是普遍为人接受的信用工具。实际上,在交易中最早产生的交易媒介肯定是接受者认可其价值的商品,接受者如果认为其没有价值,肯定不会用自己手中的商品与之交换。如果接受者准备自己使用这一商品,那这种交换实际上就是直接物物交换,而在间接交换中,接受者接受商品后并不准备自己使用,而是通过货币转手达到交换的目的。所以,从对使用角度来说,这种商品是没有价值的,至少价值是低于接受者原来拥有的商品的。

接受者之所以会接受它,是因为接受者准备将它作为交易媒介去换取自己所需的商品,而它在下次交换过程中会被另一交易者所接受。因此,从本质上来说,决定交易媒介的可行性的,就是这种相信交易媒介在再次进行交换时不会为他人所拒绝的心理,这种心理可称之为"对物品普适性的信任"。当然,对物品普适性的信任不会凭空产生,在交换媒介最原始的阶段,这种信任是建立在对商品自然属性的基础上的,因为交易者了解商品的自然属性,并能够在日常生活中观察到,其他人也都了解并需要这种商品,才会认为这种商品具有普适性,这种来源于商品自然属性的信任可称之为"对商品自然普适性的信任"。在后面的分析中为简便起见,将其简称为"自然普适性的信任"。骆玉鼎(1998)认为"最重要的外来物品"之所以成为货币,实际反映的是交易者对强权的信任;而"本地可让渡财产的主要部分"则代表着对中间人的信任。这两种信任与对物品普适性的信任结合在一起,相互交叉、相互影响,共同促进了货币的诞生。骆玉鼎(1998)在对物品普适性信任的基础上又总结了另外两种重要的信任关系,更进一步地揭示出了信任在交易货币化中所起的关键作用,说明这些信任关系才是促使交易媒介产生并收敛于某一种或几种商品上形成货币的原因。①

但是,他将这三种信任关系并列,实际上混淆了物品普适性信任的根本地位。如果我们观察中间人信任对货币的作用,就可以发现在最初阶段,交易者之所以接受某种商品成为交易媒介,是因为他相信这种商品可以在中间人处换回自己所需的各种物品,这种心理与对商品的自然普适性的信任相类似。而随着交换的进一步发展,这种媒介的流通越来越广泛,其所具有的可与中间人进行交换的功能更多地成为表面意义上的功能,交易者也并不真正使用和需要这种功能,而只是将其作为媒介价值的保证。这时人们再接受这种媒介,更多的原因是相信它能为其他人所接受,也就是对物品普适性的信任。

由此,我们认为,对强权的信任、对中间人的信任及对自然普适性的信任,共同导致了最初的交易媒介的形成。但随着交易的扩大,对强权的信任、对中间人的信任、对自然普适性的信任,都转为对物品普适性的信任,而保障、促进了交易媒介的流通并淘汰掉物品普适性低下的媒介,最终促成了货币的诞生。从这个过程中可以看出,货币的形成是信任关系作用的结果。交易者对货币具有普遍的信任,交易者的这种信任使他们在交易时可以放心地换出自己的商品而换来仅仅只是一种凭证的货币,并使用货币在将来再换回自己所需要的商品。原本同时同地发生的直接物物交换过程,因货币的出现而发生断裂,使买与卖在时间、空间上相分离。从本质上讲,维系这种不同时间、不同空间发生的交换过程的因素只能是信用。而从现实情况来看,货币充当了维持这种交换过程的纽带。于是,我们可以认

---

① 骆玉鼎:"交易的货币化与货币的信用本质",载《财经研究》,1998年,第9期。

为货币是信用的载体,它的本质就是信用。这实际上也是由货币是信任关系发展的产物这一特性所决定的,货币承载了信任这种社会关系,在交易中必然表现为信用。而货币之所以具有购买力、具有普遍接受性,都是因为货币的这种信用本质。

马克思、齐美尔、熊彼特等探讨了货币与信任的关系,认为货币作为一种非契约因素本身就是信任或是信任的直接体现。现代资本主义制度的一个最为重要的特征就是货币。整个资本主义经济制度都是建立在货币这个基础之上的。资本主义经济就是一种"契约用货币用语来表述的经济"。马克思与齐美尔进一步探讨了货币现象,认为货币有一种不可归纳到个人的社会特性。马克思把货币看成是"人与人之间关系的具体化",是人与人之间具体的异化关系。马克思指出,由于资本主义私人所有制,信用业(其完善的表现是银行业)不仅没有扬弃异化,反而是一种更加卑劣和极端的自我异化和非人化。因此,资本主义社会中根本不存在真正的信任,货币本身就体现了信任的异化,这种信任的异化是人的本质异化的一个重要的方面。[①] 齐美尔认为,货币是"一种基本作用超出个人界限的个人物品"。如果存在多种通货,单个货币的这些"客观"的纽带功能就遭到破坏。他还从信任的角度,对货币这种制度化的象征物作了深刻的分析,进一步研究了货币关系的信任地位。他说,货币是一种对交换能够兑现的许诺,"货币的占有所给予个人的安全感是对社会—政治组织和秩序的信任的最集中和直接的形式和体现"。[②]

熊彼特研究了货币与信用的关系(其信用是信任在经济学中的具体应用)。他认为:"一旦我们认识到那些用于支付和贷放的各种

---

① 马克思:《1844年经济学哲学手稿》,人民出版社,2000年,第167—168页。
② D. 齐美尔,*Philosophy Of Money*, Boston:Routledge And Kegan Paul,1978,p. 179。

'纸信用'之间并无本质的区别,一旦我们认识到由'信用'支持的需求对价格的影响与由法币支持的需求对价格的影响在本质上是相同的,我们就在走向一种有用的信用结构理论。从实际和分析上讲,一种信用货币理论可能优于货币信用理论。"[1]因此,"货币归根到底是一种信贷工具,是人们借以获得最终支付手段—即消费资料的一种凭证,信用是货币的创造者"。[2]

尤其需要注意的是,古典经济社会学在这方面作出的贡献。古典经济社会学就是通过强调契约的非纯粹性,即契约中的非契约因素或关系,如习惯、习俗、惯例、规范、货币制度、伦理道德等来展开信任问题研究,将信任置于这些非契约的因素之上,甚至认为信任就是一种非契约因素,阐明了由这些非契约因素所塑造的信任在经济生活中的作用。因此,在古典经济社会学看来,非契约因素无论在传统社会还是在现代社会都是信任产生的主要基础,它们本身就体现了信任。如在一个货币制度中,我们必须对其通货价值的担保者的国家,以及其他居民在交换中将接受这个价值的事实,给予一定的信任和信心,日常对货币交易的观察巩固了这种信任和信心。

因此,我们持有货币,并不是基于对个人的信任,而是隐含着对于制度或国家的信任。但这种信任并不产生于个人之间的契约协议,也不归因于个人和国家之间的契约协议。因此,货币本身在这种"契约用货币用语来表述的经济"中不是一种契约关系,而是契约关系中的非契约性因素。"货币是克服不确定性的一种工具。在无知和复杂的世界里,它是通过增强对它那不可靠的价值的信心和信任

---

[1] 熊比特:《经济分析史》,第1卷,商务印书馆,1996年,第510—512页。
[2] 同上书,第408页。

来达到这个目的。"①

(2) 商业、商人及信任问题

从经验的角度看,只要有交换行为发生,就会出现信任问题,"在交换行为本身中,人们试图欺骗,把一件坏的产品夸扬成一件好的产品,从而引起彼此的不信任"。② 一般说来,商业作为一种交换经济,一开始就要以诚信为基础,取得交易双方的认可。否则,商业很难起步和发展。"他很可能是一个商人,但无论如何都是值得信任的,否则我们就不会同他做生意了。"③希克斯也强调:"交易就是凭承诺进行交易,但除非有使承诺恪守不渝的适当保证,否则凭承诺进行贸易便归于无效。"④正是基于这样的理念,托马斯·孟很早就认识到:"商人是国家最好、最有益的成员。"⑤但是,商业本身就是为卖而买,通过流通中的转手来获取利润,如果利润不是相当可观,便不可能进行贸易。因此,最初的商业由于其边缘性,小商贩会出于生存压力,往往偶尔玩耍一些"技法",或者说是蓄意欺诈。"小商贩的本领在于:起售数量小,深入交通不便的地区,说动犹豫不决的顾客",同时"他们身兼采购、销售和运输三职……蔑视既定权威、绕开神圣不可侵犯的市场秩序……总的说来,他们坑蒙拐骗,对天真的顾客是灾难,对临街开业的店铺是祸害"。⑥

马克思对于最初商业的认识也许更为深刻:"古代的商业民族

---

① 霍奇逊:《现代制度主义经济学宣言》,北京大学出版社,1993年,第185、195—196页。
② 威廉·魏特林:《和谐与自由的保证》,商务印书馆,1960年,第191页。
③ 蒂姆·帕克斯:《美第奇金钱》,中信出版社,2007年,第35页。
④ 希克斯:《经济史理论》,第33页。
⑤ 陈羲文:《英国16世纪经济变革与政策研究》,首都师大出版社,1995年,第16页。
⑥ 布罗代尔:《15—18世纪的物质文明、经济和资本主义》,第58、64页。

存在的状况,就像伊壁鸠鲁的神存在于世界的空隙之中,或者不如说像犹太人存在于波兰社会的空隙中一样。商业利润不仅表现为侵占和欺诈,而且大部分是从侵占和欺诈中产生……占统治地位的商业资本,到处都代表着一种掠夺制度,它在古代和新时代的商业民族中的发展是和暴力掠夺、海盗行径、绑架奴隶、征服殖民地直接结合在一起,在迦太基、罗马,后来在威尼斯、葡萄牙、荷兰人等那里,情形都是这样。"① 但是,当商业发展到一定阶段后,任何商业的扩张都是伴随着信任的扩展,"随着商业和只是着眼于流通而进行生产的资本主义生产方式的发展,信用制度的这个自然基础也在扩大、普遍化和发展"。② 金融制度的创新和发展就说明了这一点,"对商人来说,任何时代金融交易都是贸易交易的自然延伸……整个金融发展所依据的基本需要是扩大信誉好的借款人的圈子"。③ 韦伯曾把商业和商人的发展分为三个阶段④:第一阶段是流动商人。商贩有一个固定居所,并定期去外地出售或从外地贩运产品。第二阶段是商人至少有一个雇员或奴役或合伙人替代跑外地。第三个阶段是商馆制度(the system of factories)的形成。应该说,从第二阶段开始,信任在商业的作用就日益显现,"信任的重要性在都铎王朝早期进行道德劝诫的小册子中就有所论述……商业交往中常常充满了风险和欺诈,但是有远见的商人更认识到'诚实守信'能带来良性循环"。⑤ 所以,商业和商人的成长必须要经历道德的"羽化"才蜕变成功。"一个交换经济的成功运行依赖于相互信任以及——公开的或隐蔽的规则使

---

① 马克思:《资本论》,第3卷,第369—370页。
② 同上书,第679—680页。
③ 希克斯:《经济史理论》,第67、71页。
④ 韦伯:《经济通史》,上海三联书店,2006年,第316页。
⑤ 刘景华:《走向重商时代》,中国社会科学出版社,2007年,第50页。

用……良好的商业行为准则就像氧气,只有当缺少氧气时,我们才对它感兴趣。"①

历史上,中国商人和商业难以壮大的根本制约因素,也在于支撑信任的链条无力拓展。比如,中国有世界上最早的纸币,但却是很晚的银行;最早的商人和商业,但却没有商业革命。中国商人和商业的发展一直有囿于亲缘、地缘、业缘的信任交织,信任没有从"缘关系"破"茧"而出,致使中国商业虽历经漫长岁月,但现代商业革命却迟迟没能发生。黄仁宇对此作出总结,中国客商、坐商因信用不足而不能进入包销商的行业,不能大规模收购、囤积、掌控市场。"商人之合作,共同经营之情形已屡见不鲜,但始终无发展为股份公司取得财团法人地位之趋向",即使"已略具现代股份公司之雏形,但其商业关系不能脱离人身成分,因之其范围有限制,共同投资者全赖彼此熟识,互相信赖"。② 商业发展在社会大环境里,"因其无纯经济利益,非人身关系之组织,其资本增大时,不得已而借力于血缘关系维持。但此种习惯在长期中阻碍商业之发展"。③ 所以,尽管在中国有高度发达和完善的初级市场,而没有交易所、交易会和信贷形式的高级市场。但是,仅凭初级市场的不断原始积累,是难以实现革命性飞跃的。马克思说,"资本主义生产按它现在的规模,没有信用制度,只有金属流通,能否存在。显然,不能存在"。④ 相反,布罗代尔在总结西欧商业之所以发达的原因时强调,"一方面,因为那个运输缓慢的时代,做大买卖,资金流动周期必然很长,投入的金额需要数月甚至数年才能连同利润收回。另一方面,因为在一般情况下,大商人不仅

---

① 阿玛蒂亚·森:《以自由看待发展》,中国人民大学出版社,2002年,第262页。
② 黄仁宇:《放宽历史的视野》,第23页。
③ 同上,第23页。
④ 马克思:《资本论》,第2卷,第384页。

仅动用他的资本,他还借助信贷,即借助于别人的钱"。①

因此,从历史和事实的验证上可以看出,凡属成功的商人都是在诚信的考量下成长起来的,而商业的繁荣更是来源于信任的滋养和在时空上扩展延伸。一个统计数据可以说明这一点,在英国16、17世纪议会中,在商人议员的家庭出身中,商人的比例仅次于乡绅或骑士居第二位,就本人的成分而言,商人的比例次于乡绅、律师居第三位,商人在议会中的总人数在15%—17%之间。② 正是有信任的陶冶和洗礼,商业和商人才得到了升华。希克斯认为,贸易的扩张从来都是一种促进智力的因素。"雅典就是在商业扩张的末期成为'艺术之母'的,佛罗伦萨和威尼斯之成为文艺复兴的发源地也是在商业扩张结束后。这些都是果实,我们为此而记得它们。"③所以,孟德斯鸠提出要为商业和商人恢复名誉:"商业能够治疗破坏性的偏见。因此,哪里有善良的风俗,哪里就有商业。哪里有商业,哪里就有善良的风俗。这几乎是一条普遍的规律。因此,我们今天的风俗已经不像过去那样野蛮了,这是毫不足怪的。"④

5.2 信任扩展与交易扩张

5.2.1 从人际信任到制度信任

人际信任指信任是从个体的角度,对人与人之间关系的预期和判断,它更多是以人际关系的远近或者亲疏来显示。王绍光等

---

① 布罗代尔:《资本主义的动力》,第38页。
② 赵秀荣:"16—17世纪英国商人与政权",载《世界历史》,2001年,第2期。
③ 希克斯:《经济史理论》,第55页。
④ 孟德斯鸠:《论法的精神》(下),商务印书馆,1963年,第2页。

(2002)将人际关系分为亲人、朋友、熟人和陌生人四大类。在这四种信任中,他们认为亲人间的信任度会最强,朋友间的信任度次之,熟人间的信任度又次之,社会信任度最弱。

科尔曼认为,信任别人是件很冒险的事。信任别人就等于将自己拥有的资源主动放到人家手里。按照经济学的观点,人是理性的,个人做任何事情都是为了增进自己的福利,或者说至少不损害自己的福利。因此,个人在决定选择是否信任他人时必须权衡两样东西,一是潜在收益与潜在损失相比,孰重孰轻;二是对方失信的可能性有多大[1]。西蒙强调,人虽然是理性的,但也只能是有限地达到。因而,在人际信任上,任何个人信任都是一个人对他人在某些方面、某些事上的信任。

首先,人际信任是有限度的。一个人在某些事情上信任他人,并不意味着在所有事情上都信任别人。

其次,人际信任必须建立在人际的互动上。互动越是频繁,信任感越强。所谓的"亲戚越走越亲,不走也生疏"正表达了这层含义。换句话说,任何个人信任一定是彼此互相了解的人之间的信任,或朋友间、熟人间的信任。

在囚徒悖论的博弈中,博弈双方在两种情况下有可能不信任对方。一是一次性交易中的一锤子买卖;另一个是双方都事先知道游戏终点。陌生人之间的关系正好具备这两个特点,因此陌生人之间打交道,任何一方都会有警惕的心理,谁都不敢轻易地率先信任对方。于是,相互欺骗成了最好的占优策略。亲属、熟人和朋友之间的关系则不同,有着某种嵌入关系(trapped relationships)。这种有黏性的、固定的关系,不会突然在某一天终结。声名或者"闲言碎语"

---

[1] 科尔曼:《社会理论的基础》(上),社会科学文献出版社,1999年,第99—101页。

会自动约束个人的行为,否则就会"声名狼藉"。因此,熟人、朋友、亲戚的紧密关系使得在人际间的交往中,守信成为占优策略。博弈论的逻辑证明,只有多次重复且无限期的游戏才可能诱导人们合作(守信)(阿克洛夫(Akerlof),1984)。

但是,经济学中的理性假定存在两个致命缺陷。

第一,现代经济中,大量交易都是一次或几次的非人格化交易,甚至是匿名的交易。为什么这种交易不但能够维持,并且能扩展、恒久。显然,这种现象依靠单纯的理性假定是不能完全解释的。"同陌生人建立信任,是人类信任进化历史中的最后一章。"[①]陌生人间的信任也就是我们所说的以货币和专家为代表的"系统信任"。

第二个缺陷是它假设所有人都是同质的,而没能认识到人是社会人而且是有差异的。比如,个人的成长经历、社会环境、地位、占有的资源都会成为影响个人信任的因素。实证分析显示,信任感在不同阶层中的分布是不均匀的。

一般而言,社会地位越高,权力越大的人更倾向于相信别人,也能获得别人的更多信任。应该说,很多学者已认识到了这点。例如,毛斯(Mauss)指出:"交换不是单纯的经济交易,还是社会现象"(埃弗斯和施拉德(Evers and Schrader),1994)。"交易者不是孤立的个人,而是生活于社会关系网中的人。社会关系对能否进入某些活动领域极为重要"(埃弗斯和施拉德,1994)。拜纳德托·贵(Benedetto Gui)则更明确地写道:"我确信,我们遗漏了某些非常重要的东西:行动者间人际关系的质量。……脱离了人际关系的质量而分析人们进行经济活动的意愿是不恰当的"(A. 刘易斯和 K. 沃纳德(A. Lewis and K. Warneryd),1994,pp.251–263)。

[①] 郑也夫:"杀熟现象",载《学术界》,2001 年,第 1 期。

另一方面,在人际信任中,相对易损性也是不容忽视的一个因素,"相对易损性取决于潜在损失的绝对值在潜在受损者所拥有的总资源中占多大比重"(什托姆普卡(Sztompka),1999),一个人掌握的资源越多,相对易损性越低,越可能具有一种开放、乐观的人生态度,他越愿意冒险信任别人;反之,"一个人掌握的资源越少,相对易损性越高,越可能对他人存有疑心,他越不愿意冒险信任别人"(卢曼(Luhmann),1994)。相对易损性取决于潜在损失的绝对值在潜在受损者所拥有的总资源中占多大比重:

相对易损性 = 潜在损失的绝对值/潜在受损者所拥有的总资源

在研究信任的文献中,很少有人提到吉登斯,但吉登斯似乎已经注意到相对易损性在解释信任中的重要性,虽然他没有用这个概念。他认为,占有大量资源可以使人具有一种更加开放、更加乐观、更富同情心、更自在的人生态度,而这种人生态度又可以转换成对他人更多的信任(吉登斯,1991)。反过来说,缺乏资源可能使人对其他人充满疑心。这是因为对他们来说,别人失信的潜在损失可能是灾难性的。这里"灾难阈限"(disaster threshold)的高低与具体人所拥有的资源多寡有关。一般而言,一个人掌握的资源越少,其"灾难阈限"越低,相对易损性越高,他越不愿意冒险信任别人。反之,一个人掌握的备用资源越多,其"灾难阈限"越高,相对易损性越低,他越愿意冒险信任别人(卢曼,1994)。这里的资源主要包括:[①]

首先是收入和财富。穷人信任别人的可能代价是危及自己和家人的生存;富人才有本钱去冒险相信别人。"勉强维持生存的农夫非常不愿意冒险,因为他们时刻受到饥饿、失去他们的果实、不能够

[①] 本部分分析综合参考了彼得·什托姆普卡:《信任》,中华书局,2005年,第170—175页,以及王绍光、刘欣:"信任的基础:一种理性的解释",载《社会学研究》,2002年,第3期。

继续生产的威胁。"①

其次是稳定的工作。在现代社会里,工作在人生中占据着重要的位置。没有一份工作,或者有工作但不稳定,都会使人不得不成天生活在惶恐不安中。这样的状态是不太可能让人对周围世界报有信任态度的。相反,无忧无虑的人更可能信任别人。什托姆普卡曾尝试性地猜想:日本高度发展的信任文化和终身雇用的通常惯例有一定关系。②

第三是权力。权力是最具有可兑换性的资本之一,并且因此可保护和化解信任的风险;而且权力意味着对他人的支配和资源的掌控,拥有权力就可以强制他人义务的履行,可以迫使他人做出值得信任的行为。

第四是教育。教育是一种具有高度可转换性的资源。较高的教育水平可以使人找到较好的工作,即使辞去一份工作,也可以使人比较容易地找到另一份工作。较高的教育水平还可能带来较高的回报,所谓"书中自有黄金屋"就是这个意思。更重要的是,教育可能是通向权力之路的跳板。在现代社会里,权力精英几乎都是知识精英。由于教育与上述三种资源丝丝相扣,我们可以推论,教育水平高的人应该比教育水平低的人更容易产生信任感。

第五是社会网络。社会网络也是一种具有可转换性的资源,因为它可以降低社会活动的信息成本。假设有两个背景几乎完全相同的人,唯一不同之处,是其中一人的社会网络比另一人要少。毫无疑问是,网络多的生存能力较强、抵御风险的能力大。因为网络可以帮助他找到较好的工作,带来较高的收入,并接触到有权有势的人。即

---

① 彼得·什托姆普卡:《信任》,第171页。
② 同上书,第172页。

使存在潜在的失信风险,拥有的网络资源可以增强化解和抵御能力。因此,我们有理由假设,社会网络宽的人更容易信任他人。已有的经验和积累也证实了这一点,上述五种资源都有助于降低相对易损性,增加人们的信任感。

另一方面,权利、教育和社会网络不仅有利于降低个人的相对易损性,也有利于增强个人的信心。首先,权力具有迫使他人做他们本不愿意做的事的能力。假定他人本不愿做的事是守信,在权力威胁下,他们可能不得不守信,因为对于手握大权的人来说,失信的机会成本很大,失信的成本会远远大于失信的收益,得不偿失。其次,教育的作用在于增强人们对事物的判断能力,包括对他人是否会守信的判断能力。具备这种能力的人不会盲目信任别人,也不会无缘无故地怀疑别人。有了这种保障,人们对他人的信任感应更强。再次,社会网络本身就包含着信任的因素,完全建立在互相利用基础上的关系网是不牢靠的。网络的功能之一就是在圈内的朋友和熟人中培植信任感,以便在需要的时候能得到朋友和熟人的帮助。当然,网络内的信任只是朋友和熟人间的信任,但这种特殊的信任可能为社会信任打下基础。一个社会网络很窄的人可能得出结论:社会上人多数人都不值得信任;而一个拥有庞大社会网络的人则可能从自身经历中总结出对社会人多数人更乐观的看法。

再进一步,我们将影响信任的两个变量同时考虑,推出以下模型:

信任程度 = 1 − (失信概率/相对易损性)

影响失信概率的主要因素包括:①互动频率。人际互动越频繁,信任度越高。信任的"差序格局",似乎已印证了这个变量的重要性。②特定区域内时间。时间越长,相互越了解,沟通越多,人际间信息就会越对称。费孝通所说的乡土社会就是如此:"生于斯,长于斯,死于斯的社会……这种不分秦汉,代代如是的环境里,个人不但可以信任自己的经验,而且同样可以信任若父若祖的经验。"①③关系网络。关系是一个结点,信任会沿着结点呈放射状扩散。④生活经历。个人成长越顺利,信任感越强。国外的研究发现,成长于某些年代的人比另外一些年代的人信任度更高。⑤判断能力。教育程度可以作为衡量判断能力的指标。一个人教育程度越高,其判断能力越强。不过在现代社会里,大众传播媒体对人们判断事物的能力影响极大。因此,主要信息来源也可用来衡量一个人的判断能力。美国的研究发现,看电视多的人信任度低,而以读报为主要信息来源的人信任度较高(帕特森(Patterson),1999)。⑥社会地位。一个人的社会地位越高,其他人对他失信的代价越大。因此,社会地位高的人大概会对置信对象多一份信任。

影响相对易损性的主要因素大多与失信概率的因素重叠,也就是说导致失信的因素往往也是影响相对易损性的因素。比如,权利和社会地位、教育程度、收入水平、关系网络等。

特别需要强调的是综观影响信任的因素中,人际关系的建立是信任形成的重要机制之一。"亲密度是很重要的因素,亲密度一般基于相似性及相互表露等,两人的家庭背景、种族、价值观念等生活经验越重叠,对对方的生活经历知道得越多,关系就越紧密,就越信任对方"(达克(Duck),1994;麦卡利斯特(Mcallister),1995)。杨中芳等提出,"随着人际交往的进展,双方表达了自己的老实、诚意和诚心,关系保证了交往各阶段所需要的信任关系,意味着相互的义务,回报性的义务是关系的核心因素。一个人如果不履行自己的义

---

① 费孝通:《乡土中国 生育制度》,北京大学出版社,1998年,第51页。

务,不仅会受到别人的谴责,还可能失去关系网及其中包含的社会资源"。①

显然,人际信任是一种适应和适合传统社会的信任格局。相对于现代社会的流动性和匿名性,这种信任格局存在不足。"在一个具有流动性,需要合作及依赖陌生人成为突出特征的社会中,这种基于个人交往经验的信任没有多大帮助。那些仅依赖个人熟悉为基础的过时信任生成机制的社会是完全低效的。因为它使我们在缺乏可选择的信任产生机制的情况下放弃许多彼此有益的合作。"②

因此,人际信任作为一种非正式制度必须通过外在的正式制度默契配合,从而形成"软硬"兼具的约束力。外在的正式制度主要是通过外在的约束影响个人行为,达到实现普遍的社会约束,从而降低单个个体行为的不确定性,增加社会信任度。福山在谈到高信任度社会与低信任度社会时,也主要在于强调制度信任的作用。

在现代社会中,大量交易属于不在场的交易,交易者大多是未曾相识的陌生人,难以形成对称性信息。而信任本身是对他人行为的预期,赋予陌生人信任就是一种冒险。因此,信任本质上是有风险的。而制度规则具有自我再生,自动实施的特点,能够形成路径依赖和永久存在,而且没有人能指望歪曲它们或者干涉它们的预期动作。这种信任可以自动生成,值得信赖。沃伦认为制度以两种方式在陌生人中引起信任:"第一,由于它们具有的所谓'道德合理性'以及别的每个人预期形成影响,它们激发起顺从;第二,由于提供的具有保护法律权利,能够限定信任陌生人的可感风险。"③与人际信任相比,

---

① 杨中芳、彭泗清:"中国人人际信任的概念化",载《社会学研究》,1999 年,第 2 期。
② 沃伦编:《民主与信任》,第 52 页。
③ 同上书,第 61 页。

制度信任可以普适化和具有自我扩展、自我实施的特性,它有利于形成交易的稳定和长期预期,产生更多自发性交易,而且完备的制度本身更有利于信任感的产生。第三,人际信任初始成本较低,但是边际成本会越来越大,而制度信任的固定成本相对较高,但是其边际成本会逐渐降低。特别是,当分工越来越深化,交易量扩大,人际信任的边际成本会大大超过制度信任的边际成本。如图 5.1 所示:

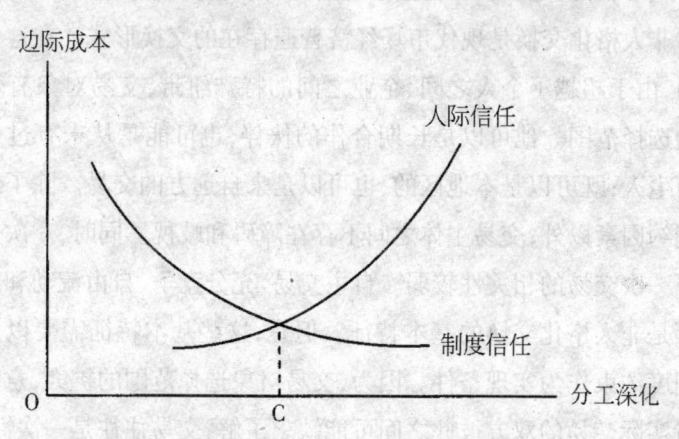

图 5.1 分工深化中的人际信任与制度信任成本变动

5.2.2 从人格化交易到非人格化交易

人格化交换是市场经济早期的交换形式。在这种形式中,交易在彼此熟悉的当事人之间进行,前次交易成为下一次交易的基础,彼此之间的利益也依赖于这种稳定的伙伴关系。在他们之间,欺诈、投机取巧等机会主义倾向相对较弱。在这里,不是以强制性的法律作保障,而是依靠人与人之间的相互信任、依赖交易各方的人格支撑着他们之间的长期互利合作。所以在人格化的交换形式中,道德准则、价值观念等非正式制度便成为交易双方的主要约束形式。由于交易参加者很少,当事人之间信息对称、彼此熟悉,拥有对方较为充分的信息,于是人们"自觉自愿"遵守约定俗成的行为规范。长期交易而形成的道德共识基本上能保证交易的持续性。人们之间的这种长期磨合而成的相互依赖关系形成以后,非正式制度在既定的交易圈子里,确实可以减少"信息费用"、"契约履行费用"等交易成本。但是,这种交易成本的节约是因为在先期多次交易中已经大量"沉淀"的交易成本,并且是以丧失对圈子外的交易机会为代价的。

非人格化交换是现代市场经济普遍存在的交换形式。在这种形式中,由于超越了个人之间、企业之间的特殊纽带,交易对象有着广泛的选择范围。他可以是长期合作的伙伴,也可能是从未有过交易的陌生人;既可以是本地区的,也可以是来自远方的交易。除了经济的制约因素以外,交易主体之间不存在障碍和歧视。同时,一次交易和下一次交易的相关性较弱。自主交易、充分竞争、自由流动和机会均等是非人格化交换的基本特征。但是,这些基本特征需要以严格的制度约束作为实现条件。因为,交易对象选择范围的扩大,意味着进行实际交易的双方彼此之间可能缺乏了解,交易往往是一次性的,从而"道德风险"(moral hazard)将会危及交易的进行。这时,道德准则、价值观念等非正式约束显得软弱无力,而成文的并得到社会权力机构实施保证的正式制度则具有明显的优越性。在这一严格的制度约束下,每个人事先就会知道其他人对他的行为的反应,从而大大减少了个人决策中的不确定性,交易合同的可信程度也大大提高;当交易双方都知道如果一方违约,另一方可以依据法律进行起诉并使违约方受到严厉的法律制裁,那么签订合同之前就不必对对方的"资信状况"进行详尽的调查,也不必对履行合同的每一步都进行监督。因此,对"事后社会惩罚"的预期足以使人们更多地以合同的方式与许多陌生人进行交易,而不必把交易局限在自己熟悉的、了解的人们之间。

总的来看,人格化交换是建立在个人之间相互了解基础上的交换。在这种交换中,由于人们的知识水准低,经济规模小,交易成本较高。而非人格化交换,尽管会存在交易中一方对另一方的不熟悉,但却使交易从身份认同过渡到契约认同,从而有利于交易的扩展。

对于如何推进人格化交换向非人格化交换的转换,诺斯曾用博弈论作过阐述。在反复进行的同一游戏中,参加游戏的人不多时,当事人在游戏中可能很好地合作。而当游戏只有一个回合,参加游戏的人数很多且相互之间不了解时,在游戏中很好地合作将是非常困难的。诺斯试图以此说明两点:

① 经济发展依赖于专业化和劳动分工的发展,达到规模经济。而从人格化交换转向非人格化交换是促进专业化和劳动分工、拓宽市场范围的关键,因而这种转向就"成为经济发展中的关键性的制约因素"。

② 在非人格化交换中,良好的合作依赖于正式制度的约束和确定有效的产权制度。但一个国家的政体决定着、指导着一个国家的经济制度。所以,构造出高效的政治制度对于建立稳定高效的经济结构具有决定性的意义。诺斯在这里再一次强调制度变迁贯穿着节约交易成本的主线,制度的绩效在于降低交易成本。诺斯对于交换中人际关系特征的概括不仅具有丰富的经济学意义,而且蕴涵着更为广泛的社会信任和文化方面的内容。①

5.2.3 交易扩展与信任扩张

人类财富的源泉不仅来自于分工与专业化带来的生产效率的提高,也同样来源于自愿交易带来的资源配置效率的提高。交易效率

---

① 诺斯:《经济史中的结构和变迁》,上海三联书店,第 23 页。

提高对社会福利的提高,不仅在于交易本身耗费资源的降低,同时也在于交易的扩展反过来推动了专业化与分工的深化,进而促进生产效率的提高。人类生产效率的提高与交易的扩展从来都是孪生的。因此,亚当·斯密早在200多年前就深刻地认识到,人类的交易是与生产同等重要的事情。但是,人们为了完成一项交易所需要耗费的成本,却不见得比生产其用来交易的产品所付出的成本来得小。在很大程度上,人类历史的长期滞步不前,与其说是技术进步的滞后,不如说是交易范围的长期限制而导致分工和生产的专业化无法持续深化。

正是在这个意义上,哈耶克(Hayek,1988)才认为远程贸易的兴起堪称是人类发展史上足以与农业革命(即耕作农业的兴起)相提并论的意义重大的事情。历史发展也表明,人类社会的飞速发展时期正是贸易迅速膨胀的时期(诺思和托马斯,1973;布罗代尔,1979)。

很长时期以来,经济学家们一直穷究制约市场扩展的内在机理,但却苦于无法寻找到更有说服力的诠释。科斯认为,市场的交易是需要成本的,交易成本(transaction cost)的存在会造成资源并不是如新古典经济学所称的配置到最佳的用途上去。威廉姆森(1975)进一步解释到,由于交易者天生的机会主义(opportunism)倾向,为了达成和如实履行一项交易必须花费大量的成本才能确保落实合约的谈判与监督合约的执行。如果该项成本如此之高以至于超过了交易成功带来的剩余增加,则交易就不会发生。交易者之所以需要耗费成本进行谈判与监督合约的执行,最为本质的原因在于信息不对称(information asymmetric)问题的存在。在任何一项交易中,一方必然对交易对象具有信息优势,而另一方处于信息劣势。在没有其他约束或激励的条件下,信息优势方会采取机会主义行为来欺骗信息劣势方,并以此提高自身的收益。如果信息劣势方具有足够的理性,则在交易尚未发生之时便预期到信息优势方的这种机会主义行为倾向。"欺诈性地追求自利,它包括——但不仅仅限于——一些比较明显的形式,如说谎、偷盗和欺骗。机会主义更多地涉及复杂的欺骗形式……更一般地,机会主义指不完全或者歪曲的信息揭示,尤其是有目的误导、歪曲、含混其辞或其他形式的混淆。它导致了真实的或人为的信息不对称。"[1]因此,除非有足够的抑制信息优势方的机会主义行为的约束机制,否则,信息劣势方将在交易尚未发生之前就终止交易。

反过来,理性的信息劣势方之所以愿意与信息优势方进行交易,其原因必然在于存在一种机制,使得信息劣势方预期信息优势方不会利用其信息的优势采取损害自己的利益行为。这种机制便是一种信用机制,换句话说,在信息不对称的交易中,除非信息劣势方能足够相信对方不会欺骗自己,否则交易必然难以达成。从这个意义上说,离开信用,就没有交易,信用是达成任何交易的前提条件。

正如希克斯(1969)所指出的,"交易就是凭承诺进行交易,但除非有使承诺恪守不渝的适当保证,否则凭承诺进行贸易便归于无效。"阿罗(Arrow,1972)也认为,信任是一个社会经济构建和运作的润滑剂和包含于交易行为的基本要素。离开信任,整个社会的交易维持成本将急剧上升从而导致整个社会交易的衰落,进而导致经济的衰落,因而信任也是保证经济增长和繁荣的重要来源(福山(Fukuyama),1995);(克纳克和基弗(Knack and Keefer),1997);(拉波尔塔塔尔(LaPortaetal),1997);(扎克和克纳克(Zak and

---

[1] 埃瑞克·G.菲吕博顿、鲁道夫·瑞切特:《新制度经济学》,上海财经大学出版社,2002年,第20页。

Knack),2001)。

所以,人类信任的半径决定了交易范围。在信息不对称的条件下,人们为了达成交易,势必要建立一套机制来激励和约束信息优势方的行为,使之诚实守信。围绕这一问题,人们构建了一系列旨在建立交易信任的制度和组织。诚如卡斯珀和斯特赖特(Kasper and Streit, 2000)所论述的,人类的相互交往,包括经济生活中的相互交往,都依据于某种信任。信任以一种秩序为基础,而要维护这种秩序,就要依靠各种禁止不可预见行为和机会主义行为的规则,我们称这些规则为制度。也就是说,人类交易信任得以确立,是通过建立一系列的规则即"制度"来实现的。在这个逻辑前提下,人类交易秩序的扩展伴随着信任的扩展,而信任的扩展是以一系列相应制度以及组织为其载体来实现的。

换言之,人们通过各种制度和组织在不同层面上保障了交易者之间的信任,并进而促进交易效率的提高和交易的扩展。尽管大部分的制度分析都试图表明制度在提高交易效率过程中的作用(诺思和托马斯,1973;诺思,1981,1990;格赖夫(Greif),1993,1998),但是,这些研究无意于,事实上也不打算明确讨论这些制度或组织如何构建了交易者之间的信任。我们所要系统讨论的是,为了完成交易,交易者在相互博弈过程中,如何形成了信任的稳定结构——即信任均衡。如果将制度和组织理解为博弈的均衡(青木昌彦(Aoki),2001),则这些信任均衡在不同的交易扩展层面上外化(externalize)为相应的制度和组织。或许在一般的情况下,这些制度和组织已经被习以为常地植入到交易者的交易过程中,甚至很难分辨是否存在哪些因素足以约束交易者的诚实守信。但是,无论如何,进一步在理论上辨明这些因素是有价值的,它至少让我们更加清晰地认识到,交易中肯定存在着支撑交易扩展的各个基本层面的框架,离开这些框架,交易将会停滞于某个层面。

(1) 基于亲缘(kinship)的信任及家族企业

基于亲缘的信任是最为基本的信任,它是有血缘关系的个体之间的相互信赖和互不欺骗。这类信任的起因实际上可以还原到(道金斯(Dawkins),1988)所谓的基因层次,因为基因的相关程度导致了亲缘间的信任,并且这种信任是随着血缘的逐步疏远而逐步淡化的。在最为密切的直系亲属中,基因的重叠率最高,实际上利益的关联度也最高。对方的利益在很大程度上是自己利益的一部分,而且坚信对方也是如此。这种利益同盟甚至脱离了个体所能主观选择的范畴,就像自己不可能不信任自己一样。因此,家庭组织作为人类最古老和最稳定的组织,其基础正是基于亲缘的信任关系。家庭组织作为基本信任载体的扩展是家族、氏族以及传统社会对姓氏的尊重与认可。

费孝通早年对中国文化的分析,就体现了这种基于亲缘的信任关系(费孝通,1947)。他认为,传统的中国社会的人际信任关系,如同一个同心圆一样逐层扩散,圆心是自己,最里层是最为紧密的直系亲属,如父母和子女。向外扩散依次为兄弟姐妹,表亲,堂亲等等。这种信任关系的"差序格局",构成了整个传统社会(尤其是华人社会)的其他组织结构和制度的基础,如家族制企业和世袭等。普马姆(Pumam,1993,1995)、福山(1995)等社会学家的研究也表明,以亲缘为轴心的信任关系的稳定性决定了现代社会的工业组织。那些亲缘信任文化浓厚的区域,如华人企业和意大利南部的企业都具有深刻的家族痕迹。

(2) 互惠(reciprocity)信任的组织与制度

基于互惠的信任也是人类最为基本的信任关系之一。例如,在原始社会,个体抗争自然和生存的能力显然要远远低于群体。因此,个体共同狩猎和生活对各方都有好处,也只有结成群体才能更好地利用和征服大自然。于是,原始公社制度便成为这种互惠信任凝结的一个载体。一方面,抵御自然威胁迫使个体必须合作;另一方面,原始公社的存在有助于降低个体生存资料获取的不确定性。个体可能在几天内一无所获,也可能在一天内获得足够多日之用的猎物。但是,原始公社制度保证了个体偶尔单独狩猎成功会主动将猎物上交公社,这种行为对公社和他人体现的就是源于一种互惠中的信任。因此,"在早期的人类社会,部落成员的相互信任是人类生存的最为根本的条件。"[1]

正如威尔逊(Wilson)所说,市场与贸易是迄今为止最为有效的建立在互惠信用基础上的一种组织形式。由于专业化分工带来的好处是互惠的,即每个人都能提高劳动产出。但是,分工的结果必然是商品初始分配的不均,而人类的基本生活需要却不因地域的不同而不同。因此,交换的市场与贸易便成为维持各方专业化分工带来好处的基本保障(哈耶克,1988)。

事实上,市场与贸易本身就蕴涵严格的信任元素,因为专业化分工和所谓迂回生产程度的加深本身就意味着对直接消费生产资料生产的放弃,这种放弃必须是以信任通过自己的产出可以交换到别人生产但又是自己所需的。市场的分散性和竞争性也表明了可以相信这种交换不会以别人的漫天要价为特征的。据可靠考证,"远距离贸易以及交换那些不知其来源的那些物品的交易,肯定比相距遥远的群体之间现在能够发现的任何其他交往行为更为古老。"[2]

在我国古老的《易经》中就有"旧中为市,聚天下客,互通有无,

---

[1] 麦特·里德雷:《美德的起源》,中央编译出版社,2004年,第43页。
[2] 哈耶克:《自命的自负》,中国社会科学出版社,2000年,第40页。

交易而归"的记载。因此，人类社会的长期发展中，市场与贸易是一直没有中断过的制度，这是不争的事实。因为市场与贸易，特别是远程贸易的生成必须依赖于一定的信任机制，故此人类社会围绕市场与贸易的互惠互利发展了一系列信任机制，以保证交换能以更加低的交易成本进行。这些信任机制简单的可以区分为三个类型，即长期交易中的双边信任范式，第三方保障的俱乐部范式，匿名社会的法治保障范式。

现代社会文明的进步在于打破了传统社会的组织构架，促进人口的高度流动和商业关系的全球化开展，以及越来越复杂的交易方式的发明，这使得传统社会的人际信任保障机制面临许多困境。例如，在乡村社会中，人际的信任很大程度上依赖于乡间的"闲言碎语"和乡里的长期往来（梅里（Merry），1984）。因此，地缘关系在传统社会成为继亲缘关系之后的另一个重要信任保障机制，尤其是在人口流动相对较少的中国古代社会，同乡会（馆）更是成为商业信任的自我服务和仲裁机构。

但是，随着人口流动的加剧，"杀熟现象"开始上升。显然，作为匿名的现代社会，信任关系的构架更大程度上应该依赖于非人格化的制度和法律框架。法律与制度作为第三方治理与上述俱乐部范式下的信任保障的最大区别在于，前者具有强制性。俱乐部式的信任保障的根本点，在于长期稳定的交易（双边和多边）。因此，交易秩序必须封闭在一个特定的群体之内。例如 Greif（1994）对马格里布商团的研究就表明，这种具有集体主义特性的团体很难推动贸易范围的扩展，原因就在于缺乏强制的力量下，交易的扩展会导致内部的信息充分流动性迅速下降和信用信息披露机制的瓦解。

在现代社会中，专家系统、正式制度、司法系统构成了匿名社会非人格化的信任保障机制。专家系统的关键作用是披露关于交易者及其交易物品的相关信息,而中立与公正的专家系统对于维持匿名社会的信用体系是至关重要的。事实上,专家系统赖以维持的基础就是自身的信任。如果一个社会的专家系统本身的信任出错,那么整个社会的交易关系将不得不倒退。正式制度的强制性的根本作用在于改变博弈的预期收益,从而形成稳定的纳什合作均衡解。例如,对欺骗行为的强制处罚而不是简单的取消未来合作,而是增加欺骗的成本。我们所指的传统社会是指各种交易关系的协调依赖于习俗和惯例,其交易是人格化的,不涉及国家强制权力的介入。

换句话说,在传统社会中,对于失信行为不具有溯及的强制惩罚措施。任何交易在时间维度上主要依赖于两个维度的机制来维系:一是声誉机制(reputation mechanism);二是惩罚机制(punishment mechanism),这里的惩罚机制是通过终止交易即"用脚投票"(volt by foot)的形式而非溯及惩处的形式执行的。之所以称其为时间维度的扩展,是因为它主要通过持续重复的交易来达成交易的信任。在这一持续重复交易中,声誉机制和惩罚机制密不可分,声誉机制之所以可以形成,依赖于惩罚机制的存在,来自于对终止交易而导致的未来收益损失的担心会迫使交易者放弃欺骗对方的行为。

(3) 企业与商号:可识别的声誉载体

在双边与多边的机制中,一个暗含的假定是信息优势方事后总是会被发现其是否守信,进而在下一次交易中采取相应对策。这一假定,暗含的一个内在逻辑就是信息优势方的任何不诚实的举动总是可以被识别。显然,假定与现实存在偏差。一个很自然的可能情况是,信息优势方在欺骗了对方之后选择更换名字,"金蝉脱壳"进而抹杀其不良记录(塔代斯(Tadeiis),1999)。

经验观察告诉我们,建立可识别的名号成为商业交易历史中的一种普遍选择。这些可识别的名号,及其交易的纪录信息被以非常低的成本传播,并作为其他交易者与其交易的重要信息依据,这种可识别的名号相当于韦伯意义上的"社会印章"。如果信息优势方不建立可识别的商号,则在市场交易中可能永远是随机的和间断的,比起连续稳定的交易而言,这显然并不是更好的选择,除非一开始就无心遵守信用。而对于信息劣势方而言,选择可识别的交易商是明智的,因为如果对方守信,他可以选择持续的交易;如果对方不守信,则可以排除与其交易,明确排除一个失信者对于减少继续交易被欺骗的可能性无疑是有益的。而且,建立商号作为守信的信息优势方均衡战略选择并作为共同知识进入博弈之后,信息劣势方就可以相信,凡是建立可识别商号的交易商都是可信的,反之则不可信。因为可识别的商号代表的声誉价值,可以使企业获得高额的未来回报,这种未来回报就是"信誉租",并且这项资产随商号的消失而消失。

正是这种潜在的预期回报,才使得交易商有足够的动力和激励去悉心维护业已建立的商号。由此,商号与交易商的结合构成了企业组织的最初形式,而且商号的建立也弱化了交易商个人的因素对交易的影响。需要指出的是,人类扩大的交易冲动必须克服随机和偶然的交易所带来的不确定性和机会主义,而重复交易是维持双方声誉的最有效机制。但是,如果缺乏可识别的商号为支撑,重复交易是不可能实现的。就历史变迁进程而言,家庭、家族的形成及其延续是维持重复交易的重要机制。

实际上,家庭内部间代际传递信任链的构建机制和家族名号的继承,同时伴随各种财产债务关系的继承,已经承担了最为初期的商业名号功能。这些名号对于家族而言表现为姓氏的继承,后代人对上代人财产债务关系的继承,以及声誉的继承,比如父债子还。在乡村社会结构中,这种声誉的继承具有相当的意义,因为上一辈的声誉积累会直接影响到下一辈的财富收入。

因此,在封闭的乡村社会,即使是缺乏任何的强制惩罚机制,每一个人都会小心翼翼地维持自身的良好声誉。换句话说,家族的继承和延续,实际上是将个体的有限博弈拓展到家族这一组织的无限次重复博弈。起初的普遍交易发生于乡村社会的内部,如礼物的交换,简单的消费品易货等,都是依赖于特定的家族关系而维系的。传统社会的"父债子还"机制进一步强化了家族延续功能对于将交易脱离特定个人生命周期因素的影响,进而将之推进到使重复博弈机制发挥重要作用。

当持续性的商品交易出现的时候,这些家族无疑成为了最为自然的商业组织。我们可以发现,古代的商业组织都是与家族紧密相连的,他们以家族的姓氏作为企业名称,家族与企业财产完全混合,等等。这种雏形的企业与其说是一种生产单位,还不如说是一种交易的制度安排。它既无明确具有新古典所描述的生产规模经济的意义,也不具有科斯意义上的市场替代物的含义,而是作为保障交易持续的声誉的一种制度安排而出现。我们将进一步证明,建立具有继承性的商号对于保障交易的信任所具有的重要作用。

实际上,家族企业的自然商业组织地位,与特定的商业交易背景相关,有限责任制度(liability-limited)、易于监督的商业簿记(bookkeeping)会计制度等尚未发明之前,家族企业具有天然的信任保障。但是,这并非说家族制的企业制度是保障交易形成无限次重复博弈的必要条件。实际上,具有商号的商业组织的形成对个人的约束力会更大。

从历史上看,行会的形成对于约束行会成员所共同交易的对象的机会主义行为,具有重要的意义。尤其是在西方的城邦制社会,城市的统治者为了增加财政收入,势必要吸引商人前来交易,繁荣市场。但是,这些城市的统治者同样有足够的权力剥夺前来交易的商人的财产,其后果是将会失去这些商人继续前来交易的可能性。如果商人没有组成团体采取一致行动,是难以制约其所在交易的城市统治者保护其财产的。因为个别商人的财产被剥夺对统治者而言总是有利可图的,只要其他的商人不会因此而终止在该城市的交易。但是,如果商人们联合组成行会并采取一致行为,则统治者便不敢随意剥夺、大胆妄为。因为,一旦这样做,他失去的将是与所有或者说至少是在部分商人继续交易的机会。例如,格雷夫等人(1993)对地中海沿岸港口城市的分析中指出,这些城市的统治者尽管拥有强大的军事力量足以掠夺来往商人的财产,事实上,这些统治者都自觉地收敛起军事威慑,而尽可能地提供宽松的环境,以开明的自由港的姿态吸引商人的交易。

布罗代尔(1990)对欧洲内陆城市的集市研究也反映出同样的情况。内陆城市统治者(政府和教会)依靠举办集市吸引商人,比较著名的集市有香巴尼集市、法兰克福集市、莱比锡集市、皮亚琴察集市等。布罗代尔在对14世纪中叶皮亚琴察集市的形成过程的描述非常清晰地表明:商人组成集体行动的行会对于统治当局的制约。皮亚琴察集市的前身是贝桑松集市,1534年由于法国国王的排斥,热那亚商人在里昂的交易遭遇困境。之后,不得不将集市四处迁移。在1536年,法国人占领萨伏依和皮埃蒙特后,他们将交易会迁到了贝桑松,一直持续到14世纪70年代。此时,热那亚人在马德里的大笔借款合同和组建货币兑换市场引起了西班牙国会的强烈反对。1575年,菲利普二世发布法令,规定1560年11月14日之前的借款均为非法,要按新发令重新计算。这意味着热那亚商人的借款合同要遭受巨大损失,于是行会支持本国(热那亚)的新贵族进行斗争。1577年底,热那亚与西班牙国王最终达成协议,废除1575年法令。

此事之后,热那亚商人将集市搬到帕尔玛公爵领地商的皮亚琴察举办,此处正处于热那亚控制之下。可见,商人的一致行动形成的行会即使没有直接参与政治过程,但其所形成的制约力量足以使拥有强制权力的对手恪守信用。

(4) 行会及商业联盟组织:信任的内部强化及其惩罚机制

前面的分析都是在单边机会主义(unilateral opportunism)的框架下进行的,也就是说,在特定的交易中,只有一方有机会主义的可能性。如果改变这个条件,将问题置于双边机会主义(bilateral opportunism)的框架下,交易中的信任维系将更加复杂。这一假定条件改变的现实意义在于,我们可以比较多地发现,交易中双方可能都会欺骗对方,而且在一个延续的交易序列中,某一项特定的交易,一方采取了机会主义行为,则其在延续的另一项交易中也可能受到其他人的欺骗。这就是我们经常谈到的所谓"以牙还牙"、"以其人之道,还治其人之身"。

在相互交易的社会中,这种情况是一个普遍的现象。问题是,如果相互欺骗盛行于特定群体,则所有的交易最后肯定会因为极高的防范和化解机会主义行为的交易成本而瓦解。与此对应的是,相互交易的商人组成相对封闭的商业联盟是有效化解双边机会主义、保证交易信任的有效途径。这些商业联盟主要产生于具有相同宗教或地域背景的商人之间,他们互为代理关系。一方在某项交易中有可能欺骗另一方,而在另一项交易中又可能被欺骗。比较典型的例子如中国古代以及近代商业交易中广泛存在的商帮,如历史上比较有名的晋商、徽商、龙游商帮等。约翰·乔恩在《货币史》中专门谈到,"在国外某个城市从事商业活动的来自同一个城市或地区的商人团体,通常会自我组织一个商业行会,以便用集体的力量同所在国的城市当局进行谈判,从而获得经商许可并取得某种程度的自治"。①

格雷夫(1993)研究了中世纪晚期地中海贸易中的马格里布(Maghreb)商人的联盟组织。这些商帮来自于同一地域,在远距离贸易中相互代理,但又相对封闭。封闭的群体为多边机制的顺利发挥提供了基础,因为来自相同的地域,基于地缘关系的充分信息显示机制,足以保证一个人的劣行记录被知晓于整个群体,从而失去交易机会。这在经验上是容易得到支持的,基于地缘联系的信息传输网络,在传统社会是十分畅达和低成本的。日常的交流和书信往来都会比较充分地揭示群体内成员的信息,尤其是当群体中某一成员欺骗他人的时候,这一信息很容易成为群体组织交流的重要内容而加以传播。

一个广受关注的例子是中世纪地中海沿岸的马格里布商人的联盟组织。马格里布是地中海南岸的一个贸易区域,相当于今天的突尼斯、摩洛哥、阿尔及利亚和利比亚四个国家的区域范围。这里的商人主要是10世纪由于十字军东征和宗教战争等原因,从中东移民于北非的信仰穆斯林的犹太商人后裔。由于整体的区域性移民,导致了相对封闭的生活区域和信息交流区域。大约在10世纪前后,马格里布地区的连年战争使得该地区一直无法形成稳定的行政统治格局。由于靠政府力量维持的社会秩序基本上无法有效运作,直接的结果就是这些穆斯林的犹太商人,组成了相对封闭的内部化交易形式,即相互雇用代理商从事内部交易。而相对封闭的信息交流,使得这些商业联盟成员的交易记录被广泛知晓于整个联盟之内。一旦一个成员在交易中失信,则容易被整个联盟的成员所知晓。而且,在随

---

① 乔恩:《货币史》,第201页。

后的交易中,其他商人更加倾向于欺骗他。因此,这种特定团体提高了行骗的机会成本。只要任何商人有欺骗的劣迹,这些商人就不得不离开联盟。而一旦离开联盟,其又轻而易举地被识别为有过不良的交易记录。由此,种种的约束和"连坐"机制使得联盟的成员在未来任何一次失信的成本都大大超过所获得的收益,要付出巨大的代价。这样,联盟的商人的交易信用就会被自我执行下来(格雷夫,1994)。

5.3 信任、信誉与企业成长

5.3.1 人际信任与交易成本

从某种意义上说,在人际信任对经济交易的多方面影响中,最为重要的是对交易成本的影响。

为了说明人际信任的这种作用,我们可以考虑两组交易情况:A、B的交易和A、C的交易。A、B是相互了解并彼此相互信任,而A、C是相互没有往来的陌生人。

首先,人际信任可以节约交易的搜寻成本。当一个人需要与他人进行某项交易来实现自己的目标时,如果他事先已经知道与谁进行交易更有利于实现这一目标,他就无需再为得到这些有用的信息而付出信息搜寻的成本。而一个不具有这些信息的人在进行同样的交易时,则需要额外地为搜寻这些信息付出成本。比如,A、C的交易可能会耗费双方大量的搜寻成本。

其次,人际信任可以节约交易的谈判和契约执行成本。人际间存在的良好情感关系和信任度,可以增强相互间合作的宽容度,或他们相互之间曾经的交易已经形成了合作的习惯,就容易达成契约,甚至在契约达成的过程中,根本不需专门地进行谈判。同样,人际信任和合作习惯也有助于契约的执行。这就减少了谈判和契约执行成本。而在A、C间交易由于不具有这种人际关系和合作习惯,要达成并执行同样的契约,则需要付出额外的交易成本。最后,人际信任还可以降低交易风险,增加交易者在交易过程中的可预期性,相互信任本身就说明交易者认为与对方进行交易时所面临的风险和不确定性较小。事实上,风险也可以视为一种成本,降低了交易风险也就意味着减少了交易成本。

这里,我们可以借助模型来分析人际信任和交易成本的关系。根据前面的分析,我们知道个人信任是人际互动的增函数,也就是说个人的互动频率越高,人际信任越强。同时,人际信任又是交易成本的减函数,也就是人际信任度越高,交易成本越低。因此,图 5.2 中的交易成本曲线 C 从左上方向右下方倾斜,这表示,在重复性交易中,交易成本随着交易的次数递减。① 但是,无论是简单的交易还是复杂的交易,就任何特定的一种交易而言,其交易成本都不可能随着交易次数增加而无限减少。换种方式说,在重复性交易中,交易成本也不会趋近于零,而是趋近于一个较低的常量,在图 5.2 中表示为位于 C_e 的水平线。在简单的交易中,不仅每一次交易的交易成本较低,而且会在少量几次交易中,每次的交易成本就会趋于较低的常量,而不再随着交易次数继续递减,并且后续交易的成本与初次交易的成本比较,减少的幅度较小。而在复杂的交易中,不仅每次交易所需要付出的交易成本较高,而且交易成本随着交易次数增加而减少的幅度也较大,交易成本比初次交易所付出的最高量减少到最低的

---

① 由于各种交易的复杂性及其他方面的不同,在重复性交易中,不同种类的交易成本随着交易次数递减的过程会有所不同。

常量,所经过的交易次数也较多。我们可以用曲线 K 来表示人际信任随着交易次数积累而逐步强化的过程,它的形状恰似交易成本曲线 C 的倒转,即由左下方向右上方倾斜,这表示人际信任随着交易次数增加递增。实际上,在简单的交易中,可以在少数几次交易中便积累起足够的(在图 5.2 中表示为 K_e,即能够使以后每次交易的成本减少到 C_e 的)人际信任;而在复杂的交易中,需要多次交易才能积累起足够的人际信任。当然,一个人或一个企业可以积累起超出 K_e 水平的人际信任,但这种超额人际信任对减少既定交易的成本已没有多大意义。不过,这种"额外的"人际信任常常可移用于与同一交易对手的其他交易之中。

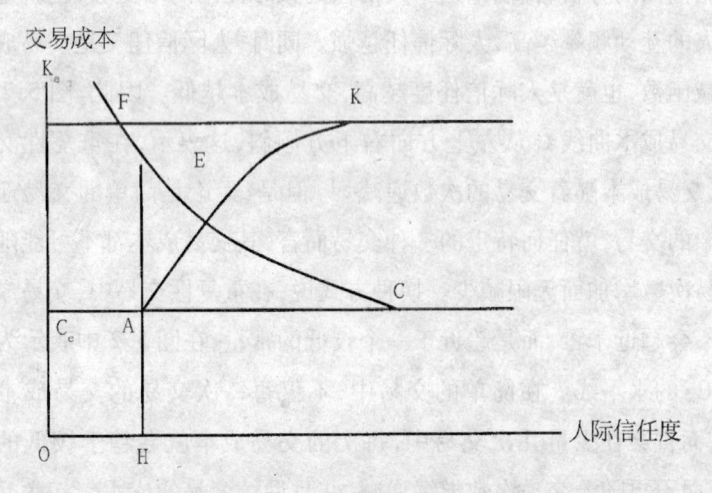

图 5.2 人际信任与交易成本关系

至此,我们只考虑了交易次数与每次交易中的交易成本和人际信任的关系,而没有考虑每一次交易中所投入交易成本数量的影响。在现实中,一个人或一个企业,可以在最初的交易中额外地增加交易成本的投入,以便更快地形成良好的人际信任,使其在较少次数的交

易中便达到 K_e 的水平,从而使图 5.2 中,C、K 曲线的左边部分较为陡峭,也即是交易成本随着交易次数增加较迅速地趋向于较低的常量 C_e,使人际信任度迅速达到 K_e 的水平。例如,两个交易可以达成长期契约,甚至联合为一个企业,将交易"内部化"。但达成长期契约的交易成本大于一次性交易所需要的交易成本。这种长期契约本身便是一种固化了的人际信任。在分次交易的情况下,交易成本随着交易次数递减,而在长期契约交易的情况下,交易成本的付出则类似于固定资产投资:投入是一次性付出,分次收回。如果不要求精确比较两种交易方式交易成本的高低,则两者是异曲同工的。

我们再来考虑上面提到的 A、B 和 A、C 交易情况。由于 A、C 是在缺乏人际信任基础上的交易,在图 5.2 中,人际信任度体现为 H 点以左,相应的交易成本就反映在交易成本曲线的 F 点的左边。而 A、B 的交易由于是基于相互了解和彼此信任的交易,在人际信任的横轴上就表示为 H 点的右边,交易成本为曲线 C 的 F 点以右。显然,A、B 交易产生的交易成本要小于 A、C 交易产生的交易成本,$C_{AB} > C_{AC}$。

5.3.2 人际信任与企业成长

1924 年美国的"霍桑试验"已经证明,企业内在的人际信任水平,也就是人际关系的融洽,有助于积累企业的社会资本,增强企业内部的凝聚力,提高企业内部资源配置效率,增加企业经济效益。1927 年,哈佛大学的梅奥进一步地验证和发展了霍桑试验,再次提出了企业产量与物质条件的不相关性。他在 1933 年出版的《工业文明中的人的问题》中提出,人不仅仅是一个"经济人",更重要的是一个具有立体感的"社会人"。因此,人际关系是制约企业产量的一个重要因素。科尔曼认为,"个人关系及其社会关系网络对产生信任、建立期望以及确立和实施规范有着重要影响"。[1] 厉以宁对此曾作过总结:"人际关系融洽了,对物质资源的利用率就会相应提高,人与物之间的关系也就会不断朝着提高资源使用效率的方向调整。"[2]

1. 人际信任对企业收益的影响

设人际信任为 R,交易成本是人际信任的函数,$C = C(R)$. 依据前面分析,交易成本是人际信任的减函数,$d_C/d_R < 0$. 假定企业的总收入 L 不变,则收益(利润)为:

$I = L - C(R)$

$d_I/d_R > 0$

由此,我们得出结论:人际信任度越高,企业的交易成本递减,而企业的收益是递增的。

2. 人际信任与企业成长

设人际信任为 R,如图 5.3,越往右,人际信任度越高,收益函数可以表示为:$Y = aR^b$,其中,$a > 0, b > 0$.

收益的一阶导数,$Y' = abR^{b-1}$.

$$Y'' = a(b-1)R^{b-2}$$

当 $0 < b < 1$ 时,$Y' > 0$,$Y(R)$ 为递增且上凹的,即图 5.3 中的 Y' 曲线。该曲线体现了一个较小企业中的人际信任对企业收益的影响。我们再进一步分析,若设大企业的总人数为 E,小企业总人数为 F,同时,两个企业中的关系紧密型的人数相同为 W,则有 $W/F > W/E$,且 $F - W < E - W$. 故当 R 从原点开始逐渐向右移动,边际收益递增以递减的速度递增。

当 $b > 1$ 时,$Y' > 0$,$Y'' > 0$,$Y(R)$ 为增函数且上凸的,即图中的

---

[1] 科尔曼:《社会理论的基础》(上),第 210 页。
[2] 厉以宁:"企业文化与资源配置的关系",载《企业文化》,1996 年,第 4 期。

Y"曲线。该曲线体现了大企业中人际信任作用的机制。由于大企业的人数较多,员工基数大,W/F < W/E,E − W > F − W。故 R 从原点开始增加时,边际收益是递增的,企业收益是以递增的速度递增。①
如图 5.3 所示:

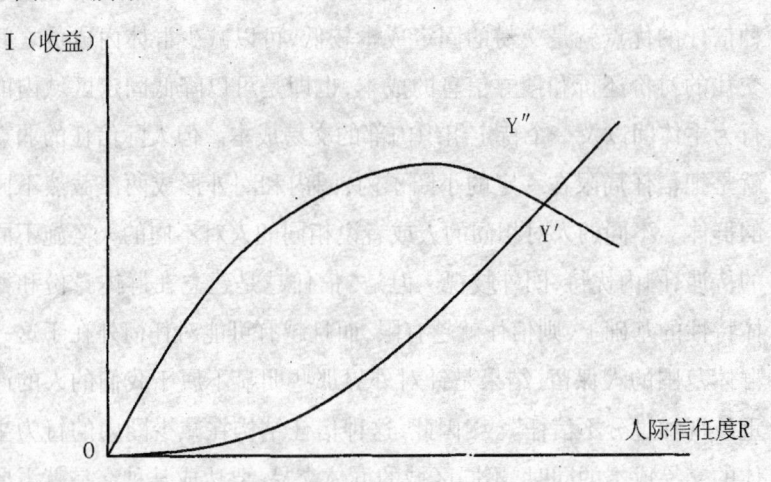

图 5.3 人际信任与企业收益关系

5.3.3 组织创新与企业成长:人际信任和制度信任

任何社会交往关系和组织都是以一定的信任关系为基础。对于人际信任而言,用格兰诺维特的语言来说,各行为主体间是一种"强关系",通常存在"牢固的依恋",而且这种"牢固的依恋强化了群体和组织"。因而,人际信任就成为某些特定群体和社区的"团结媒介"(布劳,1987)。相比较而言,以人际信任为基础的群体规模通常比较狭小,而人际间的互动和内敛性强;尽管制度信任具有在个体上互动弱、内敛性不足的弱点,但制度信任结构却能够以个人间互动强

---

① 张瑞兰、王小平:"人际关系推动经济增长的一种理论解释",载《河北经贸大学学报》,1999 年,第 4 期,第 56—57 页。

度的减弱和内涵的缩小为代价换取信任关系在外延上的扩大,信任半径更大、辐射更广。换言之,在制度信任的基础上,可以产生广泛的和强辐射的信任关系。

显然,人际信任是一种在既定群体内产生的封闭式信任关系,这种信任的优点就是交易的固定成本较低,可以减少群体内成员之间交往的讨价还价和搜寻信息的成本,也即是可以降低固定区域内的行为主体间以及一个特定组织内部的交易成本。但人际信任的弱点就是把信任局限在一定的小圈子内,圈内和圈外形成两个截然不同的群体。不同的人对相同的人或者说相同的人对不同的人实施不同的待遇,圈内优待,圈外歧视。但是"信任越是建立在群体身份和群体特性的基础上,则信任就越有限,而且越有可能对任何外在于这一群体范围的人保留,结果是针对外界那些明显不属于我们的人的严重歧视和过分不信任"。[①] 因此,这种信任结构在减少圈内的行为主体的交易成本的同时,不同区域的群体交易,要达成某种交易就需要更多的讨价还价,需要花费更多的时间和精力搜寻有关信息。因此,交易的边际成本较高,从而加大了群体间或群体外部的交易成本。

信任程度不同的卖者为达成同样的交易所需支付的成本是不同的(科尔曼,1990),这便使交易更容易发生于相互信任的行为主体之间。在人际信任盛行的文化环境中,强关系和弱关系的主体间信任程度差别很大。因此,在这种社会中,交易更容易发生于只具有强关系的主体之间。如果人际间的强关系过于强烈,就只会将交易关系限制在已有的交往圈之内而不能进一步扩展,或者说,在人际信任的环境中,交往圈的有限性可能会限制交易关系的发展。特别是在人际关系色彩极为浓重的传统社会中,交往的范围便通常限于家庭、

---

① 沃伦编:《民主与信任》,第61页。

村落内部,组织的规模也限于单一的家庭或家族以及村落共同体。这种小范围的交往与小规模的组织,显然不适应于现代的社会化大生产,要使经济现代化,必须扩大组织规模和交易范围。

但是,在人际信任盛行的环境中,较大规模的经济组织一旦形成,就将特殊人际关系网络套上新的组织形式(企业),而活跃于新组织框架中的内在信任因素,也会产生一定的积极作用,即有利于降低企业组织运行过程中的交易成本。当然,它同时也会提高市场机制运行过程中的交易成本。因此,人际信任可能有利于企业的创业,却不利于企业成长和市场的发展。在这种人际信任的社会环境下,要进一步扩大交易范围和交往关系,常常不是通过市场交易实现,而是通过扩大组织或特殊的人际关系群体实现。这样,原本通过市场交易实现的经济联系,将化为企业内部的联系。应指出,这种由非经济因素通过影响交易成本引起的组织扩张,与生产技术造成的规模经济是不同的。

在人际信任的氛围中,各企业在长期的交易或多次合作过程中,可以建立起类似人与人间的那种特殊主义关系,形成企业间的长期合作关系。具有这种长期合作、连续交易关系的企业间自然会建立起牢固的相互信任,从而降低他们之间的交易成本。但在原来没有交易关系的企业间进行交易的成本则相对大得多,而要从不具有特殊关系变为具有特殊关系,需要进行较多的"关系投资",或者说,形成企业间关系交易的"启动费用"较大,需要更多的专用性投资和固定资本。比如会过多地考虑如何将圈外人转化为圈内人。因此,相对而言,在人际信任的环境中,不利于企业间的短期交易关系,但可能有利于长期交易关系,介于企业与市场之间的(正式和非正式)长期契约性交易关系也较容易发展起来,并促进企业间的联合,从而扩大为企业集团。与此相反,在制度信任环境中,社会信任程度较高,独立的个人及企业间较容易建立一定程度的信任关系并达成交易。因此，一般市场关系更强。①

在现代经济中，个人总是存在于分工协作的网络里，个人能力受到"集体力"的约束，从而人们相当大的一部分生产、需求是通过集体行动或者说是一种组织的架构得到满足的，不同形式的组织适应不同环境、满足人们不同需要的能力是不同的。当产生新的需求、面临新的环境、拥有新的机遇时，人们通常首先是试图利用原有组织来满足需求，只有当原有组织不能适应这种新的需求或新环境时，人们才会寻求组织创新。组织创新可通过两种不同的方式实现：其一是创建具有新形式的组织；其二是改造原有组织使之具有新的形式。

根据新制度学派的思路，在两种创新方式之间的选择，主要取决于实现组织创新的相对交易成本。而在具有不同信任的模式下，以不同方式实现组织形式创新的交易成本是不同的。在人际信任和与此相联系的"圈子本位"价值观盛行的社会中，单个个体必须加入到某一个组织，否则，就会遭到排斥而游离于社会之外，寸步难行。而一旦进入这种组织，通常是组织内部关系紧密，外部封闭性和隔绝性较强。并且，个人进入某一组织时可能需要投入更多的"关系投资"，进入组织后也常常会受到某种不公平的待遇，并承受某种不适应感等。这种组织通常具有本体性和自我封闭性，而且个人对组织有着较强的依附性和融合性，进入和退出的成本都较高。

因此，在人际信任环境下，从总体上说，组织的维护成本较低，往往具有"固化"和"锁定"效应，而组织创新的成本较高、动力不足。所以，在一个人际信任的社会结构里，要建立一个全新的经济组织，将不同所有者的资源聚集起来，必须率先打破组织边界的"藩篱"。

---

① 王询："人际关系模式与经济组织的交易成本"，载《经济研究》，1994年，第8期。

这种突破有两种方式：一是行政手段。它的优点是耗费时间少、见效快。但这种手段带来的震荡性较大，不利于原有组织向新组织的过渡；另一种是平等、自主的市场方式。这种方式的推进，则需要以资源所有者间一定的信任关系为基础。在人际信任模式中，要从原来没有任何关联的人际关系"荒漠"里，另起"炉灶"，建立群体认同的信任关系是相当困难的，因而也就难以实现创建经济组织所需的资源聚集。

换言之，由于人际信任影响，资源的聚集常常需要以人情的聚集为先导，而建立人与人的情感关系需要花费时间和精力乃至钱和物，需要花费成本。而且，由于价值观和理念的长久"浸透"，这些具有多元化的行为主体即使聚集起来，也要经过较长时间的"磨合期"才能形成稳定的合作关系。因此，现有的人情关系以及原有组织在结构变迁中便有了"比较优势"，即他们可以利用较低的成本、原有人际关系以及原有的"社会资本"（科尔曼，1990）来扩大组织，并拓展组织的功能。在这种社会中，由于组织的组建成本和"沉没成本"较高，组织的"生命周期"一般较长，组织创新更多的是通过原有组织拓展功能并进行某种改良来实现。如果将这种人际信任结构导入企业，则企业内部通常关系紧密，各个成员都自愿维护集体利益、共同追求集体利益的最大化。企业的生存和发展不仅是满足其成员需要的手段，也是企业成员所追求的重要目标。有了企业成员的共同支撑，企业运行过程中的交易成本和企业组织的维护成本较低。在一定意义上说，特殊的人际关系是长期交易的结果，是行为主体之间长期合作的结晶。但这种特殊主义的信任由于本身具有的内敛性和封闭性，使得交易受到局限而无力拓展和推进，无法适应现代化大生产，也无法发展起广泛的劳动分工与合作关系。

与此相反，在制度信任和与之相联系的个体本位价值观盛行的社会中,较多的社会经济组织已成为专门化的功能性组织,分工和专业化发达,人际之间在更广的视野里发生联系,单个人的需求主要通过社会的分工满足,每一个人依存于社会网络中,而不是一对一的线性组织联结。在制度信任基础上产生的人际关系,是一种广泛而强度相对较弱的社会信任,信任规模的扩大,拓宽了市场的广度,这有利于劳动分工,为最大限度地利用分工的好处创造了条件。同时,信任强度的减弱相应地削弱了个人对特定组织的依恋,而脆弱的依恋对于维持个人的流动性和一种流动的、适应强的社会结构则是必要的(布劳,1987)。

　　自由流动是非人格化交换的特征之一。如果个人对特定组织过分依恋,则势必增加个人退出组织的成本,同时也会增加个人进入新组织的难度。不能保证个人自由流动,组织的组建和重建便无法进行。制度信任降低了个人进入和退出某一组织的成本,虽然维护组织生存和运行的成本可能较高,但组织的组建和创新成本较低,实现新的经济联系的经济组织便容易产生出来。所以,制度信任不仅能够适应社会分工和交易发展的需要,而且有助于组织或经济体制的创新与变革。

　　祖克尔通过研究美国家族企业向现代经理式企业演变的过程,指出人际信任向制度信任的转变,是美国家族企业向现代经理式企业演变的主要内在动力。[①] 因为人际信任是建立在特殊主义关系基础上的信任,秉持这种信任的经济行为者,在市场经济交易过程中,对不同的人会采取不同的交易规则,这就不利于市场经济秩序的扩展。而制度信任则是建立在普遍主义关系基础上的信任,它超越了

---

① 祖克尔:*Production of Trust*:*Institutional Source of Economic Structure*(A).1840—1920. *Research in Organizational Behavior*;Vol.8(C).Greenwich:JAI Press Inc. 1986. 53—111.

特殊主义信任的限制,秉持这种信任的经济行为者,在进行市场经济交易过程中,对不同的人采取了同样的交易规则,这就有利于市场经济秩序的不断扩展。人与人之间的相互信任,是市场交易方式和交易秩序扩展的内在动力,而制度信任则推进了人为秩序的扩展,促进了人与人相互间的信任。因此,由人际信任向制度信任的扩展,推动了交易从较小范围向更大范围的扩展,从而使企业获得了更大的成长空间。

5.3.4 企业信誉与企业成长

(1) 信任与信誉

《现代汉语词典》将信誉解释为"信用和名誉"。在经济学的语境里,尽管有不同的表述,但在本质上是趋同的。信誉是一个起源和意义上都是相当丰富的词,它等同于诚实、可靠和公平交易等品质(刘凤仪,2001)。信誉是主体认真履行承诺所赢得的声誉,而声誉是公众形成和持有的看法(程民选,2006)。因此,信誉是处于一定社会交换关系中的行为主体或当事人,在长期自我利益计算与践约能力基础上所建立的评价和声誉(李士梅,2005)。结合上述不同的阐述,我们进一步将信誉概括为:信誉是对主体过去行为和践约能力的评价。首先,信誉是赢得他人信任的能力,是信任的基础和外在表现形式。也就是说,信誉越高,就越能够赢得他人的信任。其次,信誉是信任关系的扩展和深化。信任一旦转化为信誉,在某种程度上就具备了一定价值的独特产权特征。在现代市场经济中,信誉越来越成为影响企业成长的重要因素。

(2) 企业信誉

按照新制度经济学对企业的定义,企业是一系列契约的联结。企业的显著特征就是作为价格机制的替代,企业之所以能够在一定程度上替代市场，还在于在企业内部"权威"在资源配置过程中对交易成本的节约。（克雷普斯（Kreps），1990）认为，企业是将一次博弈转化为重复博弈的机制，是信誉的载体。因此，企业作为现代经济组织，是复制信誉机制的手段。企业信誉是一个企业在经营活动过程中所获得的其他企业关于该企业能力、效率、经营理念和企业文化等多个方面的综合评价。对企业来说，信誉是一项重要的无形资产，它的形成需要长期的积累。企业信誉作为一种信号，具有可平移的特点，即一个企业在与另一个企业没有任何历史交易记录的情况下，也可以从该企业声誉中，预期其在与本企业发生交易时的可能反应。因此，一般而言，信誉较高的企业往往是值得信任的企业，信誉较低的企业则难以赢得信任。

企业信誉的特点，可以概括为三方面：一是外部性；二是公共性；三是积累的长期性。

①外部性或外溢性（externality），是指信誉资本的投资往往并不能为投资者本人所完全享有，它常常给予他交往的人或组织带来好处，譬如交易费用的节约、安全可靠的心理效用等。

②公共性（publics），是指就一个组织和地区而言，信誉是一种公共物品。所谓公共物品是指那些在消费上具有非竞争性（non-rival）与非排他性（non-exclusively）的物品。而非竞争性是指一个人消费某件物品并不妨碍其他人同时消费同一件物品；非排他性是指只要社会存在某一公共物品，就不能排斥其他人消费该物品。显然，信誉符合公共物品的定义。一个企业如果拥有良好的信誉，那么，企业内每一个成员都可以拥有这种信誉，并以这种良好的信誉与外界交往，从而获得信誉的"贴水"。不仅如此，企业每一个品牌也都共同拥有企业的良好信誉，获得消费者的信赖。有良好信誉企业的产品与其他企业的同质产品相比，能获得"信誉租"，取得市场垄断利润。而

且,有良好信誉的企业,其信誉具有"传递效应":新创一种产品不需要经过较长时间的考验即可获得消费者的信赖。

③积累的长期性(long-term accumulating)。信誉的获得是一个长期的逐渐累积的过程,不可能一蹴而就。一方面,信誉要有一个被他人和公众所认同的过程,而这个过程需要时间考验,认同意识有一个逐渐加强、加深的过程。只有被他人和公众内化到意识深处,信誉才能真正建立起来。信誉的价值取决于守信的持久性,这意味着信誉的维持成本也很高。所以,当企业对自身信誉的投资越来越多时,它就愈发关注自身的信誉,为维持和扩大信誉作进一步的信誉投资。因为原有的投资都是一种沉淀成本,沉淀成本越高,丧失信誉的机会成本也越高。在其他条件不变的前提下,对信誉的投资应该是一个不断自我增长的过程。另一方面,信誉具有易损性。在信誉建立的过程中,如果有机会主义行为的记录,那么信誉的建立就可能中断,而修复这一过程,则往往要花费更长的时间。因而这也就是为什么信誉较难建立,而破坏起来却十分容易的原因。信誉一旦丧失就很难再重新建立起来,或者说信誉的建立要比信誉的毁坏难得多。在关联信誉中,由于信誉的负外部性,只要某一方面的信誉出了问题,整体信誉就会受损。

企业信誉的外部性,决定了企业信誉的投资常常不足。因为信誉的外部性使收益难以内在化,成本与收益不对称,从而导致"企业守信的成本远远高于守信的收益"。企业信誉的公共性又决定了信誉的"搭便车"(ride-free)现象的普遍性。更严重的是,信誉的免费搭便车现象也给机会主义行为带来了可乘之机。因为机会主义行为的收益归自己,而由此损害的信誉却不完全由自己来承担。这也就是为什么要加强监督和打击机会主义行为的必要性。信誉积累的长期性,更使信誉的建立和认同变得困难,因而需要各方面的支持、鼓励和维护,更需要有持之以恒的耐心和毅力。

(3) 企业信誉对企业成长的影响[①]

① 信誉与信誉租

与对低信誉者的惩罚机制相对应,对高信誉者还应该有奖励机制。阿克洛夫(G. A. Akerlof,1970)著名的"柠檬市场"表明,如果卖者不能从其声誉投资行为中得到好处,他就缺乏足够的动力向市场提供高质量的产品或服务。因此,声誉投资可带来"声誉租金"。无疑,声誉租金一方面为其投资行为提供了动力与激励,同时也使竞争对手进入市场的难度加大,从而设置了进入障碍、限制了行业的竞争程度。因此,信誉租金在很大程度上可以看成是一种垄断利润。我们可以用产品市场为例来说明超额利润与信誉建立的联系。产品市场上存在着信息不对称:消费者在购买产品之前不完全了解所购买产品的质量高低,产品的卖方对此则比消费者拥有更多的信息。在信誉未建立起来之前,消费者只能根据市场上产品的平均质量支付价格。结果出现劣币驱逐良币的"格雷欣效应",高质量产品的卖者会退出市场,最终市场上留下来的只是低质量产品的卖者。

假如市场上某些产品的质量是呈阶梯形的,即产品质量从高到低有许多卖者,那么最高质量的产品会被次高质量的产品逐出市场,次高质量的产品又会被中等质量的产品逐出市场。依此类推,最后市场上只剩下最低质量的产品,直至市场消失为止。市场克服这一难题的方法是,经过买卖双方的无限期重复博弈,让卖方形成一种广泛的信念:产品价格越高,其质量越高(阿克洛夫(Akerlof),1970),高质量的产品可以得到一种高于边际生产成本的额外奖励。这种奖

---

① 李向阳:《企业信誉、企业行为与市场制度》,经济科学出版社,1999年,第34—39页。

励同时还是促使高质量产品的卖方维持其信誉的必要手段。没有对高质量产品的这种奖励,卖方会发现,采取降低质量的无信誉策略,是符合自身利益的。在信誉占主导地位的市场上,卖方总是可以通过降低质量在短期内获益,因为降低质量可以降低生产成本,而降低质量对信誉的消极影响在长期内才会出现。反之,企业采取诚实策略,就意味着它们放弃了通过降低质量获益的机会。为了促使企业维持高质量的信誉,这种机会成本必须打入高质量产品的价格中,从而使价格进一步高于边际生产成本(夏皮罗(Shapiro),1983)。在形式上,高质量的产品可以获得高于其边际生产成本的额外奖励,这似乎是一种超额利润。但如果考虑到高质量的企业为建立信誉进行的初始投资,那么,这种额外奖励实际上是企业信誉投资的利润,而不是一种真正意义上的超额利润。

②信誉是关系特定型投资规模的递增函数

关系特定型投资,包括只能用于合作项目的固定资产,为合作项目进行的专项人力培训、合作伙伴间为信息传递的方便而建设的数据传输网络,以及为合作而设计的专用作业流程等。由于关系特定型投资具有转移收益很低的特征,因而它也可以作为一种潜在信号,反映企业对合作关系所持有的长期导向程度和可信任程度。合作关系的一方关系特定型投资规模越大,表明其被这种关系锁定的程度越高,其树立长期导向以收回投资成本的取向也越明显,自然也越值得信任。

③信誉是企业经营绩效的递增函数

企业的经营绩效或经营前景越好,越有能力建立和维护自身的信誉。如果一个进入者面对一个高信誉的产业或市场,建立和具备相应的信誉就是一个必要的进入条件。企业信誉的建立需要大量投资,而这种投资在信誉建立起来之前无法获得收益。也就是说,企业产品的价格必须低于实际成本(生产成本+信誉投资成本)。对进入者来说,这无疑是一项主要的进入障碍。只有那些经营绩效较好的企业才有能力支付这类投资成本。而对那些经营绩效不佳的企业来说,根本无力支付这种投资,这种障碍实际上就成了一种进入壁垒。在借贷市场(戴蒙德(Diamond),1989,1991),那些既无良好借贷历史记录,又无较高信用等级的借款人完全被排除在借贷市场之外。在产品市场上,建立信誉所需的初始投资,同样排除了经营绩效或经营前景不佳的企业进入市场。在劳动力市场上,无力承担初始投资的企业,雇用不到高素质的雇员。另一方面,企业经营绩效或经营前景越好,也越有动力建立和维护自身的信誉。此时,如果企业是一个进入者,它现在的初始投资会在将来获得收益。如果企业已建立起信誉,维护自身信誉是继续获得信誉投资收益的必要条件。经营绩效越好,信誉投资的预期收益越高;相应地,鉴于初始的信誉投资已演变成为一种沉淀成本,丧失信誉的机会成本也就越高。

根据张维迎和柯荣柱(2003)对中国企业的实证研究,良好的信誉有助于企业效益的提高。他们发现,信誉和国有企业及国有控股企业的产品销售利润很有关系(0.59);和国有企业的全员劳动生产率的相关性更显著(0.67);和产品销售利润及利润总额之间的相关性也很显著(0.67和0.62)。

在日常的消费决策中,人们总是倾向于相信那些已经建立起信誉的名牌产品,其原因也在于此。与企业经营绩效相关的一种常见的现象,是企业财务恶化风险,它是企业经营状况恶化的一种标志,是一种准破产状态。因此,财务状况恶化通常会导致企业信誉的衰退或丧失。当一个濒于破产的公司要把应收账款卖给清算代理商时,这个买卖将打很大的折扣。因为,一旦一个制造商开始走下坡路,即使是它最好的产品,客户也开始以抱怨质量问题、不符合规格要求、到货迟缓或各种各样的原因而要求拒付货款。商业中最有力的执法者是持续的关系,即人们相信你能与客户或供应商继续做生意。当一个失败的公司失去这个自动的执法者,任何手段都将无法替代(艾克斯罗得,1990)。

④信誉是企业规模的递增函数

在其他条件不变的情况下、企业规模越大,企业维护自身信誉的动力也越大。和小企业相比,大企业所占市场份额较大,其信誉的影响程度也就较大:其一,大企业在信誉方面的投资较多。初始阶段,企业规模较小,所需的信誉投资不大。随着规模的扩大,市场份额增加,经营范围拓宽,企业需要不断地扩展其信誉投资。其二,企业的无形资产和有形资产总是相辅相成的。没有有形资产当然也就谈不上无形资产的存在;反过来,没有无形资产,有形资产的价值就会大大降低。对大企业而言,信誉的丧失不仅意味着作为信誉投资的沉淀成本失去了意义,而与此相匹配的有形资产价值也大大降低。一旦信誉受损,企业受到的惩罚自然也就越大。其三,我们知道,信誉的建立过程和丧失过程存在着高度的不对称性。大企业有一种产品或在某一市场上发生有损其信誉的事件,就有可能损害其整个企业的信誉。在现代社会中,信誉的传播主要依赖于大众传媒机制,大企业在市场上所处的主导地位,决定了它们是大众传媒关注的重点。大企业的行为信息要比小企业的行为信息传播得更快。其四,和大企业相比,小企业面临博弈终结的可能性更大。各国的破产统计数据表明,小企业的破产率要远远高于大企业的破产率。高破产率的威胁使小企业在市场上会有一种捞一把就走的倾向,这对它们建立和维护自己的信誉无疑是有害的。

总之,信誉度越高,企业平均规模就越大。根据对中国的实证研究(张维迎和柯荣柱,2003),由于中国企业不是自由市场经济下的企业,无法从统计上获得规模和信誉程度的相关性信息。尽管如此,仍然可以判断,信誉度和国有及规模以上非国有企业的产值规模的相关系数为 0.55,和国有及国有控股企业的产值规模的相关系数为 0.63。其中,有限责任公司和大型企业与信誉的相关性较为明显(分别为 0.69 和 0.48)。

(4) 影响企业信誉的主要变量

在某种意义上,信誉类似企业的投资决策,是企业可选择的一种内生决策变量。它探讨的是企业在长期收益最大化与短期收益最大化之间的权衡。企业信誉的高低具体取决于一系列复杂的因素。

①完善、明晰的产权制度是企业信誉的基础

完善、明晰的产权制度能为经济主体提供一个追求长期利益的稳定预期和重复博弈的规则。德姆塞茨强调,"产权是界定人们如何受益、如何受损,以及由谁进行补偿从而使其能够修正所采取的行为。"①因此,产权是一组权利或者权利束。其中最为重要的是两个:一是剩余控制权。没有剩余控制权的企业无法确保从信誉中获益,也就没有积极性去投资和维护信誉;同时,由于企业间不是利益相关者,失信的企业也得不到监督和惩罚。只有那些拥有剩余控制权的企业才有可能建立起信誉,而不具备这种剩余控制权的企业不可能建立起信誉,因为外人无法确信这种组织能够为自己的行为负责(霍姆斯特龙(Holmstrom),1999)。因此,剩余控制权,一方面为建立和积累信誉资本提供了动力;另一方面又为信誉的建立提供了必要条件。因而,信誉的建立是双方相互博弈的过程。没有对方的认同,提供信誉或信任是没有意义的。

---

① 德姆塞茨, Toward a Theory of Property Rights, *American Economic Review*, Vol. 57, 1967。

与剩余控制权相关的另一个问题是信誉资本从一代经营者向下一代经营者的传递,也就是信誉的维持。和企业有形资产不同,信任作为一种无形资产和当事人的行为密切相关。如果新一代的经营者不再遵从上一代经营者的经营哲学,原有的信誉资本便可能丧失。假如经营者拥有剩余控制权,那么在超博弈(supergrame)模型中(克雷普斯,1984),信誉资本便能得到顺利传递或维持。一种方式是新一代的经营者进入企业这种分层结构之内,逐渐成为原有信誉资本的继承者和发展者;另一种方式是目前的经营者把信誉资本直接卖给未来的经营者,但这必须以经营者拥有企业为前提。无论是以何种方式来实现信誉资本的传递,拥有剩余控制权是一个必要的前提条件。

二是排他权。当某一个体违背了对隐含契约所作的承诺时,交易的另一方会终止与它的交易关系,或者被排除在特定社会组织活动之外。这种排他性是对违约方的主要惩罚,因为隐含契约没有第三方(如法院)来强制性要求签约各方履行契约条款,也正是排他性构成了对低信誉者或者说无信誉者的惩罚。"在没有第三方执行者的情况下,信誉和商标名称可以成为激励确保契约绩效的私人手段。"[①]

在产品市场上,如果一个企业总是生产和销售低质量的产品,消费者发觉之后自然会拒绝购买其产品。最终,它会被驱逐出市场。在信贷市场上,一名总是违约的借款人即使愿意支付高利率经常也难以获得所需的贷款。这种现象被人们称之为信贷配给(斯蒂格利茨,韦斯(Weiss),1961)。在劳动力市场上,一个低信誉的雇主将无

[①] 本杰明·克莱因、基思·莱弗勒:《市场力量在确保契约绩效中的作用》,载陈郁主编:《企业制度与市场组织》,上海三联书店、上海人民出版社,2006年,新1版,第161页。

法雇用到所需的雇员。在任何团队活动中,一个为了自身利益而不惜损害团队利益的人,都将会被团队中的其他同伴排除(宗(Chong),乔伊特尔(Choietal),1995)。

②信誉是市场发育程度的递增函数

市场发育程度有许多种定义方式。我们在这里所说的市场发育程度是指市场信息传播速度的高低,市场发育程度越低,信息传播速度越慢;反之亦然。我们知道,企业的信誉依赖于交易伙伴的认同。而交易伙伴的认同是以他们所掌握的信息数量和质量为基础的。在现代社会中,人们确定一个企业的信誉不能完全建立在以往的交易经历上。因为市场规模庞大,一个企业不可能与所有企业都有长期交易关系。确定一个企业的信誉高低,主要依赖于它在市场上的交易经历。这对于生产耐用消费品的企业来说更是如此。例如,一个人不可能经常购买某一牌子的轿车。当初次决定购买这种轿车时,他必须从别人那里获得该种轿车的质量信息。有关这种轿车质量的信息传播速度,在很大程度上取决于市场的发育程度。如果信息的传播速度较快,企业建立和维持信誉的动力就会增加。此时,假如它欺骗了一个消费者,通过信息的迅速传播,它也就等于欺骗了所有消费者。结果是丧失了市场上所有的客户。萨缪尔森曾说过:"只要能在竞争的市场蒙混过关,商人便会把沙子掺进食糖里去。"①

反之,在信息传播速度较慢的市场上,它则会缺乏建立和维持信誉的动力。此时,假如它欺骗了一名消费者,而这一信息需要很长时间才为所有消费者得知。那么,在所有消费者得知之前,它可以继续欺骗其他消费者。这一过程可以使它获得足够的利润,在坏名声家喻户晓之前放弃现行的业务,转做其他活动。因而,在市场规模不变

---

① 萨缪尔森:《经济学》(上),商务印书馆,1982年,第246页。

的条件下,市场发育程度与企业信誉呈正相关。

依照上述逻辑,我们可以推理市场规模与企业信誉的关系。如果我们把市场规模的大小用参与者的数量、地域指标来衡量,那么,市场规模越大,信息传播速度越慢,企业建立和维持信誉的动力越低。反之亦然。这样,信誉是市场规模的递减函数。因此,在市场发育程度不变的条件下,市场规模与企业信誉水平应该呈反相关。

③信誉是市场竞争程度的递增函数

市场竞争有利于企业信誉机制的建立,正如张维迎(2002)所说,只有在竞争性的市场中,当事人才会有建立信誉的积极性。"如果市场中的当事人有一方处于垄断地位,交易伙伴就没有选择的自由,一种物品或者服务只有一个当事人提供,就没有积极性去投资信誉。"[①]市场竞争程度对企业信誉的影响主要体现在三个方面:

一是企业进入或退出市场的难易程度。一般来说,企业在创始阶段,企业进入或退出市场的难度越小,企业建立和维持信誉的动力越低。影响企业进入和退出市场难易程度的因素有很多,如最低效率规模、资产的专用性、技术、人力、资金壁垒等等。如果进入或退出市场没有特殊的障碍,那么,丧失信誉最坏的结果也只是离开市场而已。进入市场难易程度与退出市场的难易程度通常是联系在一起的。例如,进入汽车工业需要最低效率规模,也就是说,企业只有达到一定的规模才能赢利。这对新来者是一种进入壁垒,同时,对现有企业的退出也是一种障碍,因为相应规模的资产会随企业退出而损失。但是,当进入市场的难度高到一定水平时,就会形成垄断,新来者无力进入。在完全不受新来者威胁的极端条件下,现有企业就失去了建立和维护信誉的动力。因此,市场垄断的结果同样是企业信

---

① 张维迎:"法律制度的信誉基础"。

誉受到损害。

二是企业数量。一方面,企业数量的多寡通过市场竞争程度影响企业信誉。企业数量越多,市场竞争程度越激烈,企业受到的压力越大,建立和维护企业信誉的动力也就越大。企业数量过少会形成垄断,企业信誉受损。另一方面,企业数量的多寡通过消费者对市场信息的搜索难度影响企业信誉。信誉的建立类似发放信号行为,这种行为本身是要耗费成本的;而消费者搜索这类信号同样需要耗费成本。当企业数量过多时,消费者搜索活动的难度增加,成本上升。这类似于市场规模扩大所产生的效应,有害于企业信誉。因此,市场上的企业数量过多与过少一样,都不利于企业信誉的建立或维持。

三是企业破产率、企业兼并与收购水平。较低的企业破产率和兼并与收购水平意味着现行企业购买了"永生保险",它们不必担心因经营不善退出市场,或被其他企业兼并或收购,结果有害于企业信誉的建立和维持。反之,较高的破产率和兼并与收购水平又会使企业面临"博弈终结"的威胁,助长企业为追求短期目标而做出有害信誉的行为。

上述三类因素都是和市场竞争程度联系在一起的。尽管从直觉上看,市场竞争程度越高,企业面临的压力越大,它就应该更加关注自身的信誉。但是,竞争并不是一个空泛的概念,较高的竞争程度同时也意味着较多的企业数量、市场进入难度更低、较高水平的破产率和兼并与收购水平,而这些因素通常又是和低信誉水平联系在一起的。另一方面,过低的市场竞争程度又意味着垄断,它也有损于企业信誉。

④经济增长速度对企业信誉的影响

一国经济增长速度是保证企业信誉得以建立和维持的一个必要条件。一国稳定高速的经济增长不仅为企业良好的经营绩效提供良好的外部环境,而且也为重复博弈提供保障。缺少这一条件,信誉的奖励机制将无从谈起,信誉的惩罚机制也就丧失效力。一个简单的信誉模型有助于说明企业信誉与经济增长速度之间的联系(斯蒂格利茨,1984)。假定一个企业在价格水平 P 上出售其产品,生产高质量产品的边际成本为 C_h,生产低质量产品的边际成本为 C_l。企业在诚实情况下的预期利润贴现值为$(P-C_h)/r$,其中 r 为利率;反之,企业在欺骗情况下的预期贴现值为 $P-C_l$。对于企业来说只有当诚实条件下的利润贴现值大于非诚实条件下的利润贴现值时,它才会诚实。

$(P-C_h)/r \geq P-C_l$

或 $P \geq (C_h-C_l)/(1-r)$

在经济衰退阶段,实际利率上升,超过边际成本的毛利应该上升(在边际成本不变的条件下表现为价格的上升),只有这样才能保证企业生产高质量的产品。如果我们引入:经济衰退阶段企业破产率(u)上升,企业的生产函数为:$Q=F(L)$,那么,生产高质量产品的条件是:

$P \geq (LW/Q)/[1-(u+r)]$

其中,W 为工资。这表明,在经济衰退阶段,经济增长率的放慢要求市场给予企业的高信誉行为以更多的奖励;或者说,经济增长率的放慢使企业维持信誉的难度加大。反之,高经济增长率有助于企业信誉的建立与维持。

⑤社会文化传统和制度对企业信誉的影响

一国社会文化传统主要是通过影响个人信誉进而影响企业信誉。在企业层次上,人们常提及的"公司文化"就是一个典型的例证(克雷普斯,1990)。所谓公司文化,就是公司内部所有成员的决策惯例和共同预期。一方面,这种决策惯例和共同预期有助于协调公司成员的行为。当每个成员都接受它时，个人的行为就和公司的行为取得了一致；另一方面，它又为公司内部成员判定行为正确与否和解决相互间冲突提供了标准。由于具有简单易行的特征，企业的新成员会很快掌握并加以运用，这又为企业信誉的代际传递创造了便利。如果说公司文化是社会文化传统通过对企业所有成员行为进行规范来影响企业信誉，社会文化传统还可以通过对企业经营者个人行为进行规范来影响企业信誉。经营者在企业决策中的特殊地位注定了这种影响方式的重要性。

近年来，以此为基础迅速发展起来的商业伦理学就反映了这一趋势。例如，商业伦理的一个重要方面是经营者既要履行对其雇主、债权人的受托义务，还要履行对雇员的委托责任。经营者在行使管理职权时应该谨慎行事，应该服从对公司活动的法律限制，应该忠诚于公司，等等。有鉴于此，经营者完成这些义务（或责任）是维护有效商业组织的基础。在委托人—代理人关系中，代理人行为的不可观察性导致代理人理论不仅需要强调货币刺激机制的有效性，还需要强调基于信誉约束力的制度安排的有效性，因为货币动力和信誉动力本身并不能把代理人问题缓解到维持有效组织所需的水平上（诺埃（Noe），1994）。因此，在这种意义上，伦理观念是对信誉机制的一种补充。

另一方面，制度的完善程度也对企业信誉建设的产生影响。在市场经济中，信誉机制可以节约交易成本，促进交易的达成。但信誉机制只有在一定的制度体系基础上才能起作用。在成熟的市场经济中，不但各种法律规则比较完善和明确，而且相应的商业惯例和道德规范（非正规制度）也比较稳定。在这样一个成熟的市场经济中，企业信誉资产的价值较高，而建立成本相对较低。因为信誉是在企业与交易者之间长期博弈的基础上建立的，而制度作为博弈的规则，是企业信誉建立的基本保障(张维迎,2002)。当制度规则很完善时,企业的履约比不履约更有利可图,企业倾向于选择信誉投资。同时,制度环境的稳定也使企业更注重长期发展。而信誉资产的非个人属性和较低的边际成本,更有利于企业的长期发展,企业更倾向于选择对信誉资产的投入。在不成熟的市场经济中,信誉建立的基本制度条件还不完善,对失信的监督和惩罚成本很高,信誉的相对价值较低;而社会规范的不明确也使企业积累信誉的难度较大,成本增加。

5.4 小结

本章主要从信任扩展与交易扩张角度探讨企业成长。首先是提出市场是一个动态化的概念,应从制度化角度去理解、把握市场。市场的演进,货币、商人、商业的出现和专业化,一方面是市场的扩大,另一方面也是信任的扩展。并且通过信誉分析,考察了信誉的形成和内在机理,分析了企业的信誉具体决定机制和行为特征。其次是强调信任扩展和市场交易扩张的内在联结机理。在传统的人格信任中,信任的局限性较大,不利于交易的扩张,随着交易和市场范围的扩大,信任必须要从人际信任转化为制度信任。企业作为信任的一种载体,可以使信任从一次性博弈转化为多次或者说是永久性博弈。行会组织、商业联盟,能够使信任具有自我执行的机制,可以强化企业信任意识。

第6章 企业内分工、信任与企业成长

本章主要探讨企业内分工和企业层级制演变,以及企业内部分工、信任和治理三者关系。企业与市场是分别建立在两种不同,但紧密相关的分工基础之上的,企业成长、分工与市场相互促进、相互推动,企业与市场是互补的,而不是如科斯所说的仅仅是一种替代关系。企业是作为要素所有者分享"合作剩余"而形成的团队生产,企业所有者必然有一个对企业剩余的索取权问题。因此,如何合理分配合作剩余,是一个关乎企业成长的重要问题。

6.1 企业内分工与合作剩余分享

6.1.1 市场分工与企业内分工

我们曾在第3章中得出一个重要结论,认为企业产生源于分工,分工的深化促进企业成长。进而,我们把企业定义为以信任为黏合剂的分工协作性要素集合体。市场交易关系的形成也是产生于分工,这是自古典经济学以来反复论证的一个公理。不同的是,市场的功能是社会分工的纽带,而企业的功能在于弥补市场分工的不完备性。从分工的角度考察,两者有着内在的联系性,企业和市场都是建立在分工的基础上。只有在一定的市场分工水平上,企业才能成为独立的商品生产者和经营者,企业内部分工才能形成和深化。而企业内部分工会促使中间产品和最终产品在生产环节上的相对分离,并导致生产迂回链条的形成和进一步延伸。一旦企业的生产扩展到某种商品的一个特殊生产阶段,该商品的各个阶段就变成各种独立的行业,从而深化市场分工。对此,莫里斯·多布认为,"企业是劳动分工日益复杂的结果……经济分工程度的增长需要一定的一体化,没有一体化力量,分工将导致混乱;而且正是在分工经济中存在一体化力量,产业形式才富有意义"。① 但是,市场分工和企业分工各自所依赖的分工基础是有差异的。"尽管有许多相似点和联系,但二者不仅有程度上的差别,而且有本质的区别。"② 两种分工最大的差别是,市场分工导致的各个独立的生产经营者各自的产品,是以商品的形态而存在,而企业内部分工导致的具有"片面性的"局部劳动不生产商品,构成商品的是各个局部劳动的有机加总形成的共同产品。因而,市场分工以商品交易为媒介,或者说市场分工是商品交易存在的基础,而企业内部的分工,则是以企业这种科层组织的内部协调将局部劳动有机联系在一起为媒介,企业内部的局部劳动之间,不是以商品所有者的身份发生平等的交易关系,而是权威的协调关系。康芒斯比较了市场交易和企业交易的不同:"管理的交易起因于一个法律上的上级和一个法律上的下级之间的关系。那心理的关系在法律上是命令和服从。可是,买卖的交易起因于那些在法律上平等的人们的关系。心理的关系是劝说和压迫。"③科斯也说,"通过考虑被称为'主人和仆人'或者'雇主与雇员'的法律关系,我们能很

---

① 科斯:《企业的性质》,载盛洪主编:《现代制度经济学》(上),北京大学出版社,2003年,第110页。
② 马克思:《资本论》,第392页。
③ 康芒斯:《制度经济学》(下),商务印书馆,1962年,第334页。

好地研究现实中企业的构成问题"。① 这种法律关系的实质在于："主人必须有权亲自或者通过另一个仆人或代理人控制仆人的工作。有权告诉仆人何时工作和何时不工作,以及做什么工作和如何做,这种控制和干预的权利就是这种关系的本质特征。"② 由此,科斯将企业内部的关系概括为"允许某个权威来支配资源"。当然,这种权威"只有在有限的范围内,他才能指挥其他生产要素"。③ 并引申出企业节约交易成本和替代市场的功能。希克斯接受韦伯的科层思想,认为"虽然工厂为市场而生产,从市场购买和租用,但其内部结构是一个非市场结构"。④ 由此,我们得出:企业的出现关键在于:①企业这种生产的组织形式,能使分工的进一步深化成为可能,从而实现更高的专业化经济;②企业这种生产的组织形式,能以某种"权威"和"控制"更有效地约束个体行为,提高协作效率,从而实现比市场更低的交易成本。但是,科斯的理论由于缺乏分工和专业化变量,忽略了企业内分工和专业化的特点,而仅仅将交易成本作为企业出现的唯一变量,因而无法反映企业的实质。

基于以上分析,企业与市场就不能简单地理解为是一种相互替代的关系。由于它们所立足的条件不同,各自的功能不同,因而不能相互替代。不仅如此,而且它们的关系是互补和相互促进的。因为市场的范围决定了分工的程度,但企业在市场中的竞争又会进一步加深分工的链条。"购买的竞争,会奖励生产,会增大生产者间的竞争。各生产者为使自己的产品能以比他人产品较低的价格出售,会

---

① 科斯:《企业的性质》,第113页。
② 同上。
③ 同上书,第106页。
④ 希克斯:《经济史理论》,第12页。

实行在其他情况下连想也没去想的新的分工和新的技术改良。"①因此,企业与市场是相辅相成的。也就是说,企业的出现和扩张并不意味着市场失灵,也不意味着企业对市场的替代,而是意味着企业和市场的良性正反馈和循环累积扩张。

6.1.2 企业分工及合作剩余

为了说明企业与市场不同的契约性质,阿尔奇安和德姆塞茨提出,企业是一种高度专业化的市场替代形式。企业作为团队生产是"合作活动的一个收入来源"。在团队生产中,①使用了几种类型的资源;②产品不是各项相互合作的资源的独立产出之和;③团队生产中使用的所有要素并不属于一个人。在团队生产性活动中,投入品的结合或联合使用使产出超过了独立使用的投入品的产出之和。②这个超出的部分就是合作剩余。"合作剩余"就是指要素的所有者通过合作生产、分工以及专业化等非价格机制的组织形式而取得的超过他们各自单个活动收益的总和。从这个意义上说,企业就是要素所有者为取得叫做"协作力"、分享"合作剩余",而结成的一种契约关系。在亚当·斯密看来,人类活动有别于动物活动的主要区别之一,是人类几乎随时随地都需要结成一定的协作关系,这种协作的倾向为人类所共有,亦为人类所特有。其他动物也可能有协作,但它们之间的协作不是持续的也不是互利互惠的交易性契约型协作。休谟强调,"借着协作,我们的能力提高了;借着分工,我们的才能增长了;借着互助,我们就较少遭到意外和偶然事件的袭击"。③ 因为"人

---

① 斯密:《国富论》,第377页。
② 阿尔奇安、德姆塞茨:"生产、信息成本和经济组织",第232页。
③ 休谟:《人性论》(下),商务印书馆,1980年,第526页。

只有依赖社会,才能弥补他的缺陷,才可以和其他动物势均力敌,甚至对其他动物取得优势"。① 企业组织的产生就在于人类通过长期的体验总结,结成互惠性的团队生产,可以攫取潜在的分工收益。因为结成协作性的组织,可以产生"合作剩余",在分工基础上的协作产生分工效应和协作力。

对此,亚当·斯密讲述了著名的关于制针的故事,"没有哪个人能在一天里制造出二十根针,也许一根针也制造不出来。由于他们合理分工协作,他们现在能够在一天里制造出的肯定不止两百四十根,甚至不止四千八百根……只要引入劳动分工,在任何企业中,劳动生产力都能相应提高"。② 马克思的更为形象的故事是,"一个骑兵连的进攻力量或一个步兵团的抵抗力量,与单个骑兵分散展开的进攻力量的总和或单个步兵分散展开的抵抗力量的总和有本质的差别。同样,单个劳动者的力量的机械总和,与许多人同时共同完成同一个不可分的操作所发挥的社会力量有本质的差别。在这里,结合劳动的效果要么是个人劳动根本不可能达到的,要么只能在长得多的时间内,或者只能在很小的规模上达到。这里的问题不仅是通过协作提高了个人生产力,而且是创造了一种生产力,这种生产力本身必然是集体力"。③

斯密和马克思的这两段论述,实际上已经包含了企业的性质,将其进行简单概括就是,企业的性质体现在能够形成叫做"协作力"或"集体力"的东西,并产生"合作剩余"上。要素的所有者之所以通过一定的契约安排组成企业这种团队型赢利组织,是因为协作所产生的集体力会导致"合作剩余"。

---

① 休谟:《人性论》(下),第 525 页。
② 斯密:《国富论》,第 8 页。
③ 马克思:《资本论》,第 362 页。

第一,在企业内分工不断深化的条件下,非人力资本与人力资本[1]的分离,使得企业的协作成为唯一最优选择。周其仁(1996)在分析科斯关于市场里的企业合约理论时,提出应把企业理解为一个人力资本与非人力资本的特别合约。当社会分工和企业内分工成为交易主流,要素禀赋的内在差异就是市场交易的基础,通过非人力资本"黏结"人力资本,人力资本潜能发挥和非人力资本的比较优势就会凸现出来,由此产生规模经济和范围经济。因此,在分工和专业化经济中,任何人力资本作为独立的生产者,其机会成本都非常高。同时,处于分离状态的资本要素如果不能有机地进行组合,不仅不能形成"集体力"产生"合作剩余",而且连要素的资本作用都不可能发挥。"作为资源的所有者通过专业化合作来增加生产力,这导致了对促进合作的经济组织的需求。"[2]

第二,如前述,企业出现不但降低了市场交易成本,而且还加深了分工。分工会带来生产工具的改进,而且这种生产工具的改进,只有在企业这种生产形式下才能被充分利用。先进的生产工具,往往由于价格高昂,单个生产者可能无力承担,或不愿承担。一方面,单个生产者的小规模生产会对这些设备利用不足,导致资产的浪费;另一方面,正如威廉姆森(1985)指出,这些设备作为专用性资产,会使购买者在就合作与他人进行的讨价还价中处于劣势,除非购买者对其他合作者具有绝对的权威。企业的所有者不仅有能力购买设备,而且能通过企业这种生产方式调整生产规模,从而将设备加以充分利用。最为重要的是,企业的出现"允许某个权威来支配资源"并以

---

[1] 需要说明的是,在本文分析中,人力资本的概念与劳动力有时是混用的。因为两者就其实质是无差异的,只是人力资本概念更强调劳动力的资本属性。

[2] 阿曼·阿尔奇安、哈罗德·德姆塞茨:"生产、信息和经济组织",载盛洪主编:《现代制度经济学》(上),北京大学出版社,第118页。

"雇主和雇员"法律关系,使雇主拥有对雇员的绝对权威。由此,企业成长中面临的资产专用性和专有性窘境就能够得以摆脱。同时,分工和专业化也强化了协作的生产经营方式。分工和专业化,一方面使得非人力资本具有专用性;另一方面使得人力资本具有专有性。分工越细化,专业化程度越高,生产要素的专用性就越强。生产要素因分工和专业化水平的提高强化了专用性水平,尤其是人力资本的专有性提高,将使劳动者所具备的劳动力具有"片面性"或者如马克思所说的局部劳动特性。[①] 对于因分工和专业化造成的具有"片面性"的人力资本的所有者来说,只能通过企业这种形式,在某种协作和分工中才能使自己具有"片面性"的人力资本,再次变得完整并取得收益。人力资本由于分工和专业化导致的"片面性",造成了对协作的依附性,失去了单独创造产品的独立性。因而,作为企业早期形式的"工场手工业分工通过手工业活动的分解,劳动工具的专门化和局部工人的形成以及局部工人在一个总机构中的分组和结合,造成了社会生产过程的质的划分和量的比例,从而创立了社会劳动的一定的组织,这样就同时发展了新的、社会的劳动力"。[②] 正是在这一意义上,如果说企业的形成是结成叫做"协作力"、"集体力"的东西,产生"合作剩余",那么,分工和专业化则进一步强化了经济个体对协作、企业组织形式的依赖。

随着分工和专业化的深化,生产要素的专用性会更强,人力资本的专有性会更具"异质性",人力资本与非人力资本的"黏连性"会更

[①] 马克思对此进行过详细论述,在分工基础上的"工场手工业把工人变成畸形物,它压抑工人的多种多样的生产志趣和生产才能,人为地培植工人片面的技巧……不仅各种局部劳动分配给不同个体,而且个体本身也被分割开来,成为某种局部劳动的自动的工具。"参见《资本论》,第1卷,人民出版社,1975年。

[②] 马克思:《资本论》,第1卷,第399页。

加突出。因此，就这种意义上来说，分工协作或联合生产的发展是不可逆的。因而，在现代社会，一国经济发展中的分工越发达，专业化程度和市场化水平越高，由企业尤其是大型企业来组织资源配置就越成为普适化趋势，单个独立的生产劳动形式和完全性的自给自足生产方式就越少，个体生产与企业生产之间、自给自足与非自给自足之间的替代性会越来越弱化。这是因为要素禀赋的比较优势与分工、专业化自增强化的机制促使经济活动摆脱自给自足的路径依赖，受内在驱使必然选择协作，"现代社会就是通过对拥有自己产出权的生产要素的联合控制而组织起来的"。① 但是，科斯关于企业性质从交易成本节约的角度所得出的推论，是经济个体可以在自给自足与合作生产之间进行自由选择，没有企业仍可以自给自足地生产，也就是说，单个独立的生产与企业生产之间可以自由替代。"当一个木材加工厂雇用一位细工木匠时，企业内部就达到了专家之间合作的目的，而当细工木匠从木材商那里采购木材时，这种合作就通过市场进行了。"② 这种结论显然不符合现实。

6.1.3　要素稀缺与合作剩余的分享

正如奈特所感叹的："历史，尤其是当代史，在很大程度上是一种组织的进步以及组织形式变化的历史。组织与分工几乎是同义。在有组织的活动中，各人完成不同的任务，每个人都享受他人的劳动成果。因此，组织的两个基本问题，一是任务的分派，一是报酬的分配。"③因此，要素所有者组成企业是为了产生"合作剩余"，但"合作

---

① 奈特：《风险、不确定性与利润》，第96页。
② 阿尔奇安、德姆塞茨："生产、信息和经济组织"，第118页。
③ 奈特：《风险、不确定性与利润》，第53页。

剩余"如何合理分配,每一要素所有者能够分享到多大的剩余索取权,这是现代企业理论一直关注的焦点问题之一。因为剩余控制权的分配不仅影响收入分配,还会影响到剩余的大小,甚至影响到合作生产能否实现和持续的问题。因为"合作剩余"是协作的结果,企业的协作程度、各成员的努力状况等因素都会影响"合作剩余"。为此,对企业合作剩余的分配在理论上提出了许多有影响的假说。

(1) 马克思的剩余价值观

在马克思宏大的资本论逻辑中,一直沿着分工的微观基础在于资本本性是对剩余价值的内在追求而展开深邃剖析。马克思坚持认为,在整个产品的价值创造中,只有人力资本这一活劳动才是价值的唯一源泉。其他任何非人力资本都只能是价值的转移者。马克思的剩余价值观揭示了资本内在的冲突:剩余价值的贡献与分配的严重不对称性。"当一方面分配关系……与之相适应的生产关系……和另一方面生产力,生产能力及要素的发展,这二者之间的矛盾的对立扩大和加深时,就表明这样的危急时刻已经到来。这时,在生产的物质发展和它的社会形式之间就发生冲突。"①

从分工的角度看,无论是人力资本或者是非人力资本都是任何生产不可或缺的必要条件。马克思自己也承认"虽然只有可变资本部分才能创造剩余价值,但它只有在另一些部分,即劳动的生产条件也被预付的情况下,才会创造剩余价值"。如果只重视人力资本的作用,无视非人力资本的贡献,那么,任何生产劳动都无法进行。"不论生产的社会形式如何,劳动者和生产资料始终是生产的因

---

① 马克思:《资本论》,第 999 页。

素……凡是要进行生产,就必须使它们结合起来。"① 如图6.1 所示:

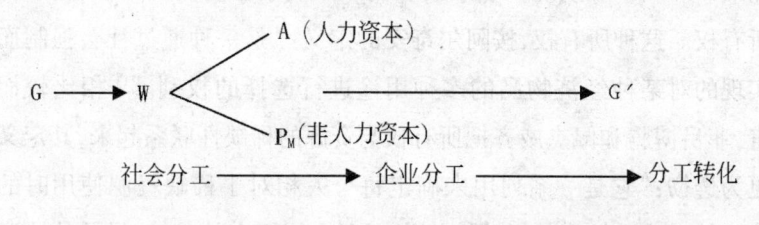

```
              A（人力资本）
            ↗
G ──→ W                        ──────────────→ G′
            ↘
              P_M（非人力资本）

社会分工 ─────────→ 企业分工 ─────────→ 分工转化
```

图6.1 社会分工与企业分工的转化

从最直观的角度分析,我们认为,剩余索取权的分配和各要素所有者在企业中的相对地位,主要取决于各要素的相对供求状况,要素的相对稀缺程度决定剩余索取权的分配状况。

(2) 契约论中的合作剩余观

按照契约论的观点,企业就是要素所有者为实现要素收益分享"合作剩余"而结成的契约集合体。作为企业所需的各种生产要素,不管是土地、劳动、资本,还是技术、特有人力资源,事先不存在等级差别和优劣之分,因为都是必需的生产要素,各方都属于"利益相关者"。因此,各要素所有者是平等的。然而,现实中的企业在要素所有者之间的权益分配并不是均等的,有的享有较高的相对固定收益,有的享有较低的相对固定收益,有的是取得扣除所有支出后的剩余收益。按现代企业理论,企业内部相关利益者所争夺的是权益的分配,其中最核心的是"剩余索取权"和"剩余控制权"。

在契约经济学分析的框架中,合约中当事人之间的权益和责任的分配,是事先在缔约前的谈判过程中讨价还价形成的。但是,任何再完备的合约都存在不完备的问题,也就是说,完备合约只能是理想而不是现实。在不确定性、风险和不完全信息下,合约总是存在遗漏

---

① 马克思:《资本论》,第999页。

和缺口。从本质上说,"剩余索取权"和"剩余控制权"体现的是一种所有权。这种所有权,按阿尔奇安的定义:"是一种通过社会强制而实现的对某种经济物品的多种用途进行选择的权利。"① 相比较而言,菲吕博腾和佩杰威齐把所有权与资源的稀缺性联系起来,其定义更为透彻:"它是一系列用来确定每个人相对于稀缺资源使用时的地位的经济和社会关系。"② 当然,对所有权概念的理解,最早的追溯应该是奈特。他认为所有权的实质"两种因素的统一或者结合:一是对投入要素的控制;二是对投入要素产品的处理权"。③ 而现代产权理论借助不完全合约,认为所有权就是在合同对决策权没有规定的时间和地点,实施剩余控制权并在合同履行后合法取得剩余收益的权利。应该说,现代产权理论对所有权的概念,揭示出了所有权的内在本质,更能够展示它的丰富内涵,更有利于分析它的协调和激励机制。对于剩余控制权和剩余索取权的关系,总体上说,剩余索取权是依赖于剩余控制权的,没有控制就无法索取。但现代企业发展的治理结构说明,没有剩余控制权同样可能拥有剩余索取权,比如股东收益。哈特(1988,1995)认为,剩余索取权可以在不同的主体之间分割,而剩余控制则不能分割。而且他还进一步提出,控制权与索取权是高度互补的,两者分离会导致套牢问题。因为"把剩余控制权与剩余索取权结合在一起,就可以让决策者承担决策的全部的财务后果。这样,他的自利动机就会驱使他尽可能地作出好的决策,而不是坏的决策。这也就是说,让最有动力作出好决策的人去作决策"。④

---

① 费方域:《企业的产权分析》,三联书店,2006年,第95页。
② 同上书,第95页。
③ 奈特:《风险、不确定性与利润》,第54页。
④ 费方域:《企业的产权分析》,第101页。

哈特和穆尔提出，由于合约的不完备性，剩余索取权主要取决于两个方面：一是当前行动的未来收益将取决于明天的谈判地位；二是资产专用性存在，意味着行为主体的市场能力或谈判地位取决于他所进入的资产。[①] 而且合约不完备性越高，剩余索取权的余地越大。我们认为，这种"谈判地位"不是取决于"某个权威"的事前计划和规定，而是资源配置的相对稀缺程度。在资源配置过程中，拥有相对稀缺资源的经济主体，资源的相对稀缺程度越高，其"谈判地位"就越强；而那些拥有相对丰裕资源的经济主体，资源的相对丰裕程度越高，其具有的"谈判地位"就越弱。因为相对稀缺的资源可替代性弱，而相对丰裕的资源则可替代性强。

总之，在资源配置过程中，要素的相对稀缺程度，决定要素所有者在结成契约关系的谈判过程中所拥有的"谈判地位"，进而决定要素所有者在契约关系中的地位、权益分配和要素收入的份额。例如，古典企业，更多体现的是资本家的企业，其产权结构、内部治理结构和剩余索取权的分配结构等，必然体现出的是"资本主权"特征，也就是资本所有者在企业这种契约关系中处于支配地位，而劳动力的所有者处于被支配地位。在某些特定发展阶段，资本与劳动相对于企业发展而言，相对稀缺程度存在差异性，资本相对于劳动更具稀缺性。因此，资本的相对稀缺不仅使它的所有者取得了支配企业的地位，而且在合作剩余的分配上处于有利地位，资本不仅攫取了合作剩余的主体部分，而且还可能不断"挤榨"和"剥削"劳动力要素所有者的劳动收入。当然，这种情况并不是一成不变的，随着分工和专业化的演进、市场范围的扩大，资本边际收益不断递减，资本的相对稀缺

[①] 奥利弗·哈特、约翰·穆尔：《产权与企业的性质》，载陈郁主编：《企业制度与市场组织》，上海三联书店，2006年，第303页。

程度得到缓解。与此同时,劳动力尤其是具有异质性的人力资本会逐渐显得相对稀缺,而且可供选择的市场机会逐渐增加,劳动力对资本的替代性增强。在供求机制的作用下,这些要素的所有者在企业的地位就会显著提高。因此,剩余索取权分配状况体现出要素相对稀缺程度的变化。

(3) 企业成长与剩余索取权的动态变迁

企业的成长是一个由无到有,由小到大,由简单到复杂的过程。这个过程中,主要有两类人在起作用:一类是非人力资本的所有者,他们提供了企业创业和成长必不可少的物质资本和金融资本;另一类是人力资本所有者,他们提供了使非人力资本保值、增值和扩张的人力资本(周其仁,1996)。企业剩余索取权的分配方式,正是这两种资本的所有者在企业成长的不同阶段,根据其所掌控的资本相对稀缺程度和重要性,而进行讨价还价、相互博弈的结果。因而,在企业成长的不同阶段,剩余索取权呈现出动态变动趋势。

第一阶段:企业创业中的剩余索取权

企业创立之初,正如我们在第3章阐述的,对于创业者而言,不但要具有"冒险"精神和"洞察力",而且还要面临许多"不确定性风险"。此时,企业的首要任务是创业者以特有的"冒险"和"洞察力"开拓市场,寻找获利机会赢得生存。机会对应着风险,获得机会的同时也面临着巨大的风险。因而,风险承担能力与剩余索取权是成正相关的。相对于一般性通用型雇用劳动者而言,冒险是企业主的主动挑战,风险责任只能由企业主自己承担,剩余索取权作为承担这种巨大风险的回报,理所当然由企业主全部索取。

与此同时,从另一角度看,作为通用型的雇用劳动者,自身由于不具有"异质性"优势,可替代性高,因而没有可资利用的筹码来"要挟"或者说"敲竹杠",更无法用退出作为威胁。因此,雇佣劳动力的所有者在企业初始契约的谈判中处于弱势地位。相反,在市场供求机制下,企业主则可用解雇来威胁工人。雇用劳动者只能放弃对企业剩余索取权的要求,"心甘情愿"接受一份固定的工资收入合同,甚至被迫接受企业主的工资"挤榨",剩余索取权也就天然归属企业主全部占有。

第二阶段:企业成长中的剩余索取权

企业扩张和成长,仅靠企业主自身资本无力支撑,必须通过对外融资来解决,外部资本的融入使得原有企业的资本结构发生变化,新的资本结构产生新的收入分配方式。新的分配方式有两种:一是对于以借债形式进入企业的资本而言,其所得到的是固定的利息收入,一般不参与剩余索取权的分配;二是对于以入股形式进入企业的资本而言,则必须给予适当的剩余索取权使其获得剩余收益。至于剩余索取权的大小,以及取得剩余收益比例的多少,则主要通过企业主与投资者协商谈判来确定。因此,剩余索取权第一次初步调整的分配结果是:剩余索取权被资本所有者全部占有,而雇佣工人仍然只得到固定的工资收入;所不同的是剩余索取权由最初被企业主一人占有,变成由企业内部和外部资本所有者共同拥有。

随着企业分工和专业化程度的提高,资本经营者角色开始独立出来。由于资本经营者的专业化,使得企业主由最初的所有者和经营者"两者合一"逐渐分离,而将"经营者"角色让渡出来,企业主专司所有者职能,从而使得企业的所有权与经营权相分离,企业的剩余索取权,开始由资本的所有者"剥离",并部分向人力资本的所有者让渡。企业剩余索取权在企业成长时期最终重新分配的结果是:剩余索取权由资本的所有者向人力资本所有者让渡,两者共享企业的剩余索取权。只是在人力资本所有者中,只有具备专门经营才能的经营者享有剩余索取权,而生产者获得的仍是固定工资收入。

第三阶段：企业成熟期的剩余索取权

剩余索取权分配形式的变化促进了企业的成长,经历了第一次剩余索取权的重新分配之后,企业进入了成长过程中的成熟期。在这一阶段,一直被忽视的人力资本的重要性显现了出来。生产者经过特殊培训和采用"干中学"的方式使其拥有的人力资本变得高度专有化,高度专有性的人力资本在给企业带来高生产率的同时,也带来了可占用专用性准租的问题(克莱因、克劳福德和阿尔奇安,1978)。生产者利用资产专有性带来的"捆绑"效应(威廉姆森,1979)以退出相威胁,要求获得更多的契约收益,这即是经典的"敲竹杠"行为。克莱因(1992)认为,敲竹杠就是交易者在不完全契约下,从交易合伙人所进行的专用性投资中寻求准租的一种后契约机会主义行为。解决这一问题有两种方法:纵向一体化和长期契约(克莱因、克劳福德和阿尔奇安,1978)。由于人力资本产权的特殊性,"其所有权只能不可分地属于其载体,这个载体不但必须是人,而且必须是活生生的个人"(周其仁,1996)。所以,对于人力资本无法采用纵向一体化的方式,只能签订长期契约。此时,生产者的人力资本已高度专有化,如果直接定价不能符合其利益,就可以将专有性的人力资本"关闭"起来,而给企业带来巨大损失。因此,对于高度专有性的人力资本只能激励,不能强制和"挤榨"(周其仁,1996)。只有通过签订一份激励性的间接定价的长期契约,才能促使其发挥最大效率,减少"敲竹杠"行为。因此,此时仅仅通过经营者的监督是远远不够的,只有让渡一部分剩余索取权给生产者,使其收益与企业成长息息相关,从而使投资于专有性的人力资本,发挥专有性的最大效率,从而提高企业的总收益。这样生产者通过以其相对稀缺性和专有性人力资本为筹码,提高在企业契约谈判中的地位,并从资本家和经营者手中分得部分剩余索取权。因此,剩余索取权第三次重新分配的结果是:作为生产者的人力资本也获得了一部分剩余索取权。从此,企业的剩余索取权就由资本家、经营者和生产者三方共享。

6.2 企业成长中的内部治理

6.2.1 分工与代理制的形成及发展

企业成长推动着企业制度的变迁,市场分工的深化促进企业内部的分工。代理制是企业内部最有效率的分工形式,企业由最初的所有者控制,过渡到代理人控制,体现了社会分工体系的日益扩大和市场分工日益深化的过程。这一过程,是一个历史的渐进演化过程。

(1)从简单的所有权控制到局部代理

企业在初创时,市场规模相对狭小,企业内分工会受到约束和限制,所有者、雇主与经营管理者合为一体,企业内分工只限于雇主与雇员之间。雇主往往亲自筹集生产所需要的资本,并从市场上购买劳动力或者以"缘"关系聚集劳动力,然后按简单的分工原则组织生产和监督劳动者完成整个生产过程。在整个产品的购买、生产和销售三个阶段,从要素交易到产品交易,都是在所有者的控制下完成。这种封闭式的简单所有者控制模式适应简单的分工,因为在简单的分工结构中,并不需要更多的人实施监督职能,也不需要一个单独的阶层来扩大和延伸企业主的权利边界。因此,简单的所有权、经营管理权合为一体集中于雇主,其优点是不存在代理成本,交易成本小,信息传递及时,能灵活应对市场变化。

但随着企业成长,生产规模的扩大,企业内部分工结构开始出现等级化、阶层化,从而导致劳动力出现熟练劳动和非熟练劳动的分化,企业生产过程和生产成果不再是独立的某几个劳动者能够完整完成的任务,而是各种在技术上和工序上高度相关的生产过程的协作和复合,劳动力也不是简单的自然生产力,而是演化为现实的社会生产力的一个要素。这样,企业生产中的各种变量日趋复杂,传统的简单控制已无力适应这种局面。这就意味着劳动力分层产生的必然性,一部分熟练劳动者因为具有技术优势而"脱颖"出来,逐渐变成"技术官僚",所有者与管理者的职能局部分离便由此开始。所有者从管理的局部职能中逐步退出,而由技术官僚取而代之。

这种局部代理的出现并非是出于雇主的个人偏好和"慈善",而是企业成长过程中形成的更有效率的企业内部分工和外部分工结构,这是企业成长中的一个重要制度变迁。这意味着:第一,代理制的要素已初见端倪。技术官僚作为监督者代理企业主行使监督职能,所有者拥有委托权监控代理人行为。第二,技术官僚的出现使劳动者内部形成内在的有机的激励效应,使在位代理人只有不断努力才能保持自己的技术优势,而普通的劳动者也只有通过创新和勤勉才能"晋升"进入技术官僚阶层。这是企业保持长期成长的内在原始动力。第三,局部代理的出现,可以"稀释"企业内部的劳资冲突,有助于企业形成整体活力。第四,有利于推动社会资源的最优配置,促进社会分工的深化。

(2) 从局部代理到完全代理

不但企业内部分工推动企业制度变迁,而且社会化分工也促进企业制度变迁。首先,从企业自身来看,随着生产社会化程度越来越高,企业规模增大,原有的企业内部分工就会出现与社会化水平不相对称的问题。这种企业成长的外部环境变化,要求企业制度作出相应调整。否则,企业规模越大,企业的交易成本就越高,并出现企业管理上如莱宾斯坦所说的"X非效率",从而"侵蚀"生产效率。同时,在市场规模扩大的进程中,企业对市场信号反应迟钝,企业目标立足于"短边选择",满足于短期回报,仅仅维持市场的"短边均衡"。特别是在市场不确定性风险增大情况下,企业缺乏自我稳定机制和风险规避能力。因此,在这种格局下,局部代理无法使企业之间,企业和市场之间形成正常和有效率的信息交流,很难使企业在充满竞争的市场体系中展现生机。其次,所有者出现分散化,已构成了一个非人格化的"所有者联合体"。

企业成长的历史起点是只在一个地区生产或者经营一个产品,但企业成长不仅仅只是一个地区生产或者经营一个产品。马克思也揭示出,企业的初始规模是由单个资本家的资本数量决定的。[①] 但是,单个资本依靠自身积累不但速度缓慢,而且数量和规模也有限,这种有限的资本数量和规模必然约束企业成长,这就需要"一种向心引力,将财富吸入到规模不断扩大的集合体"。[②] 而所有权的"原子式分解"意味着所有权的让渡和重组,有利于这种"向心力"的形成。

伯利和米恩斯甚至认为,所有权分散程度与企业规模成正相关:"在最大公司中,所有权分散已经达到了惊人的地步,在中型公司中,它也已经达到了相当可观的程度。而且通常可以这样认为,公司规模越大,其所有权就更可能为众多的个人分散持有。"[③]事实上,企业成长中的外部环境已具备了解决这些问题的条件:其一,货币、证券和期货市场开始形成,使得资本股份化、财产法人化和金融资本与产业资本出现融合趋势,从而化解了单个资本集中和集聚不足。其

---

① 马克思:《资本论》,第1卷,第366—367页。
② 阿道夫·A.伯利、加德纳·C.米恩斯:《现代公司与私有财产》,商务印书馆,2005年,第66页。
③ 伯利、米恩斯:《现代公司与私有财产》,第62页。

次,企业成长潜力大小不再是由资本所有者获利能力决定,而是由企业在市场上份额大小决定。由此,也促进了市场范围的扩大和体系的完善。这就产生了一个现实问题:所有者分散化说明不能由单个的所有者控制企业,而只能由代表所有者联合体的专门代理人全权履职,而且代理人可以脱离单个所有者的利益和目标约束,保持自身的独立性形成职业性代理。"对于一打左右的有控制权的人来说,尚有发挥其首创精神的余地。但对于每个企业数以万计乃至十万计的工人和所有者来说,个人的首创精神已不复存在。作为一个集团其活动的规模很大,除少数控制者之外,该集团中的个体的地位是无足轻重的。与此同时,控制权问题已成为经济管理的难题。"[1]

这些问题,一方面暴露出传统企业制度的弊病;另一方也促使局部代理成为走向完全代理的转机。完全代理意味着所有者与经营者职能的完全分离,经营者可以根据合约全权代理经营法人财产,并合法索取相应的"剩余索取权"和"剩余控制权"。这样,经营管理者逐渐形成一个独立的阶层。此时,就会出现伯利和米恩斯所说的"经济帝国——一个不是由地理边界圈定,而是由集中的控制权所掌握的帝国"。[2] 完全代理人的出现,是现代企业成长的历史和逻辑起点,是市场制度的相对完善和社会分工深化的产物,是企业成长中内生的制度需求,而不是市场制度的替代物。也正是由于完全代理人的出现,改变了企业的组织结构,企业则以现代的更大规模的崭新形象展示于世:"现在,这些企业单位已经广泛地被大集合体所取代,在这些大集合中,工人达数万甚至数十万之众,财产价值达数亿美元,属于数万甚至数十万个人所有,通过公司的机制,这些工人、财

---

[1] 伯利、米恩斯:《现代公司与私有财产》,第135页。
[2] 同上书,第5页。

产、所有者结合成一个在统一控制、统一管理之下的单一的生产组织。"①

(3) 经理人市场的形成

经理人市场要比代理人出现晚得多,早期的代理人选择范围非常有限,大多只能局限于企业内部,不存在有规则的、完善的经理人市场。而经营管理的职业化和完全代理人的出现,为经理人市场的形成准备了基本条件:它预示着完全代理人作为职业化的经营者,从此将不再是隶属于某个企业或者某个所有者的联合体,而是独立地构成一个阶层——经理阶层。这是企业成长的一个伟大进步,因为它"摧毁了过去三个世纪经济秩序所依存的特有基础"。② 如果说早期企业的企业家还只是资本的人格化,那么,现在的职业化的代理人则是经营管理的人格化。因此,完全代理人的出现意味着一个管理时代的结束,另一个新的管理时代的开始。而经理阶层的最终独立,主要源于纵向一体化的企业科层结构和法人治理已成为普遍的企业制度形式,以大企业、大财团为核心的横向一体化经营,已成为资本社会化和市场结构变动的主流。这些变化刺激了对经理人员的大量需求,也促进了经理人员的流动性。加上旨在完善法人治理结构的新的契约理论和体系日趋成熟,经理阶层最终在经济和法律上成为相对独立的社会阶层,从而作为企业生产的一个极为重要的生产要素——经理人市场也就随之形成。

经理人员是来自竞争性经理市场,或者是来自企业内部,抑或是所有者家族,并不是衡量经理人员经营绩效的基本依据,重要的是,能够以健全完善的制度既使经理人员的目标函数与企业目标函数具

---

① 伯利、米恩斯:《现代公司与私有财产》,第4页。
② 同上书,第9页。

有兼容性,同时又能使真正的优秀经理人员"脱颖"而出。一方面,是要能把委托人的意志内化为代理人的自我意志;另一方面,是如何使各种外在监督变为代理人的自我约束和内在动力。这是一个"经济管理的难题",它需要从制度上去化解,而经理人市场的形成在本质上说具有这种制度功能。同其他市场一样,经理人市场也存在着不确定性、信息不对称性问题。但只要经理人市场是充分竞争的,经理人目标与企业目标经过多次"市场调整",总是可以达到相对均衡。

任何经济问题的解决不在于回避现实。经理人员作为现实中的个体,必然具有"经济人"的本性,其行为潜藏着机会主义的动机。关键在于市场规则和各种合约使经理人员服从于市场竞争法则,限制和约束机会主义动机。"经理偷懒行为的约束,依赖于来自其他经理团体的市场竞争,和来自企业内部试图取代管理阶层的成员的竞争。除了来自外部和内部经理竞争外,投票权临时集中,形成由一个或几个竞争者控制的投票集团,也会促进经理偷懒行为的控制。"[1]早在18世纪中期,一些大企业主就曾希望能够授权经营,但却长期不能如愿。亚当·斯密真实道出原委:很少有领薪的管理者会像管理自己的钱财那样管理别人的钱财。[2] 因此,经理人员目标与企业目标的偏差,不能简单地归因于"经济人"的道德缺陷,而是市场化进程还没有把经理阶层独立出来,构成真正竞争性的要素市场。在一个完善的经理人市场中,经营不善或经营偏离所有者目标,经营者会自动退出经理市场,市场通过竞争会自动修正经理人的任何偏差,这本身是市场制度为企业制度提供的一种安全机制。

---

[1] 阿尔奇安、德姆塞茨:"生产、信息成本和经济组织",第249页。
[2] 转引自石磊:《现代企业制度论》,立信会计出版社,1995年,第15页。

6.2.2 委托代理理论与激励监督机制

现代企业的委托代理关系是这样一种关系,即委托人授予代理人以决策权,要求代理人以委托人的利益履行代理职责。但是,在双方存在效用最大化的假定下,委托人与代理人的目标很难保持一致。因此,如何设计出一个激励合约去激励和约束代理人的行为,使其尽可能符合委托人的最大化利益目标,这是委托代理理论要解决的主要问题,也是经济学中的一个难题。

(1) 经理激励问题

对于委托代理理论要解决的中心问题,按照法马和詹森(1983)的观点,主要是如何降低代理成本问题。早期的文献如伯利和米恩斯(1932)、詹森和梅克林(1976)分析的焦点则是主要致力于如何使所有者与经营者的利益保持一致;布莱尔(1995)认为关键是对企业控制权或剩余索取权分配的一整套法律、文化和制度性安排;威廉姆森(1984)则从合同治理角度,提出市场治理、双边治理、三边治理和一体化治理思路。在国内学者中,费方域(1996)认为,委托代理关系是一种关系合同,作为一套制度安排,它给出企业各相关利益者之间的关系框架,在规则上服务于出资者的利益,主要内容是设计控制内部人控制的机制;林毅夫(1995)指出,委托代理是所有者对一个企业经营管理和绩效进行监督和控制的一整套制度安排,更重要的是通过竞争的市场,实现间接控制和内部治理;张维迎(1998)更强调解决各种代理问题的机制,特别是通过显性和隐性的合同对剩余索取权和控制权进行分配,从而影响企业家和资本家的关系。

经典的委托代理关系中的经理激励可以用以下模型简单表示:

假定在一个企业中,存在委托代理关系。在 t 时期里,代理人以努力程度 a,生产产出 y_t。则产出函数表示为 $y_t = f(a) + \varepsilon$。其中,ε

是一个随机变量。在委托人获得产出 Y 时,代理人可以获取薪酬水平 W。这里,a 是一个可以由代理人控制的变量,而 ε 是一个外生变量,a 实际上是由委托人与代理人事前合约中决定。但是,在信息不对称下,代理人往往存在机会主义。当代理人不能受到约束和监督时,这时对于外生的随机变量 $\varepsilon < 0$。也就是委托人实际产出会小于预期产出。进一步地,不考虑多次合约的问题,而只是考虑一次性合约的情形,则代理人的薪酬合约可以是线性函数 $W = \alpha + \beta y_1$。α 是代理人的基本薪酬,有固定标准,很容易确定。β 是代理人绩效与委托人补偿的相关系数。显然,β 也是一个难以量化和测定的变量。当 ε 无法准确测定时,受其影响的 β 显然也是难以确定的变量。通过这个模型分析,实际上包含了委托代理理论的一个重要结论,使委托人预期效用最大的任何对代理人的激励与约束的合约,均必须让代理人承担部分风险。在上述模型中,$\beta > 0$ 时,代理人承担了产出的风险,同时也相应产生激励;若 β 值越大,对代理人的激励也就越大;$\beta < 0$ 时,产生的是负激励;$\beta = 0$ 时,代理人的薪酬与绩效不相关,也就是说,无论代理人如何努力都只能获得基本薪酬。因而,代理人没有任何努力的内在动力。

委托代理理论对于经理激励机制的启示是,任何使委托人效用最大化的经理激励机制的合约安排,都必须使经理报酬与产出息息相关,从而使经理承担部分风险。

(2) 外在监督问题

单纯的激励不可能解决委托代理的所有问题,因为委托人与代理人之间总会存在不对称性信息。因此,解决委托代理的问题,重要的不是减少或者取消授权,而是如何解决因不对称性信息所引发的代理人"逆选择"和所谓的"内部人控制"。

不对称性信息,是指交易中一方所掌握的信息比另一方多,从而利用信息优势"要挟"对方。不对称信息的本质原因,主要在于劳动分工以及与其相联系的知识分工。随着交易的扩大,企业内分工深化,特别是出现哈耶克所说的"知识分工",会加大信息不对称性。在信息不对称性下,机会主义行为必然发生。在委托代理关系中,按照韦伯的说法,代理人总是会"依靠从工作经验中发展起来的知识进一步增强权力"时,就"更有可能按照自己的意愿行事了"。① 委托人很难对企业的经营目标提出准确要求:经营风险和未来收益不是被高估就是被低估,当委托人无法对代理人进行观察和监督时,代理人更可能"按照自己的意愿"行事。

对于代理人的外在监督,首先是通过合约安排来实施。合约是委托人与代理人之间就授权达成的一系列协议,通过合约可以对双方作出在不同情况下做什么和不应做什么的承诺,从而对未来行为进行约束。作为完整和有效率的合约,是能将委托人的意志内化为代理人的内在动力,也就是形成激励与约束相容的机制。在合约中,双方的权责应有一个平衡体系:一方面,委托人的授权要有助于代理人实现企业目标和履行其职责并兼顾到代理人自身利益;另一方面,责任和风险的分配要对称,过大会侵蚀代理人的权益,不利于激发代理人的激励;过小则会影响委托人的权益。同时,正如前面所阐述的,任何完备的合约都只能是不完备的合约。因为未来事件的复杂性和不确定性,任何人都不可能预知一切未来可能发生的事件,从而也就不可能对未来可能的偶然行为采取相应的行动。进一步说,即便是能制定完备合约,这种完备合约成本可能大于其收益,以至于双方都不愿意选择这种合约。因此,在不完备的合约下,委托人与代理人的行为一致性和承诺的有效性就会受到影响。

---

① 皮尤编:《组织管理精粹》,中国人民大学出版社,1990 年,第 14 页。

首先,缔约人会利用合约的漏洞违约,而且很难明辨是非和进行第三方指证。其次,会加大合约讨价还价的成本,导致履约成本过高。最明智的做法就是在面临双方博弈中,兼顾双方利益,在妥协中选择一个对单个当事人来说是次优但却是对双方最优的合约,也就是要充分考虑到代理人的目标与委托人目标的兼容性。为了反映企业长期成长中的多目标约束,代理合约中的责任变量应该包括投资回报率、销售额、股票价格和职工工资水平增长;同时为促使代理人努力实现上述目标,对代理人的激励措施选择,就应当充分考虑到各种激励措施对这些目标变量可能产生的影响。例如,为防止代理人以损害企业长期利益和整体利益为代价,追求短期利益和局部利益,对代理人的激励就应将长期绩效补偿与短期薪酬相结合。按照欧美通行的惯例,长期绩效补偿措施主要包括:延期支付资金;对实现的超额销售收入或者利润按比例分成;以购股证和赠股联动代替现金支付等。①

与此同时,对代理人的合约治理往往还要借助财务核算来进行。"预算、簿记、核算和企业统计使那些即使是最大、最复杂的企业,可以准确地考核每个部门的成绩。因此,也可以对每个部门领导人的行为在整个企业中的作用进行评价;企业的领导就掌握了评价每个部门领导行为的准绳:他们知道,这些部门负责人的价值如何,应该给他们多高的报酬。若想被提拔到更高、责任更大的岗位,他们必须以其在部门的毋庸置疑的工作实绩来证明他是胜任的。用企业核算的手段来控制部门领导的活动,这一方法同样也可用来考核各部门工作和一个企业的整体工作、企业中的组织措施和其他类似措施的

---

① 石磊:《现代企业制度论》,第59—60页。

影响。"① 通过财务核算制度,不但可以控制整个企业、考核代理行为,而且对各部门的考核和监督同样有效。

考虑到在通常情况下,不确定风险在委托人和代理人之间的动态分布是不均匀的。根据理性经济人假定,委托人会更多倾向于"风险中立",代理人会倾向于"风险规避"。所以,对代理人监督的最好制度选择应该是形成代理人的内在约束机制,即由企业外生因素——市场竞争机制,自动矫正代理人的效用函数,维持代理人的绩效与补偿的相对均衡。② 相反,主流经济学关于现代企业的理论,则更多关注委托人与代理之间的反复谈判形成相对均衡,而不是在企业之外寻求成本最小的利益均衡机制。其实,考虑到时期的延长,由 $t_1, t_2, t_3, \cdots t_n$ 多期合约,也无论主动签约方是委托人或者是代理人,不确定性和信息不对称都始终存在。从理论上看,每一期的重新签约可以避免上期的漏洞和不足,并且找到一个新的均衡点。但如果纯粹立足于合约的不断修正,这种合约有可能就是无限期的。比如,某一个合约是 n 次谈判的结果,还可能进行 $n + 1, n + 2, \cdots,$ $n + k$ 次谈判。然而,随着谈判的递增,这种签约的成本会越来越高,而且边际成本呈递增趋势。与其以越来越高的成本寻求代理绩效与补偿系数的精确度,还不如通过引入外在的经理人市场来自动调整,从而减弱不确定性和风险对合约成本和监督成本的影响。而"经理人市场的制度绩效在于动态地评价经理人员的经营管理能力和绩效补偿额度,它可以强制无能的经理人员永远退出经理行业,也可以使成功的经理人员在名誉和货币收入方面得到充分补偿。借此,企业代理合约所无法穷尽的隐性事实便被还原给经营者自身,本

---

① 米塞斯:《自由与繁荣的国度》,中国社会科学出版社,1995 年,第 128 页。
② 石磊:《现代企业制度论》,第 26 页。

来由企业承担的代理人成本便被还原由经营者承担的风险成本,委托人对代理人的监督也相应地被简化了"。①

(3) 声誉激励问题

从企业长期发展的实践可以看出,优化企业组织行为而又成本最小的选择是,借助有效的制度结构使企业外部竞争(显性激励)与内部竞争(隐性激励)功能互补。而且,从立足于本书一直强调的企业与市场不可分性的分析框架来看,隐性激励对于纵向一体化企业的运行效率更具有决定性意义。卡森(1991)认为,尤其是在监督成本很高的情况下,领导的任务就是通过"道德操纵"将欺诈或疏忽与内疚感联系在一起。② 威廉姆森(1985)也强调,当传统契约不能提供保护机制时,就需要设计出特殊的治理机制安排,在不断变化且不确定的环境中,由重复交易所促成的信任,可能是解决成本最小化问题的机制。一个好的合约固然可以产生高效率的显性激励,但对于那些有名誉追求和未来预期的代理人,不会只考虑货币和短期经营绩效,特别是对于那些目标界限模糊、弹性较大的非企业行为,合约通常是无效的。因此,声誉和商誉在信息不对称的市场中是非常有价值的。③

声誉激励是一种自我激励和自我约束,它是社会化的产物,更多体现的是一种社会文化。因此,社会化的强度(比如一个社会中整体的信任水平)决定着代理人对声誉的重视程度。熊彼特(1990)认为,在西方个人主义文化中生成的代理人,有一种称之为"企业家精神"的内在激励,企业家精神是一种为实现自我价值、体现个人意志的奋斗和冒险精神,具备这种企业家精神可以促使代理人把企业经

---

① 石磊:《现代企业制度论》,第5页。
② 马丁·利克特:《企业经济学》,人民出版社,2006年,第23页。
③ 利克特:《企业经济学》,第29页。

营看成是自我价值的"实现器"。这样,代理人会"内外兼修",即使外在的激励不足时,代理人的努力程度也不会有所降低。韦伯(1987)强调,西方自16世纪起出现的新教伦理改革,无意间发展出一种"资本主义精神",从而对新教徒的利己心和世俗经济行为,产生了极为有效的约束。正是有了这种约束,资本主义才得以产生和发展。

进而,从经济学角度,根据前面的产出函数,代理人的努力程度 a 在区间(0,1)内变动。当声誉激励愈充分,a 就越趋近于1,于是就有:

$$\lim_{\varepsilon \to 0} f(a) = 1$$

对于代理人来说,不同时期声誉的内在价值可能是动态的。在企业经营初期,代理人会更重视声誉价值,因而会倾向于长期收入机会放弃现期收入机会。这时,代理人会为扩大市场占有率、创新产品、实现企业长期目标而作最大努力,自觉把个人的价值融入企业经营目标中,因信息不对称而出现的所谓"道德风险"和"机会主义"就会自动消失或者得到缓解。而在经营的后期,则可能低估声誉效应的未来收益,因而更可能出现短期化行为。

6.2.3 雇主与雇员的关系[①]:权威和管理参与制

(1) 权威关系的形成

对于企业权威的观点,在理论上还没有统一的阐述。科斯认为,企业就是"允许某个权威指导资源配置"的组织。阿尔奇安和德姆塞茨认为,"企业特征是通过命令、权威或者约束行动解决问题的权

---

① 本书分析的雇主和雇员关系,主要是指企业内部经理与劳动者的关系。从一般意义上讲,委托人与代理人之间也是一种雇主和雇员的关系,也就是委托人雇佣代理人。但是,委托人与代理人是一种平等的契约关系,而雇主与雇员则不是。

力,这是一般市场所不具备的。这是错觉。企业并不具有其所有投入品。它没有发号施令的权力,它没有权威,没有约束行动"。[①] 梅纳尔(1996)以一个简单的模型比较全面地区分了科层和权威。假定 I 和 J 是两类代理人,对于 i ∈ I 和 j ∈ J,如果允许 i 对 j 采取行动 $a, a \in A$,则可以认为 j 对 i 有权威。因此,沙博(1998)强调,权威包含着故意的行为并需要某种形式的明确接受。进而,对权威和科层作了区分,在权威实施中,双方行动者地位是对称的,而科层是建立在个人之间无协商余地的不对称关系基础上。企业中,每个成员都对某一行动拥有权威:在科层形式中,只有一个成员拥有决策权;而在权威形式中,不同成员可以对某一类决策拥有决策权。[②] 威廉姆森(1975,1985)把按条令作出的决策,看做是科层企业对市场比较优势的来源;道(1994)认为,权威是一个或多个下属的行动受一个共同的上级的指令控制的资源配置模式。因此,大多数经济学家是赞成企业存在权威的。我们认为,权威是权利在本质上的体现,权威的形成是行为主体对控制权的让渡。企业作为一个组织,市场的规则不可能适用于企业,市场的秩序主要是通过价格机制来传达,而企业内部的秩序则更多依靠权威,权威是企业秩序的黏合剂。当企业的规模越大,权威的作用权重就越大,从而劳动者的努力程度就越高,企业的效率也越高。

在企业内部,权威关系更多地体现在雇主与雇员上。雇主与雇员权威关系形成分为两个层面:

一是市场上的平等契约交易和生产中的控制权让渡。在市场上,雇主以拥有资本的控制权与雇员对劳动的控制权进行平等交易。

[①] 阿尔奇安、德姆塞茨:"生产、信息成本和经济组织",第 97 页。
[②] 迪迪耶·沙博:"资产专用性、工作组织和命令模式",载科斯、诺斯等:《制度、契约与组织》,经济科学出版社,2003 年,第 413 页。

从形式上看,这种交易是自愿的公平的,因为它是基于非强制和遵循价格机制进行的等价交换。"劳动力的买卖是在流通领域或商品交换领域的界限以内进行的,这个领域确实是天赋人权的真正伊甸园。那里占统治地位的只是自由、平等、所有权和边沁。自由!因为商品例如劳动力买者和卖者取决于自己的自由意志。他们是作为自由的、在法律上平等的人缔结契约。平等!因为他彼此只是作为商品占有者发生关系,用等价物交换等价物……"①但这种平等只是瞬时即逝的假象。因为这种交易本身是控制权的让渡,雇员以劳动力交换货币,就意味着雇员对劳动的控制权的让渡,于是资本控制劳动或者说是资本雇佣劳动就发生了。一旦进入企业内部,劳动的使用权就归雇主所有,如何和怎样使用劳动皆归资本指挥和使唤。"一离开这个简单流通领域或商品交换领域,——庸俗的自由贸易论者用来判断资本和雇佣劳动的社会的那些观点、概念和标准就是从这个领域得出的,——就会看到,我们的剧中人的面貌已经起了某些变化。原来货币占有者作为资本家,昂首挺胸;劳动力占有者作为他的工人,尾随于后。一个笑容满面,雄心勃勃;一个战战兢兢,畏缩不前,像在市场上出卖了自己的皮一样,只有一个前途——让人家来鞣。"②鲍尔斯和吉恩蒂斯(1990)也认为,劳动力和资本的关系是一项可竞争的关系,因为工人的工作时间可以在合同中予以规定,但是实际完成的工作数量和质量一般无法通过合同规定。③ 因此,雇主对雇员权威的形成是在资本与劳动交换的平等契约中构成的,这种

---

① 马克思:《资本论》,第1卷,人民出版社,2004年,第204页。
② 同上书,第205页。
③ 萨缪尔·鲍尔斯、赫尔伯特·吉恩蒂斯:可竞争性交换:"资本主义政治经济的新微观基础",载普特曼、克罗茨纳:《企业的经济性质》,上海财经大学出版社,2000年,第265页。

权威造成了劳动对资本的"状态依附",从而使资本具有天然的对劳动力支配的权威。同时,资本的相对稀缺性和劳动力的相对丰裕性,强化了资本的谈判地位和势力,导致雇员对雇主的职业依赖,进而增加了雇主影响和控制雇员的权力。这就是短缺创设权威的原则:市场上处于短缺方的人对与之交易的过剩方的人拥有权力。因此,雇主在交换中以一定租金交换到劳动力,租金迫使雇员接受雇主的权威:用金钱——保障租金——换取权力。①

二是雇主与雇员权威关系是企业内部生产秩序扩展的黏合剂。企业作为一个"团队生产",存在着协调生产,提高组织效率的问题,这就需要某种集中化的指导。权威就是使这种指导和协调成为可能和有效的源泉。在权威制度的安排下,企业生产成员个人目标才不至于超越企业整体的目标,个人的行动才不至于侵蚀企业的整体行动。恩格斯说,"联合活动、相互依赖的工作过程的复杂化,正在取代各个人的独立活动。但是,联合活动就是组织起来,而没有权威能够组织起来吗?……不管这些问题是怎样解决的,是根据领导各该劳动部门的代表的决定来解决,还是在可能性情况下用多数人表决的办法解决,个人的意志总是要表示服从,这就是说,问题是靠权威来解决。大工厂里的自动机器,比雇佣工人的任何小资本家要专制得多。至少就工作时间而言,可以在这些工厂的大门上写上这样一句话:进门者请放弃一切自治!如果主人靠科学和创造性天才征服了自然力,那么自然力也对人进行报复,按人利用自然力程度使人服从一种真正的专制,而不管社会组织怎样,想消灭大工业中的权威,就等于想消灭工业本身"。② 对此,韦伯则更为抽象地观察到组织是

---

① 萨缪尔·鲍尔斯、赫尔伯特·吉恩蒂斯:"可竞争性交换:资本主义政治经济的新微观基础",第276页。

② 《马克思恩格斯选集》,第2卷,人民出版社,1975年,第551—552页。

通过建立一种等级制的权威——官僚制来达到它的理性和效率的。官僚制就是把权威和服从关系严格建立在非人格化的正式规则基础之上,规范不同行为主体的行为,使个体目标自动融入整体目标中,从而使不同层级间互动能够更具合理预期,达到提高企业组织效率。"经验一般倾向于表明从纯粹技术的观点来看,纯粹的官僚制形式的行政组织能够实现最高效率。在这个意义上说,它是对人实行强制控制的最合理的已知手段,它在精确性、稳定性、纪律的严格性和可靠性方面都优于其他任何形式。"①

(2) 长期雇佣与管理参与制

正是因为雇主与雇员在形式上的平等契约交易,造成了事实上的不平等和对劳动的强制性,因而这种权威更多造就的是法律上的认可和意义。要使雇主与雇员的权威能够维持和得以扩展,还必须获得当事人即雇员的集体认可或赞同。② 西蒙(1991)在声称有效的组织必须依靠首创精神——而不是简单的服从时,强调了一种平衡点,但这不是单纯靠经济报酬,更重要的是靠组织的认同以促进自豪感和忠诚感的产生而发展起来。③ 因此,在企业的权威结构里,必须建立起激励约束的机制,以达到和实现雇主与雇员境况的"帕累托改进",才能从根本上稳定和扩展雇主和雇员的交易关系。"工人的劳动努力,像任何其他人力资本的利用一样,可'激励'而不可'压榨'。资本家滥用权力的事情虽然像任何权力都会被滥用一样史不绝书,但资本权力的滥用,除了激起工人的集体行动,从来达不到充分利用工人劳动能力的效果。另一方面,工人的自发集体行动,只以反制资本家滥用权力为限。在多数情况下,工人接受劳务市场上的

---

① 皮尤编:《组织理论精粹》,第12页。
② 汪和建:《迈向中国的新经济社会学》,第352页。
③ 迪屈奇:《交易成本经济学》,第87页。

交易,并对'激励性合约'能够做出积极回应。"①

首先是长期雇佣关系。雇主在雇佣劳动时,一方面是如何控制和使用劳动;另一方面是如何监督劳动。劳动者内在的机会主义会干扰和影响着雇主对劳动的控制和使用,即使再完备的契约也不能解决此类问题,就如梯斯所说,"在契约中能把所有相关的偶然事件具体化,但是由于契约并不总是被遵守的,所以契约仍具有极大风险"。② 事前的机会主义可以设计制度进行预防,但是事后的机会主义却很难监督。特别是劳动者的所有权限于体现它的人,人是劳动的载体。"这个载体不但是人,而且必须是活生生的人。"③ 罗森(1985)曾强调,由于人力资本只能属于个人的产权,因而人力资本只有在具备"自由社会里"的限制条件下才能发挥作用。按他的理解,只有在不允许将人为奴的法律条件下,人力资本属于个人才是真实的。因此,人力资本是一种"主动资产"。"它的所有者——个人——完全控制着资产的开发和利用。因此,当人力资本产权约束的一部分被限制或删除时,它的主人可以将相应的人力资本'关闭'起来……一块没收的土地,可以立即转移到新主人手里;但是一个被没收的人,可能不听使唤甚至宁死不从。"④ 为此,一个可能的激励约束机制就是实行一种长期雇佣制度。也正因如此,在现实中,劳动契约大多具有长期契约性质。米尔格罗姆和罗伯茨(1992)认为,大部分雇佣实际上代表着雇主和雇员之间复杂的长期关系。

---

① 周其仁:"市场里的企业:一个人力资本与非人力资本的特别合约",载《经济研究》,1996年,第6期。
② 转引自本杰明·克莱因、罗伯特·克劳福特、阿曼·阿尔奇安:"纵向一体化、可挤占租金和竞争性缔约过程",载盛洪主编:《现代制度经济学》(上),北京大学出版社,第203页。
③ 周其仁:"市场里的企业:一个人力资本与非人力资本的特别合约"。
④ 同上。

第一,长期雇佣关系有利于人力资本的投资激励。由于契约期限长,雇主与雇员的关系变成一种长期重复的博弈,这样可以缓解短期劳动契约所导致的事后无效率。特别是在知识分工体系下,劳动力资产越来越具有专用性。一方面,对于专用资产,投资回报期长。在短期中,雇员很难收到回报。因此,在短期契约中,专用性投资就会变成"沉没成本"。另一方面,"资产专用性越来越高且日益专门化时,其所带来的可挤占租金越多"。[①] 一旦准租金产生,出现机会主义行为的可能性就变成现实。正是因为劳动力资产具有专用性特征,"作为解决机会主义行为的一般问题的第一种方法是某种形式的经济上可行的长期契约。很清楚,短期契约不能解决这个问题"。[②]

第二,长期契约有利于企业形成关系型治理。在长期雇佣关系中,雇主与雇员容易形成"荣辱与共"意识,确立双方之间的高度依赖性。在这种高度依赖中,每一方就会把当事人的利益变成对方当事人利益的重要组成部分,或者说任何一方利益都是通过对方利益而实现,即形成"利益相关者"。

第三,建立管理参与制。针对企业内部传统管理不能解决企业目标内化为雇员的价值动机和个人目标问题。泰勒的科学管理在于以技术为标准,通过生产流水线来造成一种使个人目标服从于整体目标的效率原则。然而,它的强制性只能逼人就范而不能催人奋进。现代企业建立的官僚分层体制,是一种以自上而下的服从原则建立的权威控制,同样未能解决"价值内化"和"目标兼容"。而在这一点上,传统经济学对管理参与制的通常解释,大多不令人满意,似乎雇

---

① 本杰明·克莱因、罗伯特·克劳福特、阿曼·阿尔奇安:"纵向一体化、可挤占租金和竞争性缔约过程",载盛洪主编:《现代制度经济学》(上),第 203 页。

② 同上书,第 206 页。

员具有天然的"偷懒情结"。因而,雇员参与管理无非就是以他们的虚荣心去化解"偷懒情结"。① 美国学者麦格雷戈以独特的视角提出 Y 理论,重新解释了管理参与制的重要性。他认为,正是传统的 X 理论对人的本性认识的偏差,才造成雇员对企业目标的损害。因此,对于"价值内化"和"目标兼容",首要的是要把"人当人对待"。故而,提出对人的本性的重新假定:人并非天然懒惰;控制和惩罚不是解决组织与个体目标歧异的唯一方法,个体对组织目标总是乐于支持和合作;每个人对于能够实现绩效与补偿相对称的企业决策,会积极地参与;多数人都有必要的想象力和创造力去解决组织问题;人的正常潜能在现代工业中尚未得到充分发挥。② Y 理论在于揭示出企业内部雇员主体人本主义的内涵,其实质是达到个人目标与企业目标的融合,借助企业为载体,以尊重人格本身,从而在企业制度最深层次实现"价值内化"和"目标兼容"。

尽管参与制使企业获得了更持久、稳定的新的生机。但这并不意味着参与制就一定成为企业内部秩序扩展的主流和普遍的管理模式,传统的官僚分层体制在使企业内部秩序化、稳定化和可靠性上仍然有不可替代的作用。特别是当今企业规模越来越大甚至出现企业"航空母舰"的新形势下,缺乏官僚分层控制的参与制可能会导致秩序混乱。而且,现有的参与制实践也证明了这点。进一步地,参与制本身也有一个限度问题。参与制主要是通过外在监督和外在激励的主体内化来促进企业效率的提升,如果参与过度,有可能会带来决策困难甚至难以形成集体行动。因此,参与制的效率只能在官僚分层体制内得到有限发挥。

---

① 石磊:《现代企业制度论》,第43页。
② 同上书,第43页。

6.2.4 分享激励与信任强化的机制

(1) 产权激励与分享激励

按阿尔奇安、德姆塞茨的观点,企业作为一种团队生产,由于"相互合作的团队成员的边际产品无法直接或分别观察到",因而"在团队生产中,仅靠观察总产出,很难确定各人对合作投入品的产出的贡献。产出是团队创造的,它不是各个成员可分离的产出之和"①。因此,在合同不完全和信息不对称条件下,企业生产就存在一个激励机制的设计和实施的问题,以便化解现实中出现的逆选择和道德风险。首先,逆选择使企业无法做到了解每一个员工的劳动态度、能力和发展潜力,以便实施最为有效的激励办法;而道德风险使企业在明知员工没有作出应有努力的情况下也不能加以相应处罚。其次,在团队生产中,由于无法准确地计量每个人的努力程度,每个人都有一种偷懒的动机,很难克服"搭便车"行为。传统的解决办法是,"由某个人专门作为监督人检查团队成员的投入绩效"②。对此,阿尔奇安和德姆塞茨设计的是产权安排,即赋予所有者以监工身份及相应的剩余索取权。在付给劳动者固定或与个人努力成比例的工资之后,产出和销售额越多,所有者的剩余就越多。"监督活动专业化加上剩余索取者地位将减少偷懒行为"③。但是,这种产权激励,是一种他人施加的激励,是一种外在的监督和约束,具有被动性。一方面,监督要付出成本。一般说来,企业规模越大,监督成本就可能越大;另一方面,是测度成本问题。观察和测度偷懒行为是要花费成本的,特别是人力资本的测度成本较高;第三是过多、过大的监督

---

① 阿尔奇安、德姆塞茨:"生产、信息成本和经济组织",第231页。
② 同上书,第237页。
③ 同上。

压力容易引起情绪对抗,反而不能起到激励作用。因而,产权激励并不能提供圆满解决企业生产中的问题。分享制则通过把固定薪酬与利润分享等结合起来,做到他人施加激励与自我激励相结合,降低监督和测量成本,从而有可能更好地解决道德风险、逆选择和"搭便车"问题。所以,阿尔奇安、德姆塞茨认为,当"团队努力比独立生产和市场上交换更有生产性,就应该使用利润分享方案来提供激励以避免偷懒"[1]。魏茨曼、克鲁斯也强调"从工资制转为分享制会提高劳动生产率"[2]。

"利润分享一般与团队业绩联系在一起,只要个人的贡献很难被监督——事实上,情况常常是如此——激励弱化或搭便车问题就会出现;外部性就产生,因为任何一个人的报酬都取决于其他所有人的努力。在一个几个成员的团队中,与某个工人努力相联系的利润分享报酬的增加部分被因子 $1/n$ 给稀释了。结果,是一个缺乏效率的低努力水平,n 越大,这一努力水平越低。"[3]

这一搭便车情况常被用来证明,在 n 值较大时,团队激励没有效果。因此,不言而喻,应该更多地强调个人激励。因此,"利润分享可以克服囚徒两难中的搭便车问题并诱生更大的劳动生产率"[4]。

(2) 分享制的剩余效应与信任强化的机制

对于企业作为一个团队生产组织,企业成员整体的氛围对提高生产效率至关重要。威廉姆森(1975)认为,气氛和提供令人满意的交易关系是经济问题的一部分。因此,企业治理机制的目的不仅要

---

[1] 阿尔奇安、德姆塞茨:"生产、信息成本和经济组织",第246页。
[2] 魏茨曼、克鲁斯:"利润分享和劳动生产率",载普特曼、克罗茨纳:《企业的经济性质》,上海财经大学出版社,2000年,第336页。
[3] 魏茨曼、克鲁斯:"利润分享与劳动生产率",第367页。
[4] 同上书,第368页。

创造相互信任的环境,而且,还要培养团队利益合作的愿望。提马思(Titmus,1970)强调在团队中礼尚往来是一种更为有效的机制。阿克洛夫(1982,1984)将交换礼物应用于劳动契约,认为雇主支付员工高于市场出清的工资作为礼物,希望获得更多忠诚和努力作为礼物回报。施利希特(Schlicht,1992)用"慷慨工资"和"交换礼物"的观点解释了为什么德国制定的行业工资总是远远低于企业实际工资。因此,企业成员不应是资本的简单的附属物,而是具有独立人格的利益主体。单一的外在监督和强制并不一定能够达到员工的努力最优点,充分尊重和考虑主体利益才是最佳的选择。

现代公司组织形式的演变总是所有者理性选择的结果,而所获剩余的最大化是所有者努力要达到的目标。企业的成长过程,既是企业规模的扩张过程,又是所有权与控制权相分离的过程。企业规模扩张的技术前提,是产业发展的规模收益递增。因而,规模扩张一般具有正的剩余效应。而所有权和控制权相分离,一方面,会由于专业经理人员的加入提高了经营管理效率,从而对剩余有正的贡献;另一方面,又意味着所有者要支付代理成本作为代价。此外,传统的固定工资制度会妨碍劳动积极性和协作主动性的发挥,容易形成组织的低效率。"相对于社会最优水平,工资制度会导致过低的产出。换句话说,工资制度会导致低劳动生产率均衡。"[①]

众所周知,组织高效率的实现要依赖于企业全体成员的努力。但困难在于,企业所有者和劳动者的利益并不一致甚至是相互冲突的,同时所有者不能控制所有影响劳动努力水平特别是协作劳动努力水平的变量。因此,低组织效率的存在,就隐含地指出了以实现群体协同为激励目标的发展方向。显然,要在固定工资制度的基础上

[①] 魏茨曼、克鲁斯:"利润分享和劳动生产率",第365页。

进行体制的创新,创造出具有更高效率的企业组织形式,可以挖潜的地方就在于代理成本的节约和组织效率的开发。

实行分享制的直接目的就是扩大企业成员的相互信任,这种信任本身具有自我增强的机制,从而激励员工积极参与,达到建立和谐的企业文化和形成员工的自我监督和约束。和谐的企业文化有助于增强公司全体员工的分工协作、提高组织效率,从而对产出和收益产生促进作用,而员工的自我监督和约束能够降低代理成本。由此,分享制企业可能为其所有者带来更多的剩余。特别是,在资产专用性很强的企业中,员工的自由支配权比较大。因而,这类企业更应实行分享制。阿尔奇安和德姆塞茨认为,"在艺术和专业的工作中,观察一个人的活动并不能很好推断出他实际上在用大脑思考什么或者做什么……因此,在艺术或专业投入品,如律师、广告专家和医生,在个人行为上会被给予相对大的自由支配权"。[1]

因此,剩余分享的实质在于强化团队成员的信任感,形成对团队的忠诚和塑造团队精神。用阿尔奇安和德姆塞茨的话说,"有了团队精神和忠诚感,团队会变得更有效率","在公司和工商企业试图建立一种忠诚和团队精神,不应把它简单视为一种通过过度工作或误导雇员来增加利润的措施,也不应该视为是对从属的渴望,它促进了雇员们在生产和闲暇之间实际替代率的相等并使团队成员达到了一个更好的境况。"[2]

---

[1] 阿尔奇安、德姆塞茨:"生产、信息成本和经济组织",第246页。
[2] 同上书,第253页。

6.3 分工、信任与企业层级制

6.3.1 分工、企业层级制与企业成长

正如威廉姆森说,"只有解决了如何管理问题,才能谈到它的经营问题"。① 因此,从管理的角度来看,企业成长的一个显著特征是层级制(hierarchy)的规范和不断深化。所谓层级制,实际上就是一种基于层级结构的官僚制度(bureaucracy),通过层层行政隶属关系,按照内部的组织制度和行政命令来完成企业内部的分工与协作。通过层级制度,可以把复杂的管理程序分工细化,由各个专业化的部门负责,由统一的高级权力层协调,同时用标准化的程序组织传递信息、作出决策和执行命令。"把为实现组织的目标所必需的日常工作,作为正式的职责分配到每个工作岗位。……所有岗位的组织遵循等级制度原则,每个职员都受到高一级的职员的控制和监督。"②

在企业成长初期,规模较小,组织形式十分简单,往往是最高管理层(通常是企业的所有者)直接指挥操作层的员工进行生产活动,基本上没有中层管理人员。钱德勒(Chandler,1962)在考察美国企业的管理革命时指出,到19世纪40年代以前,即使美国最大的金融企业和最有权力的经济机构、美国第二银行的全面管理,也只需尼古拉斯·比德尔及两名助手就足以应对了。企业在这一阶段,管理的复杂程度还没有超出所有者个人或由其领导的管理集体的"有限理性"。正如钱德勒所说,"(传统)工商企业之所以仍然保持小规模和

---

① 威廉姆森:《资本主义经济制度》,第388页。
② 布劳:《现代社会中的科层制》,学林出版社,2001年,第17页。

个人式管理,是因为即使最大的所处理的事务,也没有多到需要一个庞大的永久性的管理层次来为之服务"。① 随着企业规模的扩大、工作量的增加和工作的复杂化,分工开始出现。分工在水平和垂直两个方向展开。水平方向的分工产生了不同的职能部门;而垂直方向的分工则产生了企业的层级。钱德勒认为,由这种垂直分工产生企业内部中间管理层次,是现代公司组织区别于传统企业组织结构的一个显著特征。

企业管理层级制的产生,是管理者有限理性的反映。H. 西蒙(Simon,1946)认为,当工作环境比组织成员具有的解决问题的能力和传递信息的能力复杂的时候,组织就有采取层级结构形态的倾向。因此,层级结构是理性有限的人,在复杂事物面前采取的最适形态。"一个组织能否存在下去,就看它面对各种变化不居的物理的、生物性的、社会物质性要素和力量的环境,能否不断地进行内部调整,以保持各种复杂角色之间的某种均衡。"②应该说,对企业层级制度的分析,始于韦伯(Weber,1946)对于科层组织的研究。在韦伯看来,推动科层化广泛应用的是包含新教伦理的资本主义精神,也就是用最有效的制度实现既定的目标。现代社会的最大特点,就是要能够协调许多单位和个人完成复杂的任务,而达到这一目标的最为有效的制度就是科层制。因为科层制可以促进企业内部分工深化,进而推动市场交易规模的扩大。"科层制不管在商人的账房里,还是在公众的服务里,完全同样是一种特殊'等级'发展的载体。"③韦伯总结科层制具有"精确、迅速、明确、精通档案、持续性、保密、统一性、

---

① 钱德勒:《看得见的手》,第55页。
② 转引自威廉姆森:《资本主义经济制度》,第14页。
③ 韦伯:《经济与社会》,商务印书馆,1997年,第322页。

严格服从、减少摩擦、节约物质资源和人力"之优点。① 因此,建立在专业化、正规化、标准化基础上的集中协调管理,是有效完成现代社会诸种复杂任务的有效组织形式。"劳动分工和专职化促进了专业化,但专门的工作必须通过组织的等级制进行协作。"②钱德勒从企业史的角度对美国近、现代企业组织演变进行了详细的讨论。当然,他们更多的是从管理功能、集权、分权以及一体化角度,来对企业管理工作的纵向分工与协作进行分析的。钱德勒认为,企业层级制的存在是现代工商企业的一个显著特征。"管理层级一旦形成并有效地实现了它的协调功能后,层级制本身也就变成了持久性、权力和持续成长的源泉。"③

6.3.2 分工、协作与企业层级制演变

钱德勒(1962)曾详细描述了企业组织结构的变迁,特别是美国20世纪20年代杜邦公司和通用汽车公司是如何最早采用M型治理结构,以适应多样化经营的历史过程。威廉姆森(1983)系统地阐述了企业组织从U型到H型,再到M型的演化过程,他将这一过程称为"20世纪最伟大的组织变革",并以严密的经济学思维探讨了这三种企业形态的分工与协作效率。

(1) U型组织:部门职能的分工与协作

在现代公司制度的早期,占主体地位的企业层级制度是U型组织(unitstructure)。U型组织也被称为"一元结构",钱德勒则称之为"单一单位的企业"。在这一结构的组织中,各部门按商业功能(如营销、制造和财务融资等)进行分工。每个组织单元均不能独立完

---

① 韦伯:《经济与社会》,第296页。
② 布劳:《现代社会中的科层制》,第20页。
③ 钱德勒:《看得见的手》,第390页。

成商务活动,而需要得到来自其他组织单元的配合。各专业化分工的单元间的协作由企业最高领导(总经理)来协调,这意味着,总经理要接受并处理来自各个组织单元的信息。U型组织是在吸收了由铁路发展起来的高阶层管理方法,和由家族式企业发展起来的中阶层管理方法的基础上发展而成的。到1917年,U型组织已经成为美国最流行的企业组织结构模式,当时美国最大的236家公司中有80%以上采用了这种组织结构。

U型组织是一种中央集权式的组织结构,公司的一切决策都来自公司的最高领导。这种组织结构适用于针对一种产品,或者一个地区的市场,生产单一产品系列的公司。在现代公司的早期,公司的规模一般不大,经营状况也比较简单,采用U型组织便于实现管理上的控制,而且能够得到分工和专业化的好处。但随着组织规模扩大、生产日趋复杂,作为最高协调人的总经理会难以承受过多的信息重负,过多的日常决策、协调活动,使总经理无力顾及长期战略规划。各管理职能部门间协作造成的边际成本,超过了管理职能专业化分工带来的边际收益,U型组织的效率逐步丧失。钱德勒认为,集权制、职能部门化的U型组织中,存在诸多内在缺陷:几个执行经理肩上的担子越来越重,以至于顾不上有效履行其企业家职责时,少数几个高层管理者既无力考虑长期创业问题,又无暇处理短期管理问题时,这种U型组织结构的内在缺陷就会成为致命的问题。[①]威廉姆森也认为,U型组织结构无力解决大量复杂问题,比如,资源截留问题和帮派决策问题,管理者往往是束手无策甚至是"江郎才尽"。"当各职能部门为实现子目标显露出一定的投机倾向时,不堪沟通

[①] 转引自威廉姆森:《资本主义经济制度》,第390页。

重负的 U 结构也达到了其理性的尽头。"①

(2) H 型组织:母、子公司的分工与协作

现代公司的 H 型结构(holding company,H – form)实际上就是控股公司结构。H 型组织结构是指一家企业拥有很多数量的不相关联的产业单元(即子公司)。每个子公司都是一个利润中心或投资中心,企业最高领导者对整个企业的盈亏负责,他评价每个子公司的绩效、配置企业资金、平衡资产组合以及决策并购和多角化经营。从这个意义上讲,H 型组织类似于企业内部多个产业单元间进行分工与协作的系统。这种企业内部的分工与协作,在一定程度上优于市场中不同产业单位间的分工与协作。例如,由于 H 型企业拥有下属公司的股权,企业领导者能比外部投资者更容易获取子公司的信息(至少在理论上成立),从而提高协作效率。但在企业进入产业较多的情况下,企业领导人并无时间和精力对下属子公司作细致的分析,他只能根据一些短期的财务指标来确定企业资金的配置,因而上面所说的信息优势也就大打折扣了,企业内部的协作效率因此而下降。根据钱德勒的描述,H 型组织结构较多地出现在通过横向一体化而形成的企业中。H 型公司的典型例子是美国洛克菲勒标准石油公司。标准石油公司采用托拉斯的组织形式,使加盟该集团的 40 家企业,把原有股票转换成新成立的标准石油托拉斯的股权证;由托拉斯委托 9 名受托人组成总管部门,负责对原有各家企业实行统一协调与管理;同时,原有 40 家企业的财产又按州组合成统一的标准石油托拉斯的子公司,并在当地注册,从而避开了双重税收问题。这家公司的组织结构也称为功能性控股公司,它的子公司执行不同的经济职能,总公司的控制和协调是通过若干委员会和职能部门来进行的。

---

① 威廉姆森:《资本主义经济制度》,第 390 页。

不过,这种组织结构在美国很少有企业效仿。直到第一次世界大战前夕,在大的美国公司中,已经几乎没有人再利用控股公司来管理他们的生意(钱德勒,1977)。但在欧洲,这种结构曾被广泛采用。汉纳(Hannal,1976)指出,在英国,M 型结构尚未发展的场合,H 型结构是控制分支机构的最普遍形式。H 型组织的诞生,是为了通过多角化经营分散风险。但同样的效果也可以通过资产组合(portfolio)经营来达到,并且相比之下 H 型组织的资产流动性较差。实证研究显示,创立于 20 世纪 60 年代的 H 型企业,为了突出主业经营纷纷卖掉了他们难以驾驭的一些不相关的下属子公司,而另外一些 H 型企业则向 M 型企业转化。

(3) M 型结构:多部门的分工与协作

现代公司的 M 型结构(multidivisional structure),又被称为事业部制或者多部门制,钱德勒称之为"多分支公司结构"。实际上,M 型组织中包含 U 型结构,是在总部协调下的多个 U 型结构的联合。在 M 型公司中,各事业部(或分支公司)一般按照产品或区域来设立,是半自主的利润中心。M 型公司一般适用于拥有多种产品或多个地区市场,并且生产几种产品系列的企业。

M 型结构最早出现于 1920—1921 年经济萧条中被杜邦公司接管的通用汽车公司。在美国,帝国化学工业公司于 19 世纪 20 年代末至 30 年代初,最先由 U 型结构过渡到 M 型结构。M 型结构从 20 世纪 20 年代起开始流行,到 50—60 年代,已经成为一种普遍的标准企业组织结构。实行多样化经营,是现代公司的发展方向。因此,50 年代以后 M 型结构被各国大公司广泛采用。

M 型企业结构(多分部企业组织),是现今大企业(特别是企业集团和跨国公司)的主要组织形态。在 M 型组织中,纵向管理分工比 U 型和 H 型更进了一步,它将战略管理与运营管理分层负责,公司总部的高层管理者专职于战略管理,主要负责制定长期计划、控制和协调各分部的活动,以及决定资源在各分部之间的配置,而日常运营决策权则授予了分部管理者。公司总部的管理者能够通过评价、奖酬制度、升迁制度和行政权力来更有效地控制分部管理者。这样就使政策制定和行政管理两项职能实现分离,完善了决策劳动的分工形式,高层经理因此可以摆脱日常事务,集中精力于长期经营决策。而且,在各分部的协作中,M型结构可以通过建立企业内部资本市场,以一种半市场化的方式,使资源在多种经营中得到更优配置,从而使管理控制更为有效。

6.3.3 信任与企业层级制

(1) 企业层级制内部的信任问题

韦伯认为科层制是高效率的。这种高效率,一方面来自于科层制本身的合理性分工和分层;另一方面则来自于人们对科层制合理性的认同,及由此产生的对科层的信任与忠诚。因此,"在当今社会,科层制已成为主导性组织,并在事实上成了现代性的缩影"。[①] 而企业层级制正是这种科层组织的体现。"等级是必不可少的,因为群体中的每一个人并非都可以独自墨守道德准则。"[②] 对于信任问题,在本书的分析框架中,一直立足于人际信任和制度信任两大类划分。因此,从信任角度考察,企业成长是一个从人际信任到制度信任的扩展过程,波兰学者彼德·什托姆普卡认为"事实上存在渐进的、扩展的信任的同心圆,从最具体的人际信任到对社会客体的更加抽象的信任"。[③] 信任可以分为从具体的个人到人的类别,再到社会的

---

①② 布劳:《现代社会中的科层制》,第8页。
③ 什托姆普卡:《信任》,第56页。

某些系统。这样,"具体的人的信任不为人觉察地渐变为对更抽象的社会客体的信任"。① 其中比较抽象的信任对象和更加社会化的对象,是对社会角色的信任,这种信任"与具体的角色扮演者无关,某些角色本身凭最初的印象就能唤起人的信任"。② 另一个更抽象的信任种类,是将信任的客体指向机构或组织,并且"对机构的信任的一个有趣的变化可以称为程序信任。它是给予制度化的惯例或程序的信任,这基于如下信念:如果程序被遵守,它们将产生最好的结果"。③ 信任的最抽象的形式就是对系统的信任,什托姆普卡认为,系统信任概念很接近于合法性概念,如果将信任与统治类型相对应,则魅力合法性预设了个人信任,而法定的合法性预设了制度信任。这样看来,层级制企业中的信任应该属于系统信任和社会角色信任,就是说,可以把层级制企业视为社会系统中的一个子系统,系统内部的层级或特定的岗位上的人都充当着与自己的岗位相对应的角色,这时企业中人与人之间的信任,就表现了人们对于科层制度的信任,以及这种制度安排可以促使每个岗位上的人都能恪尽职守的信任。正如理查德·爱德华所说,"科层制控制让权力通过组织本身出现而使资本家的权力制度化。等级制关系则把不平等的人际关系转变为岗位关系,把特定的人际关系抽象为具体的工作关系。法治——规则——代替了命令监督"。④ 因此,有了这种信任,行为者相信只要自己也尽职尽责,科层制一定是高效率的,从而每个人都会从效率中获得好处。

---

① 什托姆普卡:《信任》,第57页。
② 同上书,第57页。
③ 同上书,第59页。
④ 理查德·爱德华兹: *Contested Terrain* (New York: Basic Books, 1979), pp. 217—219。

在层级制企业中,虽然高层经理与雇员,雇员与雇员之间存在着职务上的严格的等级制,但这只是职务上的等级而不是人格上的等级,大家彼此之间在人格上是平等的。科层制中的每一个人,无论处在层级结构中的上级或下级,他们所尊奉的都是职业主义精神,或者说,每一个职员最直接地忠于的是机构分派给他的职守,忠于的是"非个人的客观目的"。布劳在概括韦伯的科层制特点时,曾提到其中的一点是在科层组织中就业的成员必须在技术上是合乎要求的,并且科层制要保证他们不能被随意解雇。同时,职务晋升要取决于雇员的资格或成绩,或者是两者的综合。在所有这些过程中,都不掺杂任何个人的情感因素。这种程序化的结果是使工作于其中的人产生一种公平感、安全感和自豪感,并由此产生忠诚与集体意识,以及对组织的认同。"尽管契约和私利是人们结合在一起的重要因素,但是最有效的组织都是建立在拥有共同的道德价值观的群体之上的。"[1]

(2) 企业层级制的反功能

科层制作为人类理性发展的必然结果,以专业化、权力等级、规章制度以及非人格化四个因素,已经成为现代企业组织的基本特征。但是,"科层制旨在使组织有效率,却不意味着只要是科层制组织就一定有效率"。[2] 韦伯式的科层制,是一个精心建构的完全理性和充分效率的理想类型。"科层中非正式群体、非正式关系、无序甚至混乱决策说明现实科层具有更大的弹性和韧性。"[3]因此,科层制除了促进协调、控制和提高管理效率的机制外,其自身"有损适应和调解

---

[1] 福山:《信任》,第31页。
[2] 布劳:《现代社会中的科层制》,第2页。
[3] 同上书,第60页。

的反功能特性"①。企业组织只要采用了科层制,就会有科层制的反功能。由于科层制的功能与反功能同时存在,克罗茨认为,科层制不仅低效率,而且随着时间发展,刚性还会增强。②

企业层级制反功能的主要表现,是制度规则的过度刚性导致目标和手段置换。"非人格化、忠实于规则和程序在科层制中不断得到强调,严格符合规则和程序成为私有工业组织中的主流。"③企业层级制就是通过制度和规则来保证企业内部的秩序和协调,从而促进管理效率的提高。各层级和结构完全以一整套制度和规则限定,企业内部任何经济主体都只是机械地遵守和服从,进而形成过度非人格化和对规则制度的过度依赖。"当规则原本只是手段,现在却变成了终极目标;当工具性价值转变成终极价值时,就会出现人们所说的目标置换。"④制度刚性或目标置换影响了企业内部成员的创造性和自主性发挥,"过分遵从规则和目标置换,常常是低效率的来源"。⑤

第二个反功能是会造成企业组织僵化。科层制依靠规则和制度运行,而规则和制度再完备,总是存在漏洞需要弥补,也总有规则和制度触及不到的地方。由此,企业层级制容易形成自我膨胀的自然倾向,其运行成本会呈递增趋势,从而引发企业层级制的"帕金森综合征"。而且随着企业规模越来越大,高层经理与企业职工的距离越来越远。"不断增加的规则、集中化、地位孤立和平行权力,并使得科层制变得更加刚性。"⑥这种"刚性"会使企业内部的信息横向交

---

① 布劳:《现代社会中的科层制》,第139页。
② 同上书,第140页。
③ 同上书,第57页。
④ 同上书,第141页。
⑤ 同上书,第142页。
⑥ 同上书,第144页。

流和协调陷入困境,企业经营的判断性决策与执行的偏差会越来越大,从而导致企业组织僵化和低效率。

(3) 企业层级制的高效率决定:人际信任与制度信任的融合

制度信任可以降低企业内部的交易成本,增强企业之间和企业内部成员行为的预期性和稳定性。相对于制度信任,人际信任更具模糊性、不可计算性和不可清算性,可以较少依靠外在的强制性,更多的是通过内化了的行为准则、共同的惯例和传统来约束企业成员的行动。制度信任在扩展交易,降低交易成本的同时,由于整体和个体目标的偏差,终极目标与终极关怀的脱离,"道德风险""逆向选择""敲竹杠"等问题会较为严重;特别是在企业内部成员间不具有人际信任,而是单纯靠规则和制度组织起来的情况下,"信息不完全"和"信息不对称"更为严重,实际的行动可能更加偏离正式规则的安排。而良好的人际信任关系则可以在某种程度上改变人们的意愿,从而使"道德风险""逆向选择""敲竹杠"等问题得到缓解。因为良好的人际信任可以节约建立关系、制度和规则的成本。而且在一般情况下,内化了的规则"执行成本"也会低于外在强制性规则的"执行成本"。所以,罗茨伯里格和迪克森认为,生产效率主要是工人之间和工人与上层之间的社会关系的产物。[①]

企业层级制中的制度信任与人际信任并不是相互独立的,而是存在着复杂的相互交融的关系。制度信任和人际信任包含着各种各样的具体关系,其中有些是互补的,相互促进,共同发挥作用的;有些则是相互替代的,甚至是相互妨害的。一方面,制度信任提供了一种稳定的互动模式,有利于形成良好的人际信任;同时,人际信任也可以使正式制度和规则易于实行,并提高其运行效率。但另一方面,有

---

① 布劳:《现代社会中的科层制》,第57页。

些制度信任与人际信任却是相互替代的。例如,过于浓厚的人际信任容易导致规则和制度的破坏;而单一的制度信任又形成人际关系淡漠,弱化人际信任。

应该说,在任何一个企业组织中,总是同时存在着正式制度与非正式制度的交织。按照莱宾斯坦的 X 非效率理论,单个的人具有双重人格,个人的行为受这两种人格相互冲突的倾向影响。一种人格是超我功能。在这种功能约束下,人们的行为表现为理性的行为;另一种是本我功能。本我功能主要从自身出发,不接受任何外在的约束。因此,个人的行为也总是在正式规则与非正式规则之间游离。一方面,他们从超我出发,遵守正式制度规则;另一方面,却又往往不能摆脱本我功能,总是存在机会主义动机。比如,懒惰、非逼不为、逃避责任等。因而,在企业层级制中,个人行为呈现差异阈限和适应特性,具有惰性特征。在惰性区域内,人们往往按照惯例行事,个人努力点和努力水平未必达到最优。而且,纯粹的制度规则强制,不可能使个人产生努力点的位移。企业层级制中的个体不会像科层制的理想类型所描绘的那样完全理性,排除个人情感,做到无私无偏的超脱态度。其实,科层制下的企业组织中的人,也是生活在现实中的人,因而各种正式关系和非正式关系"嵌入"企业内部。机械的制度规则在扩展人为秩序的同时,也导致了企业层级内部各种关系的僵化。

大量的事实表明,在不同的企业层级制中,科层制的制度信任与人际信任的搭配是不同的。有些企业层级制,更多地依靠科层制的正式制度和规则来约束和规范秩序;而另一些组织则较多地依赖人际信任来简化激励和监督机制,而且在企业成长的不同阶段、不同规模上,对于制度信任与人际信任的依赖程度也各不相同。在不同的文化背景下,如何处理制度信任与人际信任关系,已经成为影响企业组织效率的重要因素。一般说来,在一个社会信任水平整体较高的国家,企业内部更多受制于制度规则的约束,制度信任起主导作用,社会分工水平整体较高,会出现更多的钱德勒式企业;而一个社会信任程度较低的国家,人际信任可能在企业内部起主要的作用,进而社会分工整体水平相对较低,会出现较多的家族式企业。当然,企业的效率并不能一般的说是取决于科层制的完善程度还是企业层级制内部信任的发育程度,而更多的还是要看两者在企业内部相结合的程度。一般说来,两者在企业内部成员间的分布越具有一致性,则越容易在运行中相互协调,企业的组织效率也就越高。

6.4 小结

企业作为要素所有者分享"合作剩余"而形成的团队生产,企业所有者必然有一个对企业剩余的索取权问题。在企业的不同成长阶段,剩余索取权会有不同。一般说来,在企业成长初期,剩余索取权主要集中在企业主;而随着企业成长、分工和专业化发展,企业所有权与经营权的分离,企业"剩余"就存在一个"分享"问题。分享的实质在于增强团队成员的忠诚和彼此信任。现代企业的成长体现在企业层级制的演变上,而企业层级制的高效率,一方面来自于科层制本身的合理性分工和分层;另一方面则来自于人们对科层制合理性的认同及由此产生的对科层制的信任与忠诚。

第7章 企业成长：
一个历史视角的考察

本章主要力图通过对企业的起源的探讨来增进对企业性质的理解，并且通过对企业转化的研究，加深有关信任在企业产生和转化的关键作用的认识。从家庭生产的转变中寻找企业的产生，从信任的扩展和分工深化中寻找企业成长，进而对企业成长建立一种符合历史逻辑的理论解释。

7.1 分工、信任与家族企业成长

7.1.1 家族企业的孵化与成长中的问题

在前面的阐述和分析中，我们一直强调，理论的解释要符合历史的逻辑。正是基于这样的考虑，对于企业的产生和成长，我们只能从家庭生产的演化中寻求企业的产生。而且，企业的产生不是纯粹的、一蹴而就的，而是一个渐进的变革过程。一个可以理解的事实是，当家庭生产的视野从自给自足转向市场时，企业或者准确地说家族企业也就应运而生了。因为在自给自足的经济中，生产是从性别和自然分工里获取最大限度的资源。"夫妻之间的合作秩序主要基于由物种演化而形成的天然分工和本能……而血缘关系在这里能够提供的是长期共同生活培养起来的情感和基于这种情感的信任。"[1]因此,维系自给自足经济的纽带是以姻亲血缘和伦理为支撑和控制,因而缺乏制度性因素变得脆弱并且不具稳定性。家族企业的产生,开始实现家庭分工向市场推动的分工转化。这个过程中,最为艰难的"孵化"和"剥壳",就是如何从亲缘信任中挣脱而出,并在制度上设计好信任扩展的框架。一旦完成这一"孵化",家族企业就可能脱颖而出并壮大、成长起来。这里,有两个条件尤其重要:

一个是分工的认可和共识。在传统的理论中,往往以农为本,工商为末。认为资源从一种产业转移到另一种产业,是一种争利。交易只能是一方得利而另一方受损。事实上,交易不仅仅是互通有无,而且因为分工和专业化出现比较优势,从而促进了生产效率的提高。

另一个条件是信任的拓展。信任拓展是交易扩张的基础,任何限制信任的因素都会阻碍家族企业的发展和转化。亲缘关系网络所支撑的简单分工,使得家族企业得以很早就产生,并且至今仍是一种数量最多的企业形态。但是,正是信任的瓶颈难以逾越,使得家族企业成为生生息息、难以蜕化而消亡频繁的企业形态。

在家族企业成长初期,血缘和亲缘信任可以凭借熟悉程度成为可靠信息源和要素集聚点,从而推动家族企业发展。此时,由于家族企业规模小,家族信任发挥了极其重要的作用,体现在家族信任提供了家族企业家创业所必需的金融资本、人力资本和物质资本,从而为企业降低交易成本带来了可能,并为企业的持续发展奠定了基础。创业者借助非契约性合约和特殊身份,通过其家族成员更多地获取信息,并通过将企业的经营管理权分散一部分出去来调动家族成员的积极性,家族企业的组织成员结构往往以创业者的血缘关系为核

---

[1] 汪丁丁:《经济发展与制度创新》,上海人民出版社,1995年,第130页。

心。因此,从这个意义上讲,家族信任具有生产性,这种生产性根源对家族信任所具有的利他主义动机和合作的可能性,为个人和企业的经济行为提供了便利。因此,家族信任可以实现威廉姆森意义上的"沟通经济"(economies of communication)。因为在一个熟悉的环境中,人们可以获得一种心领神会的感受,而在一个陌生的环境中,做到这一点要花费极大的成本。① 从博弈论的角度来看,这有助于克服一次性博弈中的"囚徒困境"的局面,降低组织合作的交易成本,增强企业内部成员之间的合作与效率。总体来看,处于创业阶段的家族企业以血缘和亲缘信任为主,这是因为家族信任是一种能够节约交易成本的资源。在企业成长初期,家族伦理可以简化企业的监督和激励机制,家族企业组织就能成为有效率的经济组织。威廉姆森说:"家庭企业的优势是按以下四个题目来加以阐述的:激励因素、监管、利他主义以及忠诚。家族企业作为一个生产单位的主要不利之处,是从非生产活动转入生产活动所造成的冲突外溢、原谅无效率或松懈行为趋向、受天赋约束以及可以由规模小而导致的不经济。"② 一般而言,家族信任可以在一定范围内拓展。随着企业规模的扩大,信任会沿着血缘、姻缘、亲缘、地缘、业缘、学缘、关系缘等方向,由近及远、由亲及疏的关系扩展,企业内部员工大体上沿着同一家庭、同一家族、同一地域的顺序进入。

但是,以亲缘和血缘为核心层的家族信任,主要基于身份特征,是一种原始的自然信任状态,它作为一种社会资本,只能在特定的小群体中发挥"俱乐部产品"作用,"肩摩毂击的亲属间交流,自然无需

---

① 威廉姆森:"生产的纵向一体化:市场失灵的考察",载陈郁编:《企业制度与市场组织》,上海三联书店,2006年,第4页。
② 威廉姆森:《治理机制》,中国社会科学出版社,2001年,第76页。

书面文字"①。由于家族信任不足以解决超越家族交易的信任问题，只能发挥家族内的资源凝聚优势和激励优势，很难保证分工优势，"家族只看做是维护资本聚集和企业驱动的破车"②。因此，家族信任更可能是信任制度缺失或者是失灵的替代物。而且家族信任存在"差序格局"和"内外有别"，会造成社会信任的冲突，损害社会公平原则。比如，内亲而远疏，更可能出现所谓的损人利己、损公肥私、任人唯亲等现象。费孝通在谈到中国的家族信任时，曾有一个经典的比喻："以己为中心，像石子一样投入水中，和别人所联系的社会关系，不像团体中的分子一般大家立在一个平面上，而是像水中的波纹一般，一圈一圈推出去，愈推愈远，也愈推愈薄。"③

另一方面，家族信任由于缺乏理性的制度保障，不能对非人格化的市场规范达成共识，增加了信任的鉴别成本，导致了交易的弹性和不确定性，不利于形成稳定的行为预期。因此，血缘和亲缘辐射度决定了信任的扩展限度。正是在这个意义上，福山在谈到华人企业为什么不能壮大时，认为："因为华人文化对外人的极端不信任，通常阻碍了公司的制度化，华人家族企业的业主不让专业经理人担任管理重任，宁愿勉强让公司分裂成几个新公司，甚或完全瓦解。"④马克斯·韦伯认为，"中国人非常惧怕未知的和不能直接看到的东西，这种恐惧感超出了正常范围，表现为无法打消的怀疑，他们还排斥或者根本没有关于不算太近的东西或不是直接有用东西的知识……在中国，一切信任，一切商业关系的基石明显地建立在亲戚或亲戚式的纯

---

① 马克·布洛赫：《封建社会》(上)，商务印书馆，2004年，第123页。
② 李新春、张书军编：《家族企业：组织、行为与中国经济》，上海三联书店，2005年，第285页。
③ 费孝通：《乡土中国　生育制度》，北京大学出版社，1998年，第27页。
④ 福山：《信任》，第296页。

粹个人关系上面"。①

这里,我们可以借助一个几何模型来分析家族信任对企业成长的制约。如图 7.1 所示:

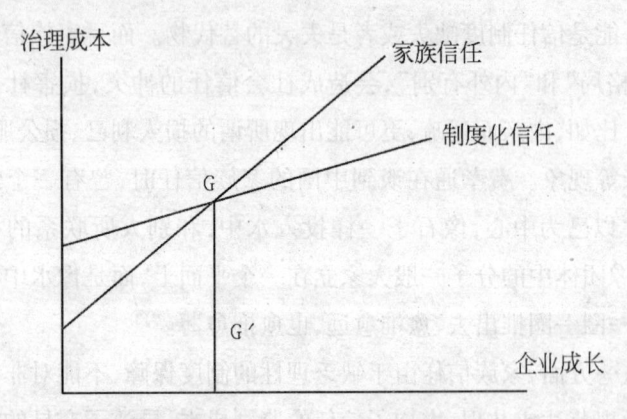

图 7.1 家族信任、制度信任与企业成长

设横轴表示企业成长,纵轴为企业的治理成本。一般说来,随着企业成长,企业的治理成本是上升的。在企业成长的初期,如在 G′之前的阶段,家族信任的治理机制相对于制度化信任来说,成本较低,有一定的优势。而在 G 点上,制度化信任与家族信任相等。企业依靠家庭信任或者说制度化信任,对企业成长的影响不大。当企业在成长超过某一特定的点以后,似乎存在一个局限。在图 7.1 中,比如 G′以后,家族信任的治理成本就会超过制度化信任,而且企业越大,家族信任的治理成本就越大。G 点可以看做是企业成长中的一个家族信任的"困境点"。因此,家庭企业只能适合规模较小的企业治理结构。

---

① 马克斯·韦伯:《儒教与道教》,商务印书馆,1995 年,第 284、289 页。

7.1.2 信任扩展与家族企业成长

信任作为一种理念,本身具有扩展的潜能,是一个动态的扩大过程。信任是分工和专业化的产物和基础,同时又是维护分工和专业化的黏合剂。当市场扩大时,分工和专业化会驱动信任的扩展。而家族企业成长超过一定的特殊点后,如果信任不能突破亲缘和血缘的信任链,家族企业成长就局限于此,止步不前甚至破败衰落下去。

从理论上讲,人们之间的信任度越高,委托—代理链条越长,雇佣关系越发达,企业的平均规模应该越大。这即是说,随着信任由家族信任、泛家族信任向制度化的社会信任方向的发展及社会信任水平的普遍提高,企业规模将趋于扩大,企业所有权结构多元化的可能性将会增加。对此,福山通过对韩国、日本、美国、法国和意大利等国企业的研究后指出:社会信任有利于企业规模的扩大和现代企业发展,过强的家族信任则不利于大型企业的发展。由于企业规模与其所有权结构存在着密切关系。一般而言,企业规模越大,所有权结构多元化及两权分离的可能性越大。这意味着社会信任水平的提高对家族企业所有权结构以及两权分离行为具有重要影响;一般而言,社会信任度较高的国家或地区,企业所有权多元化的风险相对较小,取得正规贷款的能力较强,这为企业实现所有权的多元化、所有权与经营权的分离、企业规模扩展及企业的市场扩张创造了条件。社会信任度较低的国家或地区,企业更倾向于个人占有全部资产,企业取得正规贷款的成本相对较高,所有权难以多元化,或所有权只能在家族成员内部实现多元化。

我们结合前面的几何模型,加入社会信任水平的高低因素。可以看出,在一个国家或者地区的社会信任水平程度直接影响企业成长。如图7.2所示:

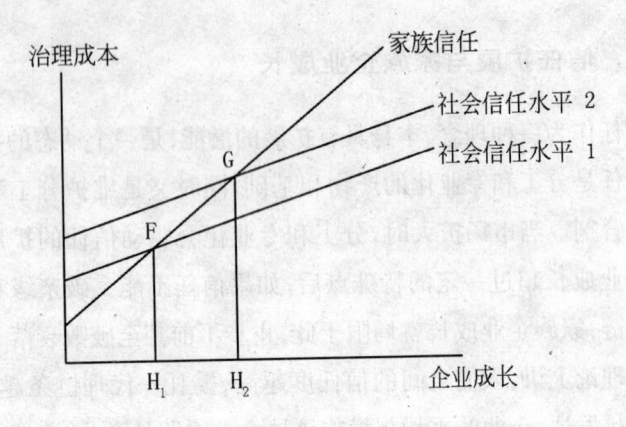

图 7.2 社会信任水平与企业成长

社会信任水平1代表一个国家或地区的社会信任水平较高,社会信任水平2代表一个国家或地区的社会信任水平较低。在图中,我们可以明显地看出,社会信任水平较低的国家或地区,家族企业成长的空间较大,信任扩展的动力不足。而在社会信任水平较高的国家或地区,会较早地遭遇到家族信任瓶颈的制约。因而,会较早寻求信任扩展,以制度化信任替代家族信任。比如在图中,当在社会信任水平1时,企业成长到H_1点后,家族信任治理的成本就超过制度化信任;而当在社会信任水平2时,企业成长到H_2点后,家族信任才开始超过制度化信任。

7.2 分工、信任与合伙制企业

7.2.1 合伙制企业的进步:分工与信任的拓展

与传统的家庭生产——自给自足相比,家族企业是一个分工合作扩展的体系。在家族企业中,分工与合作通过家族信任扩展到血缘、亲缘系统。但是,由于受信任的局限,这种分工合作的范围幅度较小,从而限制了家族企业生产的扩张。在前面分析中,我们已知道,当家族企业发展到一定的生产规模时,如果信任不能得到扩展,家族企业很可能面临停滞状态。而家族企业要能在市场上立于不败之地,必须突破信任的约束,进一步拓展市场,推进分工和专业化发展。从亲缘和血缘关系的自然衍生中,我们可以看出,亲缘和血缘事实上是长期共同生活培养起来的情感和基于这种情感的信任。换句话说,即便没有血缘关系的人群,只要在经历了长期共同生活后,也可以建立这种信任,从而实现家族信任的突破,扩展分工合作的秩序。于是,信任沿着亲缘、血缘向地缘、学缘和业缘发展,更广泛的分工合作也就建立起来。这样,在家族范围以外,通过彼此认同达成口头或书面协议,一种新的企业形式——合伙制企业就诞生了[①]。

当然,合伙人的合作必须具备一定基础和条件。这种条件和基础,一般来说,主要有以下几个方面:①身份特征。身份特征是信任与合作的基本条件。同学、同事、亲属、朋友等,彼此熟悉,私人信息对称,信任关系很容易建立起来,最初的合作一般都起源于此。②文化认同。从个人之间的信任与合作来说,文化认同的含义是指个人的价值观不能有太大差异,彼此之间必须接受对方的价值理念。如果价值观差别太大,就会导致一系列的分歧,所谓"道不同,不相为谋",合作行为就难以产生。文化认同体现在家庭背景、成长环境、教育程度和社会阅历差异性小。有了文化认同,才能在人生价值追求方面达成共识,并且长时期保持稳定。③资源互补。合作行为之

---

① 这里,我们更多是从理论上讲,合伙制企业是对家族企业的一种改进,因为合伙制在信任上表现为泛家族信任,从而使分工合作的范围拓展到家族以外。但从历史经验来看,合伙制并非在家族企业之后才产生,至少它可能与家族企业一样较为悠久,或者更准确地说,它们都是最传统的企业制度。

所以能够达成,除了上面两个方面的条件外,还要包括每个合伙人都能够对合作行为贡献自己独一无二的资源。这些资源既是合作所必需的,又是某个特定合伙人所独有的。因此,合伙人拥有的资源是否具有互补性对合作意向的达成意义重大。④资格匹配。合伙人之间一定要资格对等,也就是说,合伙人在学历、社会地位、资金等等方面不能差异太大,必须具有可以接受的相近性和一致性。否则,不是合作行为难以达成,就是难以达成真正意义上的合作。

在合伙制企业里,资本和劳动分别由合伙人共同承担,利润和风险由合伙人按一定比例(一般按出资额大小)共同分享或者分担。合伙制企业一开始因为受信任的束缚,合伙人选择可能很谨慎。以后随着信任圈的扩大,资本和劳动的合作逐渐扩大到乡邻、朋友甚至是陌生人之间。一旦这种资本与劳动的分工合作超越了家族的范围,也就意味着企业财产所有权的控制由家族转向合伙人。同时,企业的管理也分散到不同的合伙人,从而克服了经营和管理层人才的搜寻只能局限于家族的弊端,有助于提升企业经营和管理水平。这样,伴随而来的管理合作则得以在分工深化中促进效率的提高。对此,马歇尔有过详尽阐述:

"现在有——曾经也常有——条件较为相等的私人合伙组织,两个或更多的具有大约相同的财产能力的人,把他们的资财合在一起举办困难的大事业。在这种情况下,经营管理工作往往有明显的划分:例如,在工业中,一个合伙人有时差不多专门担任采购原料和销售成品的工作,而另一个合伙人负责工厂的管理;在一个商店中,一个合伙管理批发部门,而另一个合伙人管理零售部门。使用这些和其他一些办法,私人合伙组织就能适应许多不同的问题。它是非常有力和非常有伸缩性的;它在过去发挥了很大的作用,而且现在它也富有生命力。"①

7.2.2 合伙制企业的局限和需要解决的问题

相对于家族企业来说,合伙制企业是一个进步。但面对市场竞争和企业扩张,这种企业制度并不是一种稳定的、成熟的企业形式。合伙制很难将分工合作扩展到市场需求和适应企业规模的范围。因为,这种形式化的信任由于缺乏制度化保障机制,不能形成长期的稳定性预期,合伙的弹性较大。任何合伙人利益的变动都会触及和影响到信任的变化,并导致合伙人的裂变,从而影响合伙制企业的发展甚至是导致衰败。

经济学家发现,人们缔结合伙关系的一个理由可能在于规模收益,并且把规模收益的来源归纳为成本的分摊、风险的分散、知识和声誉的共享等因素。例如,法瑞尔(Farrell)和思科奇梅尔(Scotchmer)把合伙当做平等分配产出的联合体,在等分利润的约束下,讨论联合体的形成和最优规模问题。如果合伙人之间的合伙是自由的,平均分享产出收益。那么一般来说,一定存在一个最优的合伙边界。此时,在位的合伙人不愿意退出合伙,合伙组织本身也不再吸收新合伙人。这是因为新合伙人的加入,一方面,会增加组织的收益;但另一方面,也会给在位者造成损失和形成潜在的风险。当二者在边际上相等时,合伙人的均衡规模就出现了。可见,等分利润限制了最优合伙规模。在这个意义上,合伙企业的边界是在位者的边际损益之间的一个权衡。

合伙是人力资本的集合。郎(Lang)和戈登(Gordon)发现,人力资本的不确定性需要相应的保险机制,而合伙能带来特有的风险分

---

① 马歇尔:《经济学原理》,第313页。

担功能，从而化解这种不确定性。因此，合伙人之间通过合伙关系分担风险，也是规模经济的一种表现方式。他们检验了作为保险机制的合伙关系在人力资本集约行业中的地位和作用，认为专用人力资本的投资具有较高风险，由于外部人无法有效监督和评估专用人力资本，致使缺少足够有效的保险市场为专业服务提供保险，为分散风险，内部人需要相互保险而组成合伙企业。一旦某一合伙人遭受损失，就可以从其他合伙人那里获得"救济"。因此，合伙企业可以被看成一种保险机制，规避了成员的收入波动。但是道德风险仍存在于合伙人之间，合伙关系仍是效率与风险偏好之间的权衡。

在企业中，由于存在信息不对称的情况，激励就成为核心问题。雇员可能利用自己掌握的信息优势而偷懒，如果雇主能够观察到雇员的真实努力水平，那么就能够设计出一份最优激励合同，以促使雇员提供最优努力水平，雇主获得最大利润。但是，在产出不可证实的条件下，雇员难免会有"搭便车"的行为，委托人就不能准确地判断雇员的真实努力水平，以致无法实施有效的监督。因为，这种监督会导致监督成本过高，或是最优的激励水平难以实现。如果一个企业以人力资本为主，这个问题就更为严重。因为，人力资本更难以界定和测量。如前所述，合伙关系的边界就是对规模经济和道德风险引致的代理成本之间的权衡。不过，合伙理论一般认为，给定人力资本的特殊性，合伙制相对于公司制来说，更有利于企业成长。

合伙制企业与公司制的一个不同之处在于，合伙制企业的所有权和控制权是统一的，并被每一个合伙人所拥有。每一个合伙人既是委托人又是代理人，也就有了提供最大努力水平的激励。但是，在利润均分的合伙制企业中，合伙人会倾向于另一种道德风险——"搭便车"行为，由于参与人的行动是不可观察的，一些合伙人在努力方面就会比另一些合伙人支出更多，但所得却相同。在短期内，由于勤快的合伙人的努力工作,弥补了"搭便车"者的努力降低造成的损失,合伙作为整体的效率可能不会下降。但时间一长,勤快的合伙人就会发现自己多付出了,其以后的激励就会下降。结果合伙作为整体的效率就相应的下降。

在合伙关系中,如何防范和克服搭便车问题,一直是理论探讨中的难题。霍姆斯洛姆(Holmstrom)认为,如果产出由合伙人的行动决定,为保持预算平衡,每一个合伙人都不知道其他合伙人行动的信息。那么"搭便车"行为就难被克服。拉格洛斯(Legros)和马修斯(Matthews)提出相反的观点:如果在一个合伙关系中,产出是合伙人行动的确定函数,总产出是可以接近最优的。米勒(Mfiller)也认为监督可以维持效率,只要个人的投入对总产出的影响是可观察的。

不过,这些争论取决于合伙人的行动是否能被观察或者证实。给定行动的不可证实性,道德风险就很难消除。一个解决"搭便车"行为的简单办法是缩小合伙人的规模,但这显然又有悖于合伙精神的原旨:缩小合伙规模降低了风险分担能力和企业的协同效应。这就回到合伙企业的边界这个老问题上。最优合伙规模不仅要考虑新合伙人加入带来的在位者利润分享下降产生的激励问题,而且还要权衡合伙人增加引致的代理成本,这些代理成本是合伙人的各种道德风险行为所带来的。

拉默洛克斯(Lamoreaux)对20世纪初美国许多中小企业纷纷采用公司制而没有采用合伙制的问题进行了研究。在他看来,合伙制和公司制并不是类型上的差别,而是程度上的不同。这种程度上的差别主要表现为两点:债务责任和权威程度。对一个企业来说,权威越强,说明对制度的依赖越大,从而单个人对企业的威胁也就越小。在公司制和合伙制企业,投资人作为股东都有所有权,但公司制有更高的权威,股东没有解散企业的权力,这就降低了单个投资人退出的风险。而在合伙关系中,单个合伙人退出就可能导致合伙关系破裂,这意味着合伙人对企业的潜在威胁更大,这是单一业主制转向公司制而不采取合伙制的一个主要原因。不过,拉默洛克斯并没有考虑人力资本合作的可能性。哈特把合伙制作为其分析的特例,认为高度互补的资产应该采取联合所有权。哈特注意到合伙人的合作对企业所有权安排的影响,但没有具体指出这种组织特征是如何减轻套牢问题的。

在穆瑞森等人看来,合伙契约捆绑了人力资本和金融资本,从而提供了最优的激励。他们进一步定义了合伙关系的两个重要特征:一是合伙股份的非流动性,合伙人不能在公开市场上出售股份;二是企业与消费者对凝聚高度人力资本的产品拥有不对称信息。也就是说,对产品的市场监督是不完美的。在合伙关系中,不对称信息使得单个合伙人很难向市场提供太多的产品,并且产品的定价也会因信息不对称而扭曲,这就促使合伙人必须通过某种制度联结起来形成一个团队,以增加产品市场的透明度。非流动性以及所形成的无限责任特征能够做到这一点。无限责任把合伙人的金融资本和人力资本捆绑在一起,不仅形成了合伙人之间的利益共同体,而且也向市场发送出声誉的信号。团队的声誉是专用的,老成员通过把新成员培养成合伙人,可以增加组织的未来收益。而作为合伙人,老成员能够分享这些未来收益,从而也就解决了激励问题。如果老成员不进行这种人力资本投资,组织就很难持续,老成员未来的收益分享就无法保障。对新成员来说,只有成为合伙人,才能分享该组织的未来收益,离开组织就不会有这些收益。因此,新成员也有动力学习并成为合伙人。这样,通过合伙关系的建立,有效传承人力资本的最优契约就能达成。此时,合伙组织的性质不再是利润分享,而是声誉分享和诚信的支持。

总的来看,合伙制企业需要解决的问题有三个:一是信任扩展仍然受到局限。这种信任只能在具有高度封闭性、狭小的圈子内传递,无力持续推进专业化和分工,也不能满足资本扩张和企业发展的需要;二是风险与收益的不对称、权责不明晰。在合伙制企业中,合伙人存在相互代理的问题,每一个合伙人对企业都具有无限责任,捆绑连带,权责很难明晰,风险和收益会出现不对称现象;三是管理合作与资本合作的矛盾。在合伙制企业中,应该说管理合作得到了扩展。但是,这种管理合作是以资本为量化标准,管理的幅度以资本为依托,没有体现人力资本的最佳配置,从而不能体现管理最优效率。资本主宰管理,必然引发管理与资本的冲突。这也是合伙制企业易于解体的重要原因。钱德勒说,"传统企业常是短命的,几乎全是合伙生意。其中一个合伙人退休或者去世,就得重新结伙或解散。如果儿子继承父亲产业,他会找新的合伙人。通常此种合伙若有一人决定与其他生意人合作,就会散伙"。[①]

7.3 分工、信任与公司制企业

家族企业作为初始的企业形式,由于其本身的内在优势决定了它能够继续生存并将大量存在。"在先进的工业社会,家族企业依然是重要的组织形态。"[②]但是,由于其固有的内在缺点,决定了家族企业在成长中的限制。因此,家族企业必然面临着向现代企业转化的问题。而合伙制企业虽然突破了家族企业的某些限制,可能会成为家族企业转化的一种选择。然而,合伙制企业仍未能从制度上根

---

① 钱德勒:《看得见的手》,第8页。
② 李新春、张书军编:《家族企业:组织、行为与中国经济》,第175页。

本解决信任机制的稳定性预期问题,从而无力使分工和专业化水平得到持续提升。这些合伙制企业无力克服的缺陷最终促使其进一步发展受到天然的限制。这同样决定了合伙制企业是一种非稳定的、完善的企业制度,同样面临着向现代企业制度转轨的问题。公司制度为典型的企业制度①,它最大的优点在于,它是把信任建立在专家系统和制度化基础上,使信任保持稳定性预期,从而大大降低信任的交易成本,让信任无需鉴别和互动就能扩展到陌生人之间。这样,分工合作秩序的链条可以无限延展,企业治理可以迈向专业化而走向成熟。所以,伯利和米恩斯说:"公司已经变成并且现在就是组织与生产的主要形式,它日益创造了并且还在继续创造一种被动的财富形式。"②同时,他们还进一步强调:"公司已经发展到这样惊人的程度,已经演进成了'公司制度'——就像曾经存在过的封建制度一样,它结合了若干属性和权力,已经有资格被视为一种主要的社会制度。公司过去的勃兴非常壮观,所有的迹象都表明,这种制度今后还会有更大的发展,将会达到今天所想象不到的程度……公司成了'文明的主要工具'。"③

7.3.1 公司制企业的超越和资本合作

公司制企业不可能是纯粹的人为设计的结果,而是企业制度发展到一定阶段后的产物。因此,传统企业向公司制企业的转化要具备一定的转化条件。一是市场需求的强度和竞争压力。市场需求的强度决定企业的成长空间,否则企业成长会存在先天不足。而竞争压力不足,企业不会有制度创新的动机和需求。只有在一定程度的

---

① 丁任重:"转型中的企业改革分析",载《当代经济研究》,1997年,第5期。
② 伯利、米恩斯:《现代公司与私有财产》(英文版序言),第39页。
③ 同上书,第3—4页。

竞争压力下,企业直接受到生存威胁或者是限制其持续发展时,企业才会寻求新的制度变革。因此,"现代工商企业的诞生乃是市场和技术发展的必然结果"。① 二是现代工业技术对庞大资本的需求。在前工业化时代,家族企业大多是商业或者是手工业。希克斯认为,"商业和手工业是一种技术上而非经济上的区别,纯粹商人的店铺与手工匠人的作坊可能是并存的。早期的制造业者是手艺人,但他不为雇主劳动,像我们在岁入经济中遇到过的那种手艺人"。② 手工业生产的技术简单,工具并不复杂,所需资本不大。在这个时代,企业组织制度创新动力不足。而18世纪后期的工业革命带来了新的情况,新的技术发明层出不穷。钱德勒认为,"现代工商企业首先是在这样一些部门和工业中出现、成长并继续繁荣,这些部门和工业具有新的先进技术,而且具有不断扩大的市场"。③ 因此,在美国"19世纪40年代以前,美国企业界很少出现组织上的创新。而现代工商企业乃是为了适应19世纪下半叶美国技术革新的迅猛步伐及不断增长的消费需求,在管理方面出现的一种反应"。④

当企业发展具备了上述条件,传统企业才有可能向现代企业转化,这种转化是从资本合作开始。资本合作主要是融资,而银行贷款会导致负债过高给企业带来风险。最有效的方式就是在证券市场上融资,面向社会招股,使企业资本合作从家族或合伙人的狭小范围延伸到社会层面,甚至超越区域或者国界。这一过程,其实质就是信任从人际信任扩展到制度信任,使信任社会化。因此,从这个问题意义上说,公司制企业是一种"公众化公司"。希克斯曾专门阐述了股份

---

① 钱德勒:《看得见的手》,第1页。
② 希克斯:《经济史理论》,第28页。
③ 钱德勒:《看得见的手》,第8页。
④ 同上书,第12页。

公司的发明：

"有限责任公司的发明是这一系列发明中最为突出的。企业通过这种公司筹集资金，并允许投资者分享利润，开始时它是进一步扩大资本市场的一个手段。人们发现当进一步按固定利息借入资金有困难或不可能时，有这种方式筹集资金有时倒有可能。合股关系以及对合股关系进行法律调解至少可以回溯到罗马人；但一个合伙人通常对他参与的企业的全部债务负有责任，因而他作为一个合伙人参与一个与其资产不相称的企业便未免失之轻率。如果他在几个企业里投资作为合伙人，那他将无法分散其所承担的风险；他将面临严重的危险。如果他的责任是有限的，因而他从某一企业的失败中蒙受损失不致超过他对该企业的投资时，那么分散其投资就对他有利，即使他是按公平原则投资的。这就是有限责任公司扩大市场的办法。"①

7.3.2 公司制企业中的分工和代理人问题

代理关系产生的最为直观的原因，源于个人能力的约束和片面性，它是基于劳动分工的专业化发展，伴随利益优势的比较而产生的，并以人类需求的多样化为基础。马歇尔说："（代理人出现）对具有经济管理的天才而没有继承任何物质资本或营业关系的人，提供了很大的机会。"②一般讲，禀赋的差别，信息的不完全，时间价值的差异和知识的累积及专门化带来的各经济活动主体，对某一技能掌握的熟练程度的不同，实现依附在财产上的权利的强度不一，在一个资源稀缺的经济活动环境中，当在委托别人代为处理一项事务，生产

---

① 希克斯：《经济史理论》，第73—74页。
② 马歇尔：《经济学原理》，第314页。

或提供一种产品或劳务所得收益,大于自己亲自处理和生产的收益加上代理成本时,双方就会在这一交易中获益,代理关系自然就会产生。如在关于投资选择信息既定的条件下,一个购买股票的投资人必然是自愿地放弃了对他自己的投资基金的控制,而雇佣一位他认为投资判断比他更好的受过专门训练的人来控制和经营。他在这一自愿的交易中会获取一定的净收益。在整个商品经济中,由于商品是用来交换的劳动产品,所以商品生产的劳动分工本身就是代理关系的安排,它具有历史的必然性。

特别是,在现代大公司中,资本所有者与经营者之间的代理关系的产生,还由于资金联合带来的所有主体的多元化和经营管理要求的一元化的矛盾。固然,市场经济的企业形式是多样的,也存在公司所有权与经营权合一的无限责任公司。这种公司的特征是由所有者提供公司资本,由所有者自身经营,或是挑选代理经营者对其授权并进行监督;经营风险也全部由所有者承担。这种公司可以摆脱许多两权分离的公司在经营权与所有权之间的矛盾,进行较为顺利的营运。但是资金的两权分离,是商品经济中生产社会化在企业产权形态上的必然要求。第一,生产越是社会化,企业所需要的物质技术条件就越复杂;第二,有效率的企业经营需要一定的规模效益,从而需要大量资金,这种资金的取得,一靠贷款,二靠股份筹集。这种能筹集和使用大规模的他人资金——马克思称之为"社会资本"——的股份公司,必然是两权分离的。因为它的规模庞大的资本归千万个分散于各地的股东所有,这些众多的所有者不可能对企业实行直接支配和经营,因而只得将经营委托给经理。后者不是所有者,而是所有者的代理人,但却有充分的独立自主的经营权。正如伯利和米恩斯所说:"很明显地说,每位提供资本者,都想行使对企业的主要支配权,这是不可能的。'自由否决权'对于一致行为的实现,是具有极大的不利点,因此把支配权交给过半数持股股东,是属于自然的一般都能接受的方法。"① 这就是说,与其大家都坚持其财产支配权,在意见分歧和决策迟缓中失去许多获利机会,致使经营失败和企业破产,还不如大家都放弃直接支配权,而将企业委托给专家经营,后者有成效的经营将给他们带来成功的希望。

但是,这里要明确的是,这绝不意味着所有者对公司的财产与经营的方式漠不关心。相反,所有者为了其收益的最大化,必须要关心生产和经营,要对其代理人进行控制和监督,要对其行为进行指导和约束。也就是说,要在实行两权分离时,建立起一个所有权对经营权实行有效控制的机制。这一机制既要最大限度地激发经营者的积极性,又要尽可能地防止出现经营失控,从而损害所有权的利益。

7.4 小结

家族企业作为初始的企业形式,由于其本身的内在优势,决定了它能够继续生存并将大量存在。但是,由于其固有的内在缺点,决定了家族企业在成长中的限制。因此,家族企业必然面临着向现代企业转型的问题。而合伙制企业虽然突破了家族企业的某些限制,可能会成为家族企业转化的一种选择。然而,合伙制企业仍未能从制度上根本解决信任机制的稳定性预期问题,从而使分工和专业化水平得到持续提升。这些合伙制企业无力克服的缺陷,最终使其进一步发展受到天然的限制,这同样决定了合伙制企业是一种非稳定的、非完善的企业制度,同样面临着向现代企业制度转轨的问题。公司制企业最大的优点在于,它是把信任建立在专家系统和制度化基础

---

① 伯利、米恩斯:《现代公司与私有财产》,第82页。

上，使信任保持稳定性预期，从而大大降低信任的交易成本，让信任无需鉴别和互动就能扩展到陌生人之间。这样，分工合作秩序的链条可以无限延展，企业治理可以迈向专业化而走向成熟。

结　束　语

本书的研究结论,对现实中的我国企业成长具有直接的政策含义。尽管新中国成立以来,政府力促于推动专业化分工,中国经济中的分工和专业化水平不断提高,但由于政府推动的专业化分工策略大多过于急于求成,并片面强调产业体系的独立和完整,其进展相当缓慢,甚至在相当长的时期停滞不前。在传统的经济体制下,中国企业成长中的各种"大而全"、"小而全"现象十分突出,分工和专业化是停滞或者说是倒退的,企业的分工水平受到抑制。整个社会的经济呈现出的是条块分割,致使条条经济、块块经济、诸侯经济的情况比较普遍,企业自身缺乏对分工和专业化演进的内在动力和激励,而越来越趋向于自我配套、自成体系、自我封闭式的成长模式,从而更多出现的是全能工厂、通用车间和企业办社会等现象,企业分工水平很低,导致重复建设、重复投资,地区结构趋同、产业趋同。也就是说,企业将分工内敛于内部而不愿意外部化。这些因素决定了中国企业可以长大,但不一定是变得更强,从而整个企业竞争力普遍较弱。这里一个重要的影响因素就是传统体制的约束,其表现为:①政企不分。企业依附于政府,企业成为政府的行政附属物,政府干预过多、统得过死,企业自主性不强、活力不足。②地方保护主义。地方政府往往"画地为牢",市场分割,设置交易壁垒。这样,市场范围缩小,交易成本提高,企业只能倾向自给自足,出现所谓的"反分工倾向"。其中,最为突出的是曾经喧嚣一时的"原材料大战"。③僵化的指令性计划。市场流通不畅,资源配置门槛过多,于是企业出现"全能化"的趋势,热衷于"产、供、销"一体化。另一方面,行政化的准入和限制,窒息了非公有制经济的发展,从而缩小了分工和专业化的空间。

从深层次上分析,传统的集权体制下,中国企业出现的"反分工"倾向之谜,在于"集体承诺"失败所导致的低社会信任水平。传统体制曾被设想为一种完美而理想的交易秩序,寄希望这种秩序能天然地促进和激励生产力最大限度地发展。事实上,这种人为秩序并没有带来相应的生产效率。相反,在经济生活中,机会主义行为盛行,激励与约束不相容,逆选择和道德风险形成了"劣币驱逐良币"的现象,从而最终走入一个低社会信任水平的怪圈,经济陷入低效率的困境。

哈耶克意义上的"人类合作秩序",不是"人类的设计或者意图造成的结果,而是一个自发的秩序"。① 传统体制要求的"不是从形成这种秩序的传统中得出道德结论。相反,它们竭力利用某种理性设计的道德体系去颠覆这一传统。而这种体系的号召力所依靠的是它许诺的结果对人类本能具有号召力。"② 米塞斯认为,计划之不可能在于计划的设计和主导者与企业目标的非对称性。③ 现在来看,集权体制的先决条件在于,它必须建立在社会默契的高度信任基础之上。否则,集权体制下,如果信任基础由于集体控制难以兑现承诺而发生动摇,就会湮灭创新和主动性,经济就进入一个恶性循环:集权——低信任——低分工——低效率。

首先,传统的集权体制是一种纵向的信任结构。这种信任结构,

---

① 哈耶克:《致命的自负》,第 1 页。
② 同上书,第 3 页。
③ 米塞斯:《自由与繁荣的国度》,第 132 页。

由于纵向的层级权威,比如说行政约束、政治压力等,从而凝聚的信任较强,使企业更愿意倾向于企业内部分工和企业外部的垂直分工,而外部交易和横向分工的动力不足。因为,这种分工的交易成本相对较低,企业必然寻求要素的行政"调拨"和产品的统购包销制度,进而将企业的内部生产成本外部化。另一方面,纵向的信任结构必然弱化横向信任,导致社会整体的信任水平较低。这样,企业之间的外部交易和横向协调的成本太高,由此形成了企业的自我配套、自成体系的"小而全""大而全"的全能工厂格局。

其次,计划体制中的集体承诺"失败",导致社会信任水平下降。应该说,初始的计划体制,仍是以信任和承诺来激励企业生产和发展的。最为典型的运用是"说服"和开展各种"教育运动",来达到正如林德布洛姆所说的通过"训导制","利用灌输来俘获人们的内心",甚至达到"创造出一种自觉服务于集体利益的人"。[①] 事实上,这种集体承诺在交易中是非对称性的,计划主权者往往以未来期货的权利去交易经济中任何微观主体包括企业的现货权利,这种信任是来自于对计划者潜在的权威或者说是一种"信任惯性",而不是平等的契约关系。因此,只要经济中的任何一个环节出现差错而不能履行契约,就会侵蚀信任的基石。这些问题在后来的实际操作中完全被证实,想象的计划与实际的计划偏差愈来愈远,进而整个社会充斥着各种公开或隐蔽的形形色色的机会主义行为,以示对这种集体承诺的厌倦。也正是这种格局改变了初始计划者的理想,转而推行"块块专政"、"条条专政",实行全面的经济控制。由此,内生出"三位一体"的集权体制雏形:毫无自主权的微观经济主体、集中的资源计划配置和扭曲的宏观政策环境。这样,就不存在集体承诺的兑现和执

[①] 林德布洛姆:《政治与市场》,上海三联书店,1992年,第77页。

行问题,也解决了可能由于交易制度不完全或者契约不完全带来的不确定和风险。政府通过这种强制性的制度安排,在一定时期内确保了经济的良好运转安排,取得了短期令人瞩目的增长绩效。但是,计划体制的相对成功掩盖了其自身的更多内在问题,比如激励不足、政策的随意性和政府权力无限扩展等。这些问题反过来又更大地制约着分工的演进和企业成长,导致中国经济要保持一定的经济追赶态势,只有不断地强化集权。由此,形成中国经济特有的收放循环:一收就死,一放就乱。

从总体上看,正是由于集权体制下的"集体承诺"很难惠及整个市场和平等的交易主体,从而产生了一种较低的均衡分工和专业化水平"陷阱",并导致企业整体上创新不足、活力不高,普遍呈现低效率综合征,企业成长一直陷于粗放型的增长而无力自拔。

最后,企业信任的泛政府化和个人信任的泛单位化。在传统体制下,企业只是政府的一个科层组织或者说是政府的行政附属物,缺乏自主性和独立性。主要表现在四个方面:企业的行政属性、功能泛化、资源的非流动性和企业成员利益的非阶层化。[1] 在一个分工和市场不完备的经济中,企业的生产功能仅仅是社会化功能的一个方面。企业背离了其本来的含义,出现企业办社会现象,承担多种职能:政府职能、服务职能和社会福利职能。[2] 这样企业就无所谓市场信誉和产品信誉,企业的信任依附于政府,具有典型的身份特征,存在"差序格局",甚至连产品品牌也带有强烈的身份特征。一般说来,距离政府级别越高的企业,获取的政治和经济资源越多,信任程度大,产品信誉程度越高。另一方面,在这种体制下,企业具有"单

---

[1] 李培林、张翼:《国有企业社会成本分析》,社会科学文献出版社,1999年,第61页。

[2] 丁任重:"当前企业改革若干难点分析",载《天府新论》,1996年,第2期。

位化"的性质。企业成员的一切社会生活都强烈依赖于所在企业，一切福利、保障以及就业都通过单位来实现，形成组织化的依赖，同时单位也成为政府控制员工行为和实现再分配的工具，企业只是政府控制的一种延伸。这样，企业通过保障职工的生存和依托，用淡化利润目标来换取员工对企业的忠诚和努力。因此，单位化企业是一种礼品交换工具，它可以淡化因为产权和控制权带来的在所有者、管理工作者和员工之间的冲突。① 这样，企业内部职工的身份和地位，个人的信誉和信任都是"镶嵌"在企业之中的。

因此，传统体制下的企业没有主体性和独立的产权，只是整个社会化大工厂的一个车间，不存在企业信誉和信任问题，也无需关注市场。就此而言，传统体制下的企业都不可能是真正的企业，也不存在严格意义上的企业成长。

经过近30多年的市场化改革，传统体制的弊端已经革除，中国企业成长的外部环境得到极大改善，企业自主性和独立性得到增强。但是，低信任瓶颈问题仍是制约企业成长的一个重要因素。根据2004年中国乘用车竞争力报告，有96%的中国人主张，中国应该大力发展自己的品牌汽车，但愿意购买的不到56%。另据《中国纺织报》在2006年3—4月对中国500家著名服装品牌企业关于服装布料质量的调查，结果大多数厂家质疑中国布料的质量。透过这两个典型案例，说明中国企业的品牌信任度仍有待提高。这种格局形成了中国企业成长中的怪圈：低信任和低质量的相互促进，恰好构成一种低效率的陷阱。②

现在看来，要从根本上彻底扭转中国企业自身的低水平分工和

---

① 李新春："单位化企业的经济性质"，载《经济研究》，2001年，第7期。
② 蔡洪滨、张琥："中国企业信誉缺乏的理论分析"，载《经济研究》，2006年，第9期。

专业化,仍然只能从推进信任扩展入手。改革开放以来,我国一直致力于信任建设的推进。应该说,现在整个经济体制的渐进改革已经成为全面的、深入的、融入中国现代化过程的社会变革。但是,一方面,传统体制下信任缺失已形成一定"文化积淀",重建信任有一定难度;另一方面,信任是一个庞大的体系,需要一个逐渐过程。

第一是要树立产权明晰、产权保护的意识和理念。体制转轨是一个从"身份到契约"的过程,传统体制中产权主体缺位、产权不明晰,"无恒产者无恒心",往往导致经济主体行为预期的不稳定,容易形成短期化行为,从而无法消除不确定性风险、机会主义,弱化了专用性投资的激励,扼杀了社会分工体系内在演进的动力。哈耶克认为,"分立的财产是任何先进文明中道德的核心","无财产的地方亦无公正"。① 信用制度本质上是产权制度,因为产权制度决定声誉的收益权。如果声誉的收益权归别人所有,没有人会为了别人的未来收益而牺牲自己的眼前利益。从这个意义上讲,企业建立声誉的积极性实际是产权问题。在我国无论是国有企业还是民营企业,产权人格化问题尚未解决,短期利益是企业最优的选择,企业不可能为获得声誉带来的长期利益而拒绝当前利益的诱惑,声誉机制自然不可能形成。因此,对我国来说,明晰的产权和有效的产权保护是构建声誉机制的前提。

第二是培育和塑造中介组织和专家系统,使其成为维护社会信任的工具,形成社会网络、内部利益协调、行业行为规范的更多的仲裁和监督。因为只有专家系统和中介组织才能更好地维护制度和规则的公正和权威性,而"唯有规则才能够结成一种扩展秩序"。② 中

---

① 哈耶克:《自命的自负》,第29、34页。
② 同上。

国家族企业不能突破血缘和亲缘的束缚,很大程度上是因为缺乏对现有规则的"信任",使得家族企业运用契约治理来摆脱特殊人际关系束缚的风险很大。可见,不完善的规则本身就产生了阻碍家族企业有效成长的因素。因此,中国家族企业自身和外在信任资源的双重残缺,使得其被迫"锁定"在古典家族制度所营造的低水平"制度陷阱"之中。

第三是建立稳定的政策环境。一个稳定的政策环境,有利于人们形成稳定的预期。这是因为,第一,不确定性的增加等价于博弈重复的可能性降低,人们将没有耐心建立声誉;第二,不确定性增加了观察欺诈行为的困难,因为违约者更容易把坏的结果归因于不可抗拒的外生因素,而不是自己的故意所为。所以,政府提供稳定的政策环境,将有助于企业声誉的建立。否则,政府干预过多,朝令夕改,政策缺乏连贯性,就不可能使企业对未来形成合理预期。

第四是继续深化企业改革,完善内部治理结构。在重复博弈过程中,当事人必须有足够的耐心,才能获得未来的收益。在我国,有很多经营者为实现任期内收益最大化,对长期稳健经营才能获得的声誉不重视。尤其是当声誉的收益权归别人所有,他不会为了别人的未来收益而牺牲自己的眼前利益。

最后是提高国民教育水平和营造诚信文化。教育可以通过人的素质提升,内在化为社会道德规范而形成人格信任。而诚信文化则通过达成的、明确的游戏规则塑造行为准则,形成相互尊重、相互信任的氛围,促进整体社会信任水平的提高。任何成熟的社会风气实质上都是一种稳定均衡,"习俗的力量发挥作用经常是看不见的和默认的"。[①] 社会风气或习俗一旦形成,任何个人或企业就不敢轻易

---

① 埃克哈特·施里特:《习俗与经济》,长春出版社,2005年,第10页。

偏离这种规范的激励。"道德挑衅"可以作为一个有效的强力机制发挥作用,起到威胁和制衡。事实上,诚信是一种纳什均衡,尔虞我诈、相互欺骗也是一种纳什均衡。至于整个社会哪种氛围最终形成主流,则取决于占优策略。

总之,中国过去是一个高度信任的社会。我们相信,未来的中国也一定是一个更加高度信任的社会,中国的企业也一定会成长得更好。

主要参考文献

中文文献

1. 马克思:《资本论》(1—3卷),人民出版社,1975年。
2. 《马克思恩格斯全集》(23卷),人民出版社,1972年。
3. 马克斯·韦伯:《道教与儒教》,商务印书馆,1995年。
4. 哈罗·德姆塞茨:《企业经济学》,中国社会科学出版社,1999年。
5. 菲吕博顿、瑞切特:《新制度经济学》,上海财经大学出版社,1998年。
6. 约翰·克劳奈维根:《交易成本经济学及其超越》,上海财经大学出版社,2002年。
7. 埃里克·尤斯拉纳:《信任的道德基础》,中国社会科学出版社,2006年。
8. 马克斯·韦伯:《经济通史》,上海三联书店,2006年。
9. 汪和建:《迈向新中国的新经济社会学》,中央编译出版社,1999年。
10. 林竞君:《网络、社会资本与集群生命周期研究》,上海人民出版社,2005年。
11. 汪丁丁:《经济发展与制度创新》,上海人民出版社,1995年。
12. 李向阳:《企业信誉、企业行为与市场机制》,经济科学出版社,

1999 年。

13. 亨利·皮朗:《中世纪欧洲经济社会史》,上海人民出版社,1964 年。

14. 保罗·西布莱特:《陌生人群》,东方出版社,2007 年。

15. 亨利·皮雷纳:《中世纪的城市》,商务印书馆,2006 年(第 2 版)。

16. 马克·布洛赫:《封建社会》,商务印书馆,2004 年。

17. 诺斯等:《制度变革的经验研究》,经济科学出版社,2003 年。

18. 迈克尔·迪屈奇:《交易成本经济学》,经济科学出版社,2000 年。

19. 德姆塞茨:《所有权、控制与企业》,经济科学出版社,2000 年。

20. 科斯、哈特、斯蒂格利茨:《契约经济学》,经济科学出版社,1999 年。

21. 平乔维奇:《产权经济学》,经济科学出版社,1999 年。

22. 诺斯、科斯、威廉姆森等:《制度、契约与组织》,经济科学出版社,2003 年。

23. 克鲁格曼:《地理与贸易》,北京大学、中国人民大学出版社,2000 年。

24. 段文斌:《分工、报酬递增与企业制度》,天津人民出版社,1998 年。

25. 康芒斯:《制度经济学》,商务印书馆,1964 年。

26. 马歇尔:《经济学原理》,华夏出版社,2005 年。

27. 程民选:《信誉与产权制度》,西南财经大学,2006 年。

28. 张维迎:《信息、信任与法律》,北京三联书店,2003 年。

29. 盛洪:《分工与交易》,上海三联书店,1994 年(新 1 版)。

30. 弗朗西斯·福山:《信任》,海南出版社,2001 年。

31. 伯利、米恩斯:《现代公司与私有财产》,商务印书馆,2006 年。
32. 奈特:《风险、不确定性与利润》,商务印书馆,2006 年。
33. 哈特:《企业、合同与财务结构》,上海三联书店,1998 年(第 1 版)。
34. 张其仔:《社会资本论》,社会科学文献出版社,1997 年。
35. 小艾尔弗雷德·钱德勒:《看得见的手》,商务印书馆,1997 年。
36. 布罗代尔:《资本主义的动力》,北京三联书店,1997 年。
37. 柯武刚、史漫飞:《制度经济学》,商务印书馆,2001 年。
38. 道格拉斯·诺斯:《经济史中的结构与变迁》,上海三联书店,1994 年。
39. 克拉格:《制度与经济发展》,法律出版社,2006 年。
40. 齐美尔:《货币哲学》,华夏出版社,2002 年。
41. 奥尔森:《集体行动的逻辑》,上海三联书店,1995 年。
42. 肯尼斯·阿罗:《组织的极限》,华夏出版社,2006 年。
43. 陈郁主编:《企业制度与市场组织》,上海三联书店,2006 年(新 1 版)。
44. 弗罗门:《经济演化》,经济科学出版社,2003 年。
45. 什托姆普卡:《信任》,中华书局,2005 年。
46. 威廉姆森:《资本主义经济制度》,商务印书馆,2002 年。
47. 阿瑟·刘易斯:《经济增长理论》,商务印书馆,2002 年。
48. 杨小凯:《专业化与经济组织》,经济科学出版社,1999 年。
49. 约翰·希克斯:《经济史理论》,商务印书馆,1987 年。
50. 普特曼、克罗茨纳:《企业的经济性质》,上海财经大学出版社,2000 年。
51. 斯蒂格利茨:《产业组织》,上海三联书店,2006 年。
52. 青木昌彦:《比较制度分析》,上海远东出版社,2002 年。

53. 彭罗斯:《企业成长理论》,上海三联书店,2007年。
54. 哈耶克:《致命的自负》,中国社会科学出版社,2003年。
55. 麦特·里德雷:《美德的起源》,中央编译出版社,2004年。
56. 思拉恩·埃格特森:《经济行为与经济制度》,商务印书馆,2004年。
57. 刘景华主编:《走向重商时代》,中国社会科学出版社,2007年。
58. 休谟:《人性论》,商务印书馆,1962年。
59. 凡勃伦:《企业论》,商务印书馆,1962年。
60. 《马克思恩格斯全集》,1960年。
61. 巴师夏:《和谐经济论》,中国社会科学出版社,1995年。
62. 威廉姆森、温特:《企业的性质》,商务印书馆,2007年。
63. 特纳:《社会学的理论》,浙江人民出版社,1986年。
64. 亚当·斯密:《国富论》,陕西人民出版社,2006年;华夏出版社,2005年。
65. 马歇尔:《经济学原理》,华夏出版社,2005年;商务印书馆,1964年。
66. 哈耶克:《个人主义与经济秩序》,北京三联书店,2003年。
67. 理查德·斯威伯格:《经济学与社会学》,商务印书馆,2003年。
68. 伯恩斯:《结构主义的视野》,社会科学文献出版社,2004年。
69. 保罗·马洛伊:《法律与市场经济》,法律出版社,2006年。
70. 熊彼特:《经济分析史》,商务印书馆,1991年。
71. 张维迎:《竞争力与企业成长》,北京大学出版社,2006年。
72. 霍布斯:《利维坦》,商务印书馆,1997年。
73. 马克·沃伦编:《民主与信任》,华夏出版社,2004年。
74. 布尔迪厄访谈录:《文化资本与社会炼金术》,上海人民出版社,1997年。

75. 科尔曼:《社会理论的基础》,社会科学文献出版社,1999年。
76. 威廉姆森:《治理机制》,中国社会科学出版社,2001年。
77. 茅以轼、汤敏:《现代经济学前沿专题》,商务印书馆,1994年。
78. 德鲁克:《管理、任务、责任、实践》,中国社会科学出版社,1986年。
79. 张维迎:《企业的企业家》,上海三联书店,1995年。
80. 杨其静:《企业家的企业理论》,中国人民大学出版社,2004年。
81. 熊彼特:《经济发展理论》,九州出版社,2007年。
82. 张永生:《厂商规模无关论》,中国人民大学出版社,2002年。
83. 布罗代尔:《15—18世纪的物质文明、经济和资本主义》,北京三联书店,1993年。
84. 穆勒:《政治经济学原理》,商务印书馆,1987年。
85. 克拉潘:《英国经济史》,商务印书馆,1985年。
86. 樊亢、宋则行:《主要资本主义国家经济简史》,上海人民出版社,1957年。
87. 霍奇逊:《现代制度经济学宣言》,北京大学出版社,1993年。
88. 舒尔茨:《报酬递增的源泉》,北京大学出版社,2001年。
89. 乔恩:《货币史》,商务印书馆,2002年。
90. 特奥多尔·蒙森:《罗马史》,商务印书馆,1994年。
91. 孟德斯鸠:《论法的精神》,商务印书馆,1963年。
92. 威廉·魏特林:《和谐与自由的保证》,商务印书馆,1960年。
93. 蒂姆·帕克斯:《美第奇金钱》,中信出版社,2007年。
94. 约翰·麦克米兰:《市场演进的故事》,中信出版社,2006年。
95. 纪宝成:《转型经济条件下的市场秩序研究》,中国人民大学出版社,2003年。
96. 盛洪主编:《现代制度经济学》,北京大学出版社,2003年。

97. 史晋川、金祥荣:《制度变迁与经济发展》,浙江大学出版社,2004年。
98. 陈羲文:《英国16世纪经济变革与政策研究》,首都师大出版社,1995年。
99. 纳尔逊、温特:《经济深化理论》,商务印书馆,1994年。
100. 芒图:《18世纪的产业革命》,商务印书馆,1983年。
101. 埃克哈特·施里特:《习俗与经济》,长春出版社,2005年。
102. 刘刚:《企业的异质性假设》,中国人民大学出版社,2005年。
103. 哈特:《企业、合同与财务结构》,上海三联书店,1998年。
104. 费孝通:《乡土中国 生育制度》,北京大学出版社,1998年。
105. 丁任重:《转型与发展》,中国经济出版社,2003年。
106. 李正彪:"企业成长中的社会关系网络研究",四川大学博士论文。
107. 叶建亮:"交易扩展中的信用:一个制度与组织的视角",浙江大学博士论文。
108. 哈耶克:《个人主义与经济秩序》,北京三联书店,2003年。
109. 马克思:《1844年经济学哲学手稿》,人民出版社,2000年。
110. 科斯:《论生产的制度结构》,上海三联书店,1994年。
111. 王询:"人际关系模式与经济组织的交易成本",载《经济研究》,1994年,第8期。
112. 王珺、王峥:"产业集群与企业成长",载《中山大学学报》(社会科学版),2004年,第6期。
113. 王晓春:"信任、契约与规制:集群内企业间信任机制的动态研究",载《中国农业大学学报》(哲学社会科学版),2003年,第2期。
114. 阿林·杨格:"报酬递增与经济进步",载《经济社会体制比较》,

1996年,第2期。
115. 韩太祥:"企业成长综述",载《经济学动态》,2002年,第5期。
116. 丁任重:"转型中的企业改革分析",载《当代经济研究》,1997年,第5期。
117. 丁任重:"市场经济机制理论探讨",载《社会科学研究》,1993年,第1期。
118. 丁任重:"当前企业改革若干难点分析",载《天府新论》,1996年,第2期。
119. 胡刚:"企业社会资本的获取与投资",载《中国经济问题》,2004年,第6期。
120. 孟韬、史达:"论产业集群的信任机制",载《社会科学辑刊》,2006年,第2期。
121. 杨瑞龙、杨其静:"专用性、专有性与企业制度",载《经济研究》,2001年,第3期。
122. 李新春:"信任与企业成长方式的相机选择",载《经济体制改革》,2003年,第1期。
123. 曹正汉:"寻求对企业性质的完整解释:市场分工的不完备性与企业的功能",载《经济研究》,1997年,第7期。
124. 周其仁:"市场里的企业:一个人力资本与非人力资本的特别合约",载《经济研究》,1996年,第6期。
125. 聂辉华:"企业:一种人力资本使用权交易的黏性组织",载《经济研究》,2003年,第8期。
126. 李涛、李红:"双方关系、关系网络、法院与政府:中国非国有企业间信任的研究",载《经济研究》,2004年,第11期。
127. 王曙光:"市场经济的伦理基础与信任拓展",载《北京大学学报》(哲学社会科学版),2006年,第5期。

128. 方竹兰:"人力资本所有者拥有企业所有权是一个趋势",载《经济研究》,1997年,第6期。
129. 张景芬:"社会资本与中国人的合作意识",载《马克思主义与现实》,2002年,第5期。
130. 孙早、鲁政委:"企业组织结构演进中的社会资本因素",载《上海经济研究》,2006年,第1期。
131. 刘刚:"企业的异质性假设",载《中国社会科学》,2002年,第2期。
132. 王诚:"增长方式转型中的企业家及生成机制",载《经济研究》,1999年,第5期。
133. 金祥荣、朱希伟:"专业化产区的起源与演化",载《经济研究》,2002年,第8期。
134. 郑也夫:"杀熟现象",载《学术界》,2001年,第1期。
135. 杨中芳、彭泗清:"中国人人际信任的概念化",载《社会学研究》,1999年,第2期。
136. 彭泗清:"笔谈信任的破坏与建立,诚信的根基是什么",载《博览群书》,2002年,第5期。
137. 汪丁丁:"企业家精神",载《管理与财富》,2001年,第7期。
138. 厉以宁:"企业文化与资源配置的关系",载《企业文化》,1996年,第4期。
139. 张瑞兰、王小平:"人际关系推动经济增长的一种理论解释",载《河北经贸大学学报》,1999年,第4期。
140. 黄桂田、李正全:"企业与市场:相关关系及其性质",载《经济研究》,2002年,第1期。
141. 李新春:"信任、忠诚与家族主义的困境",载《管理世界》,2002年,第6期。

142. 储小平、杨怀祖:"信任与家族企业的成长",载《管理世界》,2003年,第6期。
143. 王询:"中国经济学家应关注人际关系问题",载《财经问题研究》,2000年,第6期。
144. 曾楚宏、林丹阳:"企业的成长与剩余索取权的分配",载《浙江学刊》,2003年,第1期。
145. 周业安:"合伙理论与中介组织的性质",载《中国人民大学学报》,2006年,第1期。
146. 周业安:"人力资本、不确定性与高新技术企业的治理",载《中国工业经济》,2002年,第10期。
147. 骆玉鼎:"交易货币化与货币的信用本质",载《财经研究》,1998年,第9期。
148. 翁君奕:"支薪制与分享制:现代公司组织形式的比较",载《经济社会体制比较》,1996年,第5期。
149. 陈国富、卿志琼:"制度变迁:从人格交换到非人格交换",载《南开经济研究》,1999年,第3期。
150. 夏德仁:"货币信用制度与市场效率的提高",载《财经问题研究》,1998年,第2期。
151. 连建辉、黄文峰:"企业的同质性假设、异质性假设与企业所有权安排",载《当代经济研究》,2002年,第9期。
152. 傅红岩、孙国洁:"企业规模与企业成长关系研究",载《经济理论与经济管理》,1999年,第1期。
153. 宋晶:"论市场交易秩序及其建构",载《东北财经大学学报》,2006年,第6期。
154. 程恩富、彭文兵:"企业研究:一个新经济社会学的视角",载《江苏行政学院学报》,2002年,第2期。

155. 杨丽花:"分工、结构转型与经济转轨",载《经济社会体制比较》,2005年,第3期。
156. 王绍光、刘欣:"信任的基础:一种理论性解释",载《社会学研究》,2002年,第3期。
157. 赵秀荣:"16—17世纪英国商人与政权",载《世界历史》,2001年,第2期。
158. 魏玮、史耀疆:"渐进转轨中我国信用制度的扭曲及其纠正",载《经济社会体制比较》,2002年,第3期。
159. 彼得·诺兰:"全球商业革命、瀑布效应以及中国企业面临的挑战",载《北京大学学报》(哲学社会科学版),2006年,第3期。
160. 李新春:"单位化企业承包的经济性质",载《经济研究》,2001年,第7期。
161. 程承坪:"信誉的生成机理及对我国加强信誉建设的启示",载《社会科学辑刊》,2003年,第4期。
162. 方竹兰:"人力资本所有者拥有企业所有权是一个趋势",载《经济研究》,1997年,第6期。

英文文献

1. Akerlof, G. (1970), "The Market for 'Lemons': Quality and The Market Mechanism"; *Quarterly Journal of Economics*, 84: 488 – 500.
2. Akerlof, G. (1980), "A Theory of Social Custom of which Unemployment May Be One Consequence", *Quarterly Journal of Economics*, 94: 749 – 775.
3. Alchian, A. and H. Demsetz (1972), "Production, Information Costs, and Economic Organization", *American Economic Review*,

62: 777 – 795.
4. Arrow, K. (1962), "Economic Implications of Learning by Doing", *Review of Economic Studies*, 29: 155 – 173.
5. Arrow, K. (1974), *The Limits of Organization*, New York: W. W. Norton.
6. Arrow, K. (1985), "The Economics of Agency", in J. Pratt and R. Zeckhauser, *Principals and Agents: The Structure of Business*, Boston: Harvard Business School Press.
7. Aumann (1974), "Subjectivity and Correlation in Randomized Strategies", *Journal of Mathematical Economics*, 1:67 – 96.
8. Babbage, C. (1832), *On the Economy of Machinery and Manufactures*, 4th enlarged edition of 1835, reissued in 1977, New York, M. Kelly.
9. Barney, J. (1986), "Strategic Factor Markets: Expectations, Luck and Business Strategy", *Management Science*, 42: 1231 – 1241.
10. Barney, J. (1991), "Firm Resources and Sustained Competitive Advantage", *Journal of Management*, 17: 99 – 120.
11. Barreto, H. (1989), *The Entrepreneur in Microeconomic Theory: Disappearance and Explanation*, London and New York: Routledge.
12. Becker, G. and K. Murphy (1992), "The Division of Labor, Coordination Costs, and Knowledge", *Quarterly Journal of Economics*, Vol. 111: 1137 – 1160.
13. Berle, A. and G. Means (1932), *The Modern Corporation and Private Property*, New York: Harcourt, Brace&World, Inc.
14. Bernheim, D. and M. Whinston (1986), "Common Agency", *Econometrica*, 19: 269 – 281.

15. Bolton, P. and D. Scharfstein (1990), "A Theory of Predation Based on Agency Problems in Financial Contracting", *American Economic Review*, 80: 93 – 106.
16. Borland, J. and X. Yang (1992), "Specialization and A New Approach to Economic Organization and Growth", *American Economic Review*, 82: 386 – 391.
17. Buchanan, J. and G. Tullock (1962), *The Calculus of Consent*, Michigan University Press.
18. Buchanan, J. (1975), *The Limit of Liberty: Between Anarchy and Leviathan*, University of Chicago Press.
19. Casson, M. (1982), *The Entrepreneur: An Economic Theory*, Oxford: Martin Robertson.
20. Casson, M. (1991), *The Economics of Business Culture: Game Theory, Transaction Costs*.
21. Schumpeter, J. (1934), *The Theory of Economic Development*, Cambridge: Harvard University Press.
22. Schumpeter, J. (1943), *Capitalism, Socialism and democracy*, Unwin University Books, London.
23. Simon, H. (1946), "The Proverbs of Administration", *Public Administration Review*, 6: 53 – 67.
24. Simon, H. (1955), "A Behavioral Model of Rational Choice", *Quarterly Journal of Economics*, 67: 99 – 118.
25. Spence, M. (1974), "Job Market Signaling", *Quarterly Journal of Economics*, 87: 355 – 374.
26. Stiglitz, T. (1974), "Incentive and Risk Sharing in Sharecropping", *Review of Economic Studies*, 41: 219 – 255.

27. Stiglitz, J. (1976), "The Successes and Failures of Professor Smith", *Journal of political Economy*, 84: 1199 – 1213.
28. Stiglitz, J. and A. Weiss (1981), "Credit Rationing in Markets with Imperfect Information", *American Economic Review*, 71: 393 – 410.
    [103] Taylor, F. (1911), *Principle of Scientific Management*, reprinted in Scientific Management, New York: Harper, 1947.
29. Teece, D. J. (1976), *The Multinational Corporation and the Resource Cost of International Technology Transfer*, Cambridge, MA: Ballinger.
30. Teece, D. J. (1980), "Economies of Scope and the Scope of the Enterprise", *Journal of Economic Behavior and Organization*, 1: 223 – 247.
31. Teece, D. J. (1982), "Towards an Economic Theory of the Multiproduct Firm", *Journal of Economic Behavior and Organization*, 3: 39 – 63.
32. Tirole, J. (1986), "Procurement and Renegotiation", *Journal of Political Economy*, 94: 235 – 259.
33. Tirole, J. (1988), *The Theory of Industrial Organization*, Cambridge: MIT Press.
34. Warner, J. B. (1977), "Bankruptcy Costs, Absolute Priority and the Pricing of Risk Debt Claims", *Journal of Financial Economics*, 4: 239 – 276.
35. Weber, M. (1922), *Economy and Society: An Outline of Interpretive Sociology*, Edited by Guenther Ross and Claus Wittich, Translated by Ephraim Fischoff et al. 2 Vols. Berkeley: University of California Press, 1978.

36. Wernerfelt, B. (1984), "A resource-based View of The Firm", *Strategic Management Journal*, 5: 171–180.
37. Williamson, O. (1975), *Markets and Hierarchies: Analysis and Antitrust Implications*, New York: The Free Press.
38. Williamson, O. (1979), "Transaction Cost Economics: The Governance of Contractual Relations", *Journal of Law and Economics*, 22: 233–261.
39. Williamson, O. (1980), "Organization of Work: A Comparative Institutional Assessment", *Journal of Economic Behaviour and Organization*, 1: 5–38.
40. Williamson, O. (1981), "The Modern Corporation: Origins, Evolution, Attributes", *Journal of Economic Literature*, 19: 1537–1568.
41. Williamson, O. (1983), "Organization Form, Residual Claimants, and Corporate Control", *Journal of Law and Economics*, 26: 351–366.
42. Williamson, O. (1985), *The Economic Institutions of Capitalism: Firms, Markets, Relational Contracting*, New York: The Free Press.
43. Williamson, O. (1988), "The Logic of Economic Organizations", *Journal of Law, Economics, and Organization*, 4: 65.
44. Yang, X. (1990), "Development, Structural Changes, and Urbanization", *Journal of Development Economics*, 34: 199–222.
45. Yang, X. and H. Shi (1992), "Specialization and Product Diversity", *American Economic Review*, 82: 392–398.
46. Yang, X. and I. Wills (1990), "A Model Formalizing The Theory of Property Rights", *Journal of Comparative Economics*, 14: 177–198.

47. Yang, X. and J. Borland (1991), "A Microeconomic Mechanism for Economic Growth", *Journal of Political Economy*, 99: 460 – 482.
48. White, Harison, C. (1981), "Where do Market Come Form?", *American Journal of Sociology* 87:517 – 547.
49. D. J. Allister, "After and congnition-based trust as foundation for interpersonal cooperation in organizations", *Academy of Management Journal*, (1995) 38:24 – 59.
50. P. M. Doney, J. P. Cannon & M. R. Mullen (1998), "Understanding the influence of national culture on the development of trust". *Academy of Management Review*, 23:60.
51. L. G. Zucker (1986), "Production of trust: Institutional source of economic structure, 1840 – 1920", *Research in Organizational Behavior*, 8:53 – 111.
52. David Kreps, Paul, R. Milgrom, D. John Roberts, "An Robert Wilson. Rational cooperation in the finitely repeated prisoner's dilemma." *Journal of Economic Theory*, 1982, 27:245 – 252.
53. Tirole: A Theory of Collective Reputation (with application to the persistence of corruption and firm quality), *Review of Economics Study*, 1996, 1 – 12.
54. Granovetter, M., "Economic Action and Social Structure: The Problem of Embeddedness". *American Journal of Sociology*, 1991.
55. Granovetter, M., "The Strength of Weak Ties", *American Journal of Sociology*, 1973, 91 – 109.
56. Arrow, J. Kenneth, *The limits of Organization*, New York: W. W. Norton, 1974. 23.

后 记

本书是在博士论文基础上修改完成的。当初的选题源于福山《信任》的启发，由此，我开始关注中国的企业成长问题。在思路形成中，我不断大量阅读中外文献，在博士生导师丁任重的精心指导下，完成了博士论文。作为本书的最后成形，原有的框架作了许多调整和修改，特别在第 4 章、第 5 章和第 6 章都作了大的修改，以至于交稿时间一再拖延。在此，我要特别感谢责任编辑张胜纪老师对我的宽容和厚爱，并同时对张胜纪老师的认真和敬业表达敬意。

正如任何学术成果都是站在巨人的肩膀上完成的一样，本书的最终成果也吸收了大量前人的研究文献。在此，我谨向这些经济学前辈表达自己深深的谢意。

我还要感谢云南大学杨先明对我成长的关心和本书完成的催促，书中一些重要观点，多次与他商榷。北京大学曹和平教授；中国人民大学李义平教授；四川大学周春教授、邓翔教授、蒋永穆教授；西南财经大学杨继瑞教授、程民选教授、刘崇仪教授、何永芳教授对本书观点的肯定也使我获益匪浅。贵州大学的李晓红博士对本书的完成提供了许多帮助。在此，一并表达真诚谢意。

当然，本书的完成不意味着研究的"大功告成"。学无止境，未来的路还很长，我期待着更多专家学者的批评指正。

周文　谨识

2008 年 9 月 1 日